O CONTROLE POLÍTICO DA REFORMA CONSTITUCIONAL

Uma análise do papel do parlamento na garantia da juridicidade da Constituição

BÁRBARA BRUM NERY

Prefácio
Álvaro Ricardo de Souza Cruz

Apresentação
Miguel Gualano de Godoy

O CONTROLE POLÍTICO DA REFORMA CONSTITUCIONAL

Uma análise do papel do parlamento na garantia da juridicidade da Constituição

Belo Horizonte

FÓRUM
CONHECIMENTO JURÍDICO

2022

Conselho Editorial

FÓRUM
CONHECIMENTO JURÍDICO

Luís Cláudio Rodrigues Ferreira
Presidente e Editor

Coordenação editorial: Leonardo Eustáquio Siqueira Araújo
Aline Sobreira de Oliveira
Tradução: Fernanda Nunes Barbosa

Rua Paulo Ribeiro Bastos, 211 – Jardim Atlântico – CEP 31710-430
Belo Horizonte – Minas Gerais – Tel.: (31) 2121.4900
www.editoraforum.com.br – editoraforum@editoraforum.com.br

Técnica. Empenho. Zelo. Esses foram alguns dos cuidados aplicados na edição desta obra. No entanto, podem ocorrer erros de impressão, digitação ou mesmo restar alguma dúvida conceitual. Caso se constate algo assim, solicitamos a gentileza de nos comunicar através do *e-mail* editorial@editoraforum.com.br para que possamos esclarecer, no que couber. A sua contribuição é muito importante para mantermos a excelência editorial. A Editora Fórum agradece a sua contribuição.

Dados Internacionais de Catalogação na Publicação (CIP) de acordo com a AACR2

N456c	Nery, Bárbara Brum
	O controle político da reforma constitucional : uma análise do papel do parlamento na garantia da juridicidade da Constituição / Bárbara Brum Nery. – Belo Horizonte : Fórum, 2022.
	240 p.; 14,5 x 21,5cm
	ISBN: 978-65-5518-241-5
	1. Direito Constitucional. 2. Ciência Política. 3. Processo Legislativo. I. Título.
	CDD: 341.2
	CDU: 342

Elaborado por Daniela Lopes Duarte - CRB-6/3500

Informação bibliográfica deste livro, conforme a NBR 6023:2018 da Associação Brasileira de Normas Técnicas (ABNT):

NERY, Bárbara Brum. *O controle político da reforma constitucional*: uma análise do papel do parlamento na garantia da juridicidade da Constituição. Belo Horizonte: Fórum, 2022. 240 p. ISBN 978-65-5518-241-5.

Aos meus pais, Marlene e Felipe, com amor...

Esta obra é resultado da pesquisa que desenvolvi entre os anos de 2016 e 2020 durante o doutorado em direito público pelo Programa de Pós-Graduação em Direito da PUC Minas, sob orientação do Professor Dr. Álvaro Ricardo de Souza Cruz. A tese que deu origem ao livro foi defendida em março de 2020, em um contexto ainda 'pré-pandêmico', perante generosa banca examinadora composta pelos Professores Dr. José Alfredo de Oliveira Baracho Júnior, Dr. José Adércio Leite Sampaio, Dr. Miguel Gualano de Godoy e Dr. José Arthur Castillo de Macedo. Naquela oportunidade, também tive a honra de contar com a presença dos Professores Dr. Guilherme Wagner Ribeiro e Dr. Bruno de Almeida Oliveira.

Durante os anos de graduação e pós-graduação, nos quais os corredores dos prédios da PUC Minas passaram a fazer parte da minha rotina (quase) diária, talvez nenhuma das definições que ouvi sobre o que é ser um pós-graduando tenha se aproximado mais da 'realidade' do que aquela trazida pela saudosa professora Lusia, ainda nos primeiros dias do mestrado: *Fazer pós-graduação é como correr em uma plantação de abacaxis. Em alguns momentos, você pensa em desistir, mas, ao olhar pra trás, vê que os abacaxis já cresceram e, então, decide que é melhor seguir em frente...* Ao final de mais uma etapa da minha vida acadêmica, dentre dúvidas, angústias e frustrações, surge uma convicção: o que realmente importa são as pessoas que (re)encontramos durante a caminhada, sem as quais qualquer esforço ou resultado seria em vão. Quanto a isso, considero-me privilegiada.

Agradeço ao meu orientador, ao Professor Dr. Álvaro Ricardo de Souza Cruz, dono de uma inteligência inspiradora, que, ainda nos primeiros semestres da graduação, apresentou-me a disciplina que se tornou minha fiel companheira de jornada acadêmica, por abrir meus horizontes em busca de novas perspectivas, mais críticas e construtivas, para o Direito Constitucional e pela interlocução sempre alegre e enriquecedora.

No longínquo ano de 2009, tive as primeiras lições sobre processo legislativo com o Prof. Dr. José Alfredo de Oliveira Baracho Júnior, a quem agradeço por ter me apresentado as nuances políticas do debate constitucional, pelas aulas enriquecedoras e pelas cirúrgicas indicações bibliográficas.

Ao Professor Dr. José Adércio Leite Sampaio, que tive a honra de conhecer pessoalmente já nos bancos da pós-graduação, agradeço pelo privilégio de aprender com seu conhecimento enciclopédico que traz ao Direito Constitucional novos e brilhantes ares.

Aos Professores Dr. Miguel Gualano de Godoy e Dr. José Arthur Castillo de Macedo, por prontamente aceitarem o convite para a composição da banca e, especialmente, pelas críticas e contribuições à tese, além da generosidade com a qual conduziram a arguição. Ao Professor Dr. Guilherme Wagner Ribeiro, pela minuciosa leitura e por seus apontamentos e sugestões.

Durante o desenvolvimento da pesquisa e a coleta de dados empíricos, contei com o auxílio imprescindível de servidores das Comissões de Constituição e Justiça, das Consultorias Legislativas e dos Serviços de Informação da Câmara dos Deputados e do Senado Federal. Agradeço, em especial, àqueles que durante minhas visitas técnicas a Brasília se dispuseram a compartilhar um pouco da história e da rotina das Casas Legislativas – João Trindade Cavalcante Filho, Luiz Henrique Cascelli de Azevedo, Ruthier de Sousa Silva, Luiz Fernando Botelho de Carvalho e Luiz Pedro de Rossi Júnior – e ao Consultor Legislativo do Senado Federal, Paulo Fernando Mohn e Souza, pela prontidão e pela disponibilidade com as quais (mesmo sem me conhecer) atendeu ao pedido de revisão de alguns trechos do trabalho.

Não posso deixar de agradecer aos amigos e companheiros de jornada no PPGD, pela interlocução sobre os mais árduos dilemas jurídicos e pela companhia (que transcende a vida acadêmica), especialmente: Alice Khouri, Anna Flávia de Caux, Beatriz Lima, Bonifácio Andrada, Daniel Medrado, Guilherme Ferreira, Janaína Diniz, Larissa Trindade, Leonardo Wykrota, Roberta e aos demais com quem tive a honra de dividir os bancos da faculdade.

Além do apoio e orientação acadêmicos, a concretização deste trabalho somente foi possível porque também contei com auxílio em outras importantes searas da vida:

Dedico o livro aos meus pais, Marlene e Felipe, pelo suporte emocional e financeiro, pelos sacrifícios que, com a maior alegria, sempre fizeram em prol da realização dos meus sonhos. Amo vocês!

Agradeço aos escritórios de advocacia e instituições nos quais tive (e tenho) a honra de trabalhar, pelo espaço de aprendizado constante, imprescindível ao meu desenvolvimento profissional e pessoal. Em especial.

Aos amigos da Maurício Campos Júnior Sociedade de Advogados, em especial ao Diogo Pimenta, pela compreensão, que tornou possível a concretização desta obra, e ao Neuler, pelo apoio intelectual e operacional durante o período final da pesquisa. Aos companheiros do dia a dia nos últimos anos, Arthur, Filipe, Larissa, Lucas e Marcelo, por dividirem comigo os percalços do cotidiano.

Ao Desembargador Júlio Gutierrez, pela oportunidade profissional e pelo construtivo período de interlocução sobre Direito (Processual) Penal e Constitucional durante o primeiro ano desta caminhada acadêmica. Aos colegas de Gabinete, pelo carinho com que me receberam.

À Elisa Ribeiro e à Taís Habibe, por serem uma fonte de inspiração, pela ilimitada paciência e apoio no início da minha vida acadêmica e enquanto trabalhamos juntas.

Pela companhia ao longo da vida, por se sentirem felizes com minhas vitórias e sempre estarem presentes para enxugar minhas lágrimas, sou imensamente grata às minhas madrinhas Fabiana e Carmem, ao Ruan, aos meus primos, tios e sobrinhos. Ao Lucas e toda sua família, pela companhia durante a maior parte dessa caminhada acadêmica.

Por fim, agradeço aos amigos de toda uma vida, os quais não cometerei o desatino de tentar nomear, que sempre me incentivaram e se orgulham do caminho que escolhi percorrer.

LISTA DE ABREVIATURAS E SIGLAS

ADC – Ação Declaratória de Constitucionalidade
ADCT – Ato das Disposições Constitucionais Transitórias
ADI – Ação Direta de Inconstitucionalidade
ADO – Ação Direta de Inconstitucionalidade por Omissão
ADPF – Arguição de Descumprimento de Preceito Fundamental
art. – artigo
CCJ – Comissão de Constituição e Justiça
CCJC – Comissão de Constituição e Justiça e de Cidadania
CD – Câmara dos Deputados
CMO – Comissão Mista de Planos, Orçamentos Públicos e Fiscalização
CN – Congresso Nacional
CPC – Código de Processo Civil
CPIs – Comissões Parlamentares de Inquérito
CRFB/1988 – Constituição da República Federativa do Brasil de 1988
DPEN – Devido Procedimento na Elaboração Normativa
EC – Emenda Constitucional
Min. – Ministro
MS – Mandado de Segurança
PDT – Partido Democrático Trabalhista
PEC – Proposta de Emenda à Constituição
PECs – Propostas de Emenda à Constituição
PEN – Partido Ecológico Nacional
PHS – Partido Humanista da Solidariedade
PMDB – Partido Movimento Democrático Brasileiro
PP – Partido Progressista
PSC – Partido Social Cristão
PTB – Partido Trabalhista Brasileiro
RE – Recurso Extraordinário
RICD – Regimento Interno da Câmara do Deputados
RISF – Regimento Interno do Senado Federal
RISTF – Regimento Interno do STF
SF – Senado Federal
STF – Supremo Tribunal Federal

LISTA DE FIGURAS

LISTA DE GRÁFICOS

LISTA DE QUADROS

LISTA DE TABELAS

SUMÁRIO

Não é novidade alguma o fato de o Direito Constitucional ter assumido um papel protagonista para a compreensão da Ciência Jurídica. Até a primeira metade do século XX, o papel da autonomia privada e o da potestade davam um lugar de centralidade aos contratos e às obrigações próprias do Direito Civil. E a questão da segurança pública fazia o Direito Penal ombrear com o primeiro.

O advento do Estado Social tornou o cidadão uma espécie de credor de prestações econômicas, individuais e coletivas, do Estado. Saúde, Assistência e Previdência Social se tornaram, ao lado das questões trabalhistas, o ponto de virada publicista do edifício jurídico.

Esse giro terminaria o movimento de seu eixo com Auschwitz. A perspectiva desse evento contra todos expandiu o conceito de crime contra a humanidade. As dimensões do humano, tanto imanentes quanto transcendentes, tornaram a dignidade da pessoa humana a matriz axial do Direito como um todo. O Direito Constitucional, pela perspectiva subjetiva e objetiva dos direitos fundamentais, as novas técnicas decisórias e as modernas concepções hermenêuticas e argumentativas foram guindados à condição de estrela do "sistema solar jurídico".

E, sendo assim, o teste de *pedigree* de normas sociais, a regra de reconhecimento hartiana daquilo que é "jurídico", se materializou majoritariamente nos textos constitucionais. Por conseguinte, o estudo do controle de constitucionalidade acompanhou o vertiginoso crescimento de Cortes Constitucionais no mundo pós-Segunda Guerra Mundial.

Só muito recentemente, coisa de dez anos, a academia percebeu que o controle de constitucionalidade "não é" e "não pode ser" matéria sob o monopólio do Judiciário. Uma lacuna enorme no Direito Constitucional veio à tona. Uma dívida de toda a academia começa agora a ser reparada por essa obra ímpar de Bárbara Brum.

Seu trabalho parte da diferenciação entre "escolha" e "*design* institucional" de lavra de Adrian Vermeule e Elizabeth Garrett para a análise de diferentes patamares de judicialização da política no Brasil. Com apoio no trabalho de Ran Hirschl, Bárbara confirma a hipótese de que o Parlamento brasileiro é também foro legítimo e necessário para a apreciação de controvérsias constitucionais.

Ao lado desse cenário, não é novidade o fato de que nossa Corte Suprema adere, desde Pedro Lessa, concepção positivista de controle judicial do devido processo legislativo a partir do constructo da teoria dos "atos *Interna Corporis*". A admissão isolada de controle formal foi (e ainda é) absolutamente tímida.

Desse modo, temos, de um lado, uma academia refratária ao estudo de um *design* constitucional amigável à participação do Legislativo no exercício do controle de constitucionalidade. E, de outro, o Supremo Tribunal Federal, acusado mais recentemente de ativista, permanece ainda claramente passivista no controle do devido processo legislativo.

Menções ao "controle político" do Parlamento são, no cenário brasileiro, praticamente protocolares nos manuais especializados.

A presente obra revoluciona a mentalidade de tal abordagem. A autora mergulha em uma pesquisa empírica coletando dados de modo corajoso e independente, descortinando um "admirável mundo novo" das Comissões de Constituição e Justiça da Câmara dos Deputados e do Senado Federal.

O leitor será brindado com estatísticas/gráficos e apontamentos teóricos sobre nada menos que 3.516 (três mil quinhentas e dezesseis) propostas de emenda constitucional examinadas na Câmara dos Deputados e outras 1.694 (mil seiscentas e noventa e quatro) apreciadas no Senado Federal.

Mas longe de conclusões pautadas em um fraco normativismo, a autora tece considerações a partir de sua metodologia própria da história das mentalidades e instrumentais do neoinstitucionalismo da Ciência Política. Dados, números, gráficos "dançam" diante de nossos olhos mostrando um obsoleto descompasso entre as expectativas normativas do devido processo legislativo e o pragmatismo político parlamentar. Repetição de assinaturas, descontrole nos requisitos de iniciativa, barganhas que determinarão a natureza do parecer enriquecem de modo inusitado os bastidores dos "senhores do poder" no Congresso Nacional.

Tive a honra e a satisfação de conduzir a presente pesquisa na condição de orientador de uma das mais brilhantes (senão A mais brilhante) pesquisadora da minha vida acadêmica. Muito mais que ensinar, aprendi nessa trajetória. E essa convicção me obriga a convidar os leitores que tenham experiência equivalente à que pude experienciar. Leiam e aprendam um "novo" direito constitucional! Deixem-se guiar por uma escrita fácil, ágil, que tornará sua trajetória ainda mais interessante.

Parabéns à Editora pela publicação de uma obra sem igual na Academia brasileira. Parabéns, Bárbara, por sua incrível contribuição!

Álvaro Ricardo de Souza Cruz

Professor da Graduação e da Pós-graduação da Pontifícia Universidade Católica de Minas Gerais. Procurador Regional da República . Mestre em Direito Econômico e Doutor em Direito Constitucional pela Faculdade de Direito da UFMG. Pós-doutorado em História pela UFMG.

A vida bloqueada
Instiga o teimoso viajante
A abrir nova estrada
(Helena Kolody)

Este é um livro especial porque foge do lugar comum na análise do controle das reformas constitucionais.

Bárbara Brum Nery ultrapassou a discussão geral, sempre muito focada no controle judicial, e orientou sua análise, crítica e proposição sobre o controle político da reforma constitucional.

A garantia da juridicidade a que estamos acostumados com o controle judicial de constitucionalidade ganha outro contorno no Congresso. Os espaços e procedimentos são diversos. E consequentemente também são diferentes os modos de se justificar e chegar à manutenção da juridicidade da Constituição quando sua reforma está em jogo no Parlamento.

O livro mostra como o Congresso atua e deveria atuar na sua função de garantidor da juridicidade da Constituição, notadamente pela justificação dada no exercício do controle político-parlamentar de constitucionalidade das propostas de emenda à Constituição.

Em um trabalho bem recortado, no qual Bárbara anuncia em cada capítulo seu ponto de partida e que problema visa enfrentar, o leitor consegue acompanhar o desenvolvimento de cada temática, os argumentos que se constroem, a itemização do que é pressuposto, do que é componente do argumento, as passagens para outros temas, ideias e argumentos. De forma encadeada e nítida, a leitura flui e se consegue acompanhar um trabalho tão bom em descrição quanto rico em análise crítica e proposição.

Já logo no início o livro nos situa no caminho a ser percorrido na verificação do espaço alocado para a atuação parlamentar na interpretação da Constituição e veiculação das propostas de reforma. O exercício dessa competência revisora não passa incólume.

Bárbara nos mostra como o controle judicial de constitucionalidade preventivo sobre o processo legislativo de propostas de emenda à Constituição (PECs) em tramitação nas Casas Legislativas tem crescido. Os mandados de segurança impetrados por parlamentares que desejam obstar a discussão de PECs sob o fundamento de possuírem direito líquido e certo ao devido processo legislativo têm feito da atuação parlamentar na reforma da Constituição uma atuação que encontra enfrentamentos e limites no Supremo Tribunal Federal.

E mesmo quando as PECs são aprovadas e se tornam Emendas Constitucionais, Bárbara nos mostra que aproximadamente 40% delas foram objeto de impugnação judicial via ADI ou RE com repercussão geral reconhecida. Se a interação entre Parlamento e STF faz parte da dinâmica entre os poderes, na reforma da Constituição ela parece ser quase uma constante, na qual essa interação se dá pela visão e revisão da atuação de um e de outro.

A constatação não é suficiente. E por isso o livro nos apresenta dados compilados que nos permitem verificar os momentos ordinários de controle político e parlamentar da constitucionalidade, sobretudo nas Comissões de Constituição e Justiça, e ainda mensurar as etapas do processo legislativo de reforma constitucional.

Bárbara faz uma descrição e análise profunda, em teoria e dogmática, do processo legislativo regimental das emendas nas duas casas legislativas – Câmara e Senado. E vai além.

O livro mostra, com análise fina, a importância e os usos dos Regimentos Internos, como eles definem o desenho institucional próprio no Legislativo para o controle político de constitucionalidade e o modo e a justificativa da atuação parlamentar no controle da juridicidade. Mas o livro também nos mostra que nesses usos regimentais também existem déficits ou abusos do devido processo legislativo e que o que temos muitas vezes é uma "fábrica de vícios" na reforma constitucional.

Bárbara fundamenta suas análises em dados gerais, específicos e exemplos qualitativos são abundantes. Suas tabelas e gráficos deixam bem exposto, desenhado, os números do que aponta e analisa. A cultura de justificação no Congresso ainda é fraca e patina. Nosso modelo congressual para o controle de constitucionalidade, seja em termos de *design* institucional, seja em termos de atuação parlamentar, pode mais e pode melhor.

O livro de Bárbara Brum Nery é um estudo que mostra, comprova, analisa e abre possibilidades – normativas, legislativas e institucionais – de correção para o controle político da reforma constitucional. É uma contribuição ímpar em forma, conteúdo e proposição.

Miguel Gualano de Godoy
Professor adjunto de Direito Constitucional da Faculdade de Direito da Universidade Federal do Paraná (UFPR). Mestre e Doutor em Direito Constitucional pela UFPR. Pós-doutor pela Faculdade de Direito da USP. Ex-assessor de ministro do STF. Advogado.

CAPÍTULO 1

INTRODUÇÃO

A Constituição da República Federativa do Brasil de 1988 (CRFB/1988)[1] adota um sistema garantidor de sua juridicidade[2] por meio da incorporação de mecanismos de rigidez,[3] que sujeitam a alteração do texto constitucional a limites formais e materiais menos flexíveis do que os previstos para a legislação ordinária. A higidez desses limites é resguardada pela existência/previsão de procedimentos próprios de controle de constitucionalidade, inclusive por meio da revisão judicial.

Em trabalho anterior, percorrendo o caminho entre os principais autores, problemas e teorias relacionadas aos limites de reforma constitucional, verificou-se desejável que as Constituições contemporâneas disponham de algum nível de rigidez positivado, como forma de manutenção e aprimoramento de uma democracia substancial e plural. Há, contudo, diferentes engenharias possíveis para a definição dos papéis institucionais e a consequente alocação de competências.

Durante a maior parte da história constitucional brasileira, significativa parcela da doutrina partiu do pressuposto de que a intervenção judicial para definir questões de interpretação constitucional seria algo inerente ao funcionamento das instituições, sem que a legitimidade de tais decisões fosse perquirida ou questionada, salvo quando relativas

---

[1] BRASIL. [Constituição (1988)]. *Constituição da República Federativa do Brasil de 1988*: Nós, representantes do povo brasileiro, reunidos em Assembléia Nacional Constituinte para instituir um Estado Democrático, destinado a assegurar o exercício dos direitos sociais e individuais, [...]. Brasília, DF: Planalto, [2018].

[2] O termo *juridicidade constitucional* será utilizado ao longo do trabalho em seu sentido amplo, com referência à ideia de constituição como um documento (também) jurídico e não meramente político.

[3] BRYCE, James. *Constituiciones flexibles y Constituciones rígidas*. 2. ed. Madrid: Instituto de Estudios Políticos, 1962.

aos excessos cometidos, notadamente, em algumas situações de ativismo judicial ou de exacerbação da judicialização de políticas públicas.

Nas duas últimas décadas, muito em razão da introdução das obras de autores como, por exemplo, Jeremy Waldron,[4] Andrei Marmor,[5] Mark Tushnet[6] e Larry Kramer[7] aos debates constitucionais nacionais, a questão acerca de qual deve ser a instituição (corte ou parlamento) responsável pela última palavra na interpretação de direitos constitucionais e, especialmente, no exercício da declaração de nulidade (ou de anulabilidade) normativa decorrente do controle de constitucionalidade fomentou o surgimento de críticas a algo que, até então, apresentava-se como 'imparcial' e intrínseco ao sistema.

Uma terceira via vem sendo proposta pelos defensores da 'teoria do diálogo institucional', que almeja reformular a alocação de competências a partir de uma perspectiva menos adversarial, afastando a ideia de que exista uma última palavra na definição de direitos e na interpretação da Constituição em geral, especialmente em regimes que se pretendam democráticos, nos quais o ideal é que as decisões continuem em movimento, mas sem desrespeito às instituições.

Contudo, projetado em um contexto de judicialização da política e descrença na lisura da atividade parlamentar, o sistema institucional brasileiro ainda se estrutura a partir de um arranjo de interação entre corte e parlamento que privilegia a ideia de que a última palavra seja do Supremo Tribunal Federal, inclusive no que diz respeito à reforma constitucional.

---

4   WALDRON, Jeremy. *A dignidade da legislação*. São Paulo: Martins Fontes, 2003; WALDRON, Jeremy. Disagreement and precommitment. *In*: ALEXANDER, Larry (org.) *Philosophical foundations*. New York: Cambridge University Press, cap. 7, p. 271-299, 2001; WALDRON, Jeremy. O judicial review e as condições de democracia. *In*: BIGONHA, Antônio Carlos Alpino; MOREIRA, Luiz (org.). *Limites do controle de constitucionalidade*. Rio de Janeiro: Lúmen Juris, 2009.

5   MARMOR, Andrei. As Constituições são legítimas? *Pensar*, Fortaleza, v. 16, n. 1, jan./jun. 2011.

6   TUSHNET, Mark. Against judicial review. *Harvard Public Law Working Paper*, n. 9-20, 2006; TUSHNET, Mark. Ceticismo sobre o judicial review: uma perspectiva dos Estados Unidos. *In*: BIGONHA, Antônio Carlos Alpino; MOREIRA, Luiz (org.). *Limites do controle de constitucionalidade*. Rio de Janeiro: Lumen Juris, 2009; TUSHNET, Mark. Diálogo e dever constitucional. Tradução de Gustavo Salles Costa. *In*: BOLONHA, Carlos; BONIZZATO, Luigi; MAIA, Fabiana (org.). *Teoria institucional e constitucionalismo contemporâneo*. Curitiba: Juruá, 2016.

7   KRAMER, Larry. Democracia deliberativa e constitucionalismo popular: James Madison e o "Interesse do Homem". *In*: BIGONHA, Antônio Carlos Alpino; MOREIRA, Luiz (org.). *Limites do controle de constitucionalidade*. Rio de Janeiro: Lumen Juris, 2009; KRAMER, Larry. Popular Constitutionalism. Circa, 2004. *California Law Review*, v. 92, n. 4, July 2004.

Entretanto, não é somente a corte que detém competências para a garantia da juridicidade constitucional; a responsabilidade por tal tarefa é também compartilhada com outras instituições e outros poderes, inclusive (e especialmente) com o Legislativo.

O objetivo central do presente trabalho é estudar como o Congresso Nacional brasileiro cumpre esse importante papel e quais mecanismos podem (ou devem) ser aprimorados com foco na adoção de uma 'cultura de justificação' dentro do controle parlamentar de constitucionalidade,[8] no qual o bom argumento exerça uma relevante função e as deliberações não sejam pautadas somente por disputas de forças (*intra* ou *inter*) institucional, especialmente quando estão em jogo Direitos Fundamentais.

A abordagem pretendida é a de pequena escala, ou seja, pressupondo-se a alocação de competências já existente, indaga-se: como o desenho institucional[9] do parlamento favorece (ou não) o exercício dessa competência para a garantia de juridicidade constitucional?

Para tanto, o *Capítulo 2* busca estabelecer os macro pressupostos teóricos e fáticos sobre a distribuição de competências institucionais para a interpretação e reforma constitucional, por meio da análise de fenômenos e de debates que cercam o modelo de escolha institucional brasileiro. O questionamento que tangencia o capítulo é: qual o espaço alocado para a atuação parlamentar e qual o caminho percorrido até aqui?

A discussão que permeia o *Capítulo 3* objetiva esclarecer o funcionamento do (devido) processo legislativo regimental e verificar qual a responsabilidade do parlamento na garantia da higidez formal das normas constitucionais derivadas.

Dentro, ainda, dos aspectos procedimentais, a adoção de um sistema de comissões parlamentares, suas vantagens, desvantagens e as características do modelo brasileiro são objetos de discussão do *Capítulo 4*.

Por fim, o *Capítulo 5* traz as consequências geradas pelo modelo adotado, a partir de uma análise do destino das proposições sobre reforma constitucional no âmbito das Casas legislativas, com um espaço

---

[8] MENDES, Conrado Hübner. *Direitos fundamentais, separação de poderes e fundamentação*. 2008. Tese (Doutorado em Direito) – Faculdade de Filosofia, Letras e Ciências Humanas, Universidade de São Paulo, São Paulo, 2008.

[9] GARRETT, Elizabeth; VERMEULE, Adrian. Institutional Design of a Thayerian Congress. *Duke Law Journal*, v. 50, p. 1277-1333, 2001.

para o debate e a avaliação dos pareceres sobre reforma constitucional (que culminaram na inadmissibilidade das proposições), produzidos e votados nas Comissões de Constituição e Justiça, a fim de mapear as razões adotadas pelo parlamento no controle de constitucionalidade de emendas constitucionais.

A abordagem do comportamento parlamentar pretendida ao longo do trabalho, com especial foco na função de garantia da juridicidade constitucional, dar-se-á por meio da conjugação de elementos de duas principais perspectivas de trabalho: análise agregativa e tomada de decisões.[10]

Na *análise agregativa*, diversas características mensuráveis relacionadas ao parlamento (por exemplo, informações sobre o perfil pessoal dos parlamentares, dados sobre quantidade e conteúdo dos projetos deliberados e normas aprovadas, tipos de formações parlamentares existentes e aspectos formais do processo legislativo) são agrupadas e recebem um tratamento estatístico.

Por sua vez, uma abordagem focada em *tomada de decisões* se baseia em estudos de casos concretos, a partir de diferentes perspectivas: algumas se concentram em um único ato legislativo ou em uma categoria específica de atos em determinado período; outras focam em determinado aspecto legislativo ou na atuação de um órgão específico; há também aquelas que objetivam mapear o papel de grupos de pressão dentro do processo legislativo.

Os *Capítulos 3, 4 e 5* empregam elementos dessas formas de abordagem, notadamente, por meio da obtenção de dados gerais mensuráveis sobre etapas do processo legislativo de reforma constitucional e, também, a partir de uma perspectiva (mais) indutiva, tendo como foco os momentos ordinários de controle parlamentar de constitucionalidade, especialmente nas Comissões de Constituição e Justiça.

Outra técnica possível para subsidiar a compreensão da atividade legislativa é aquela que se baseia no *comportamento individual* do parlamentar e parte, especialmente, de entrevistas ou questionários, buscando "informações não só factuais, como também perceptivas, avaliativas, emocionais e outras de natureza psicodinâmica".[11]

---

[10] LA PALOMBARA, Joseph G. *A política no interior das nações*. Brasília, DF: Ed. Universidade de Brasília, 1982.

[11] LA PALOMBARA, Joseph G. *A política no interior das nações*. Brasília, DF: Ed. Universidade de Brasília, 1982, p. 164

Neste caso, contudo, especialmente em razão das dificuldades características do processo político e da obtenção de informações 'sinceras', por meio de uma abordagem direta aos atores envolvidos na atividade parlamentar, a realização de entrevistas foi substituída pela observação não participativa, a partir de visita técnica realizada na Câmara dos Deputados e no Senado Federal.

Algumas constatações parciais ao longo da pesquisa foram responsáveis pela alteração do curso do desenvolvimento da tese, cujo recorte pretendido inicialmente tinha como objeto de estudo, preponderantemente, as razões que subsidiam os pareceres pela (in)admissibilidade de propostas de emenda à Constituição nas Comissões de Constituição e Justiça.

Verificou-se, contudo, que, do ponto de vista da garantia da juridicidade do texto constitucional, a compreensão (e a necessidade reformulação) dos aspectos operacionais, comportamentais e estruturais do controle parlamentar antecede (e muito) uma análise do conteúdo dos pareceres, que, apesar de relevante, representam muito mais um retrato circunstancial e muitas vezes acidental do processo de controle de constitucionalidade.

CAPÍTULO 2

ALOCAÇÃO DE COMPETÊNCIAS, INTERPRETAÇÃO E DEFINIÇÃO CONSTITUCIONAL

Os autores norte-americanos Elizabeth Garrett e Adrian Vermeule[12] trazem uma distinção entre dois componentes que podem ser objeto de estudo pelo Direito Constitucional:

a) a escolha institucional; e

b) o *design* institucional.

Enquanto uma análise sobre escolha institucional visa responder que tarefas sociais devem ser atribuídas a quais Poderes; questões a respeito do *design* institucional pretendem abordar qual estrutura interna e quais regras de decisão um Poder deve ter para executar essas tarefas que lhe foram alocadas.[13]

> A escolha institucional indaga quais tarefas sociais devem ser alocadas a quais instituições, mantendo constante o *design* dessas instituições; o *design* institucional pergunta qual estrutura interna e regras de decisão as instituições devem ter, mantendo constante a alocação de tarefas sociais entre instituições.[14] (tradução nossa)

---

12 GARRETT, Elizabeth; VERMEULE, Adrian. Institutional Design of a Thayerian Congress. *Duke Law Journal*, v. 50, p. 1277-1333, 2001.

13 Essas acepções serão adotadas como padrão terminológico.

14 Institutional choice asks which social tasks should be allocated to which institutions, holding the design of those institutions constant; institutional design asks what internal structure and decision rules institutions should have, holding the allocation of social tasks across institutions constant. (GARRETT, Elizabeth; VERMEULE, Adrian. Institutional Design of a Thayerian Congress. *Duke Law Journal*, v. 50, p. 1277-1333, 2001, p. 1281).

Sob essa perspectiva, *a presente tese é um trabalho sobre* design *institucional* que objetiva compreender como a estrutura interna do Congresso Nacional brasileiro atua (e como deveria atuar) em sua função de garantidor da juridicidade na reforma constitucional, diante da alocação de competências já constitucionalmente, politicamente e socialmente estabelecida. Trata-se de uma análise em escala reduzida.

Para tanto, torna-se necessário estabelecer pressupostos e tecer breves comentários sobre: (*i*) como essa distribuição de competências se dá dentro do arranjo brasileiro, especialmente em relação ao papel das instituições na interpretação e reforma constitucional, bem como sobre (*ii*) os fenômenos e debates que cercam o modelo de escolha institucional vigente. A esse propósito é dedicado este capítulo.

O objetivo, entretanto, não é estabelecer uma crítica ampla à forma como as competências para as definições sobre reforma constitucional estão alocadas – o que, por certo, demandaria um (ou vários) trabalho(s) exclusivo(s) sobre o tema[15] –, mas entender como esse processo foi (e é) constituído na dinâmica de atuação dos poderes, com a específica finalidade de subsidiar, nos capítulos seguintes, uma microanálise sobre o papel do parlamento no exercício do controle de constitucionalidade das Propostas de Emenda à Constituição (PECs).

2.1 A definição sobre a última palavra: entre a toga e o parlamento

Têm-se, pois, dois modelos-bases que pretendem – dentro da macroquestão de escolha institucional – estabelecer qual instituição (corte ou parlamento) deve ter a última palavra na definição do sistema legislativo, especialmente, no que se refere ao exercício da declaração de nulidade (ou de anulabilidade) normativa, decorrente do controle de constitucionalidade.

As correntes dominantes que cercam o debate da questão da 'última palavra' podem ser divididas, como propõe Conrado Hubner Mendes:[16] (i) entre aquelas com *inclinação por juízes e cortes constitucionais,*

---

[15] A questão sobre alocação de competências perpassa a própria problemática de conciliação entre constitucionalismo e democracia, com suas consequentes 'tensões' entre pré-compromissos e a defesa da autonomia dos cidadãos como sujeitos de direitos, o que transcende o recorte proposto neste estudo.

[16] MENDES, Conrado Hübner. *Direitos fundamentais, separação de poderes e fundamentação.* 2008. Tese (Doutorado em Direito) – Faculdade de Filosofia, Letras e Ciências Humanas, Universidade de São Paulo, São Paulo, 2008.

que defendem ser o Judiciário o campo adequado para a proteção de direitos fundamentais e, portanto, possui legitimidade para exercer a revisão judicial, como última instância de interpretação constitucional; e (ii) *as que se inclinam para legisladores e parlamentos* e advogam a prevalência das decisões majoritárias parlamentares, em detrimento de uma atuação supostamente contramajoritária das cortes constitucionais.

Entre esses dois 'extremos', há ainda arranjos institucionais baseados nas chamadas *teorias sobre o diálogo*,[17] que se preocupam com a compreensão da interação entre juízes e parlamento, procurando reduzir as 'dificuldades contramajoritárias'[18], ao recusar o monopólio judicial da interpretação da Constituição e a existência de uma 'última palavra'.

Além das nuances e versões das diferentes teorias do diálogo, deve-se perceber o que elas têm em comum e como contrastam com teorias da última palavra. Dois são os seus principais denominadores comuns: a recusa da visão juricêntrica e do monopólio judicial na interpretação da constituição, a qual é e deve ser legitimamente exercida pelos outros poderes; a rejeição da existência de uma última palavra, ou, pelo menos, de que a corte a detenha por meio da revisão judicial.[19]

De certo modo, como alerta Mark Tushnet, a obsessão da teoria constitucional, por definir (precisamente) a alocação de competências entre corte e parlamento, traz a falsa ideia de que atribuições poderiam ser estanques, quando, na verdade, "as fronteiras do direito constitucional são tão permeáveis quanto outras fronteiras",[20] sendo as formas de revisão constitucional tão nebulosas quanto o próprio conteúdo dos direitos.

---

[17] Como autores de referência na defesa de alguma forma de diálogo em contraposição à ideia de última palavra, podem ser citados Alexander Bickel, Cass Sunstein, Neal Kumar Katyal, Barry Friedman e, especialmente, Stephen Gardbaum, dentre outros. MENDES, Conrado Hübner. *Direitos fundamentais, separação de poderes e fundamentação*. 2008. Tese (Doutorado em Direito) – Faculdade de Filosofia, Letras e Ciências Humanas, Universidade de São Paulo, São Paulo, 2008.

[18] A expressão é atribuída pioneiramente a Alexander Bickel. MENDES, Conrado Hübner. *Direitos fundamentais, separação de poderes e fundamentação*. 2008. Tese (Doutorado em Direito) – Faculdade de Filosofia, Letras e Ciências Humanas, Universidade de São Paulo, São Paulo, 2008.

[19] MENDES, Conrado Hübner. *Direitos fundamentais, separação de poderes e fundamentação*. 2008. Tese (Doutorado em Direito) – Faculdade de Filosofia, Letras e Ciências Humanas, Universidade de São Paulo, São Paulo, 2008, p. 99.

[20] TUSHNET, Mark. Diálogo e dever constitucional. Tradução de Gustavo Salles Costa. *In*: BOLONHA, Carlos; BONIZZATO, Luigi; MAIA, Fabiana (org.). *Teoria institucional e constitucionalismo contemporâneo*. Curitiba: Juruá, 2016, p. 185.

No caso da história constitucional brasileira,[21] naturalizou-se a ideia de que a intervenção judicial para decidir questões de interpretação constitucional seria algo inerente ao funcionamento das instituições, ficando reservado ao parlamento um papel muitas vezes incidental e não vinculante, dentro dos processos legislativo e constituinte de reforma.

De fato, do ponto de vista normativo, a função legiferante ordinária é atribuição, via de regra, do Poder Legislativo e, em hipóteses mais limitadas, do chefe do Executivo, assim como a atividade constituinte de aprovação[22] da reforma ou da revisão é competência exclusiva do Congresso Nacional. Contudo, o modelo de jurisdição constitucional adotado pela CRFB/1988 possibilitou aos juízes e às cortes, especialmente ao Supremo Tribunal Federal (STF), a última palavra na definição do sistema normativo, legal e constitucional. Mais que isso, a crença na legitimidade da revisão judicial acabou por conduzir, no Brasil (e também em outros Estados), o Judiciário à assunção de competências tipicamente políticas, diante de diversos fatores que levaram ao esvaziamento e à descrença no parlamento e na administração pública, em sentido mais amplo.

Estruturou-se, no entorno das cortes, uma certeza de que o agir jurisdicional deve garantir a implementação dos anseios sociais e do desenvolvimento econômico, político e, até mesmo, ético. Trata-se de um processo denominado judicialização da política, que expande, independentemente de respaldo normativo, as competências do Poder Judiciário para a definição constitucional.

> Vivemos uma era de expansão global do Poder Judiciário. Se durante o século XIX a *judicial review of legislation* era uma peculiaridade norte-americana, no limiar do século XXI nada menos que 158 países contam com a previsão formal de algum instrumento de jurisdição constitucional. [...] Contudo, o fenômeno da expansão global do Poder Judiciário tem se traduzido não apenas na globalização da jurisdição constitucional, mas, sobre tudo, na judicialização da política, assim compreendido o processo pelo qual as Cortes e os juízes passam a dominar progressivamente a produção de políticas públicas e de normas que antes vinham sendo decididas (ou, como é amplamente aceito, que devem ser decididas)

---

[21] O processo que conduziu à adoção de um modelo forte e amplo de *judicial review*, iniciado no final do século XIX durante a formatação do texto da primeira Constituição republicana de 1891, encontrou na Constituição vigente seu ápice.

[22] A participação externa no processo de reforma constitucional fica restrita à iniciativa, como será melhor explicitado a seguir.

por outros departamentos estatais, especialmente o Legislativo e o Executivo.[23]

A ampliação das hipóteses de atuação política do judiciário, abordada de forma mais específica na próxima subseção, influenciou fortemente a (re)acomodação das funções estatais e a formação de uma consciência coletiva sobre o papel social dos atores políticos, incluindo o parlamento e o próprio Poder Judiciário.

2.2 A judicialização da política e a experiência brasileira

O termo judicialização da política, na percepção do professor da Universidade de Toronto, Ran Hirschl,[24] serve para designar três processos distintos (mas inter-relacionados) que nomeiam a confiança cada vez maior no Direito e nos tribunais para a resolução de controvérsias da vida moderna, a efetivação de política pública e a definição de dilemas morais relevantes. São, pois, três vieses de um mesmo fenômeno.

O primeiro processo (*I*) abrange a ascendência do discurso jurídico em vários setores da vida moderna, levando à formalização ou 'juridificação' de debates antes marcados pela simplicidade terminológica e que agora se desenvolvem dentro de uma gramática específica, atrelada à captura das relações e da cultura popular pelo discurso jurídico. Trata-se da perspectiva mais abstrata e menos quantificável da expansão judicial, na qual o bacharelismo[25] renova suas forças. Afinal, para trânsito nesse universo técnico-especializado, é mister deter os instrumentos linguísticos necessários.[26]

---

[23] BRANDÃO, Rodrigo. A judicialização da política: teorias condições e o caso brasileiro. *In*: BOLONHA, Carlos; BONIZZATO, Luigi, MAIA, Fabiana (coord.). *Teoria institucional e constitucionalismo contemporâneo*. Curitiba: Juruá, 2016, p. 293-294.

[24] HIRSCHL, Ran. O novo constitucionalismo e a judicialização da política pura no mundo. *Revista de Direito Administrativo: RDA*, Belo Horizonte, n. 251, p. 139-178, maio/ago. 2009.

[25] O bacharelismo não é novidade e nem criação tupiniquim como afirma. Como um fenômeno político-social e linguístico-psicológico, dentre suas várias acepções, adotamos aqui um dos sentidos de bacharelismo citados por Nelson Nogueira Saldanha como "uma *forma mentis* tendente a ver o jurídico como essência do social, e os respectivos valores como o alfa e ômega do universo humano". KOZIMA, José Wanderley. Instituições, retórica e o Bacharelismo no Brasil. *In*: WOLKMER, Antonio Carlos (org.) *Fundamentos da história do direito*. Belo Horizonte: Del Rey, 1996.

[26] Tratando sobre o fenômeno do bacharelismo no Brasil na virada do século XIX para o séc. XX, Wolkmer ressalta que "trata-se aqui do imaginário afastado de uma legalidade produzida pela população, no bojo de um processo sintonizado com necessidades reais, reivindicações, lutas, conflitos e conquistas. A retrospectiva comprova que, até hoje, tais agentes se revelaram não só hábeis servidores do ritualizado Direito estatal, afeito mais

Em alguns momentos, o excesso de juridificação, acentuado por atos de reserva de mercado, acaba por retirar do cidadão a autonomia para algumas definições que, de outro modo e pela natureza intangível dos interesses em jogo, independeriam da intervenção de terceiros estranhos à relação.

No caso brasileiro, cite-se, como exemplo, a obrigatoriedade da constituição de advogado ou defensor público para um divórcio (judicial ou extrajudicial) de casais sem filhos menores ou incapazes, nos termos do art. 733, §2º, do Código de Processo Civil (CPC/2015).[27] Fato é que o interesse do Estado nessa 'operação' deveria se restringir à fiscalização tributária de eventuais transações relacionadas a bens e direitos de duas pessoas maiores e capazes, não se vislumbrando qualquer motivação para a obrigatoriedade de assistência jurídica caso as partes se sintam aptas e suficientemente informadas para procederem (com a privacidade que uma circunstância dessa natureza impõe) à conclusão do ato.

O segundo (*II*) aspecto da judicialização da política possui uma abordagem focada nos processos decisórios e no arranjo das instituições, compreende a ampliação da atuação dos magistrados na definição de políticas públicas, por meio de decisões envolvendo, especialmente, a aplicação de Direitos Fundamentais e redefinição das competências entre 'Poderes' e entre entes da federação.

Muitas vezes, são demandas levadas ao Poder Judiciário por provocação de pessoas comuns e/ou pelos meios ordinários de revisão judicial, sempre a partir da ideia de que compete aos juízes a proteção dos direitos constitucionais, frente a atos administrativos (comissivos ou omissivos) que dificultem ou impeçam sua implementação.

> A mobilização jurídica "vinda de baixo" é favorecida pela frequente crença de que direitos judicialmente protegidos operam como forças autoimplementáveis de mudança social — isto é, forças que não

---

diretamente aos intentos dos donos do poder e dos grandes proprietários como sobretudo talentosos reprodutores de uma legalidade estreita, fechada e artificial. Esses procedimentos definem uma atuação em grande parte conservadora, própria para justificar a exclusão de significativos setores da sociedade e a manutenção da ordem vigente." WOLKMER, Antônio Carlos. *História do direito no Brasil*. 3. ed. Rio de Janeiro: Forense, 2006, p. 103.

[27] BRASIL. Lei nº 13.105, de 16 de março de 2015. Código de Processo Civil. Brasília, DF: Presidência da República, [2019].

dependem das restrições a que todo poder político está sujeito. Essa crença tem hoje um *status* quase sagrado no debate público.[28]

No panorama mundial, são diversos os exemplos de intervenção judicial frente a normas e a atos violadores de liberdades civis e da justiça processual.

A prevalência do direito ao devido processo legal também é evidente nos casos envolvendo a adoção de procedimentos legais mais 'flexibilizados' no combate ao terrorismo. Em 1999, a Suprema Corte de Israel baniu o uso da tortura em interrogatórios conduzidos pelo Serviço Geral de Segurança Israelense. Em 2002, o Conselho Constitucional do Peru anulou o julgamento secreto, por um tribunal militar, de líderes do movimento rebelde maoísta Sendero Luminoso. A Câmara dos Lordes declarou inconstitucional a legislação britânica sobre o estado de emergência pós-11 de setembro.[29]

Se na obra de Ran Hirschl ganha destaque, neste ponto, a judicialização de questões atinentes às liberdades civis clássicas, no Brasil e em outros países da América Latina, o marco de desenvolvimento do segundo aspecto é preponderantemente atrelado à ideia de efetivação de direitos sociais,[30] especialmente a judicialização do direito à saúde, cuja repercussão orçamentária e operacional assombra os Poderes Executivo e Judiciário, em todos os níveis da federação.[31]

---

[28] HIRSCHL, Ran. O novo constitucionalismo e a judicialização da política pura no mundo. *Revista de Direito Administrativo: RDA*, Belo Horizonte, n. 251, p. 139-178, maio/ago. 2009, p. 144.

[29] HIRSCHL, Ran. O novo constitucionalismo e a judicialização da política pura no mundo. *Revista de Direito Administrativo: RDA*, Belo Horizonte, n. 251, p. 139-178, maio/ago. 2009, p. 143.

[30] Nesse aspecto, ganha especial relevância as decisões da Arguição de Descumprimento de Preceito Fundamental (ADPF) nº 45 e, mais recentemente, do Recurso Extraordinário (RE) nº 657.718. BRASIL. Supremo Tribunal Federal. (Arguição de Descumprimento de Preceito Fundamental nº 45. Relator: Min. Celso de Mello. *Informativo*, Brasília, n. 345, 2011; BRASIL. Supremo Tribunal Federal. *Recurso Extraordinário 657.718/MG*. Direito Administrativo e outras matérias de direito público. Serviços. Saúde. Fornecimento de Medicamentos. Atos Administrativos. Fiscalização. Relator: Min. Marco Aurélio, 19 set. 2011. Brasília: STF, 2019).

[31] Os números da judicialização do direto à saúde na história recente do Brasil chegam a cifras exorbitantes. Segundo dados do Ministério da Saúde, em "seis anos, foram destinados pela União R$3,2 bilhões para atender a determinações judiciais para a compra de medicamentos, equipamentos, dietas, suplementos alimentares, gastos com cirurgias, internações e depósitos judiciais, um incremento de 797% entre 2010 e 2015. [...] Incluindo também estados e municípios, a perspectiva é de que o gasto com determinações judiciais neste ano [2016] chegue a R$7 bilhões." (BRASIL. Ministério da Saúde. *Ministério lança projeto de apoio ao judiciário para as ações em saúde*. Brasília: Portal Saúde, 17 nov. 2016). Em relação ao

As constituições latino-americanas incluem mais direitos econômicos e sociais, e direitos econômicos e sociais mais judicializáveis, que outras regiões do mundo. A região tem um compromisso de longa data com os DESs, mas esses direitos só se tornaram judicializavéis na onda de constitucionalização das últimas duas décadas. Isso ocorre em parte porque a maioria dos países latino-americanos tem a provisão de mecanismos de amparo ou outras garantias (por exemplo, a ação de tutela da Colômbia) que permitem aos cidadãos fazerem pedidos diretos para reparar a violação de um direito. Somente na Colômbia, houve 424.400 reclamações feitas em 2012, das quais mais de um quarto se refere ao direito à saúde [...] embora o tribunal brasileiro não tenha produzido um volume similar de decisões, emitiu uma série de importantes, decisões internacionalmente reconhecidas, em particular no que diz respeito ao direito à saúde. (tradução nossa)[32]

Mais recentemente, contudo, a judicialização das políticas públicas no Brasil passou a ganhar novos holofotes, em razão de decisões judiciais que tratam de questões atreladas à gestão da política criminal e carcerária, como no caso da Arguição de Descumprimento de Preceito Fundamental (ADPF) nº 347,[33] na qual o Supremo Tribunal Federal reconheceu, por meio de medida liminar, o Estado de Coisas

---

volume de demandas em tramitação perante os órgãos do Poder Judiciário a situação não é diferente, somente no ano de 2016 foram distribuídos perante o Supremo Tribunal Federal 2.379 novos processos tratando sobre direito à saúde pública. Além disso, estão sobrestadas perante os órgãos do Poder Judiciário, mais de 34 (trinte e quatro) mil ações que tratam sobre "dever do Estado de fornecer medicamento de alto custo a portador de doença grave que não possui condições financeiras para comprá-lo", em razão do reconhecimento de repercussão geral à questão (Tema nº 6) em 2008. (CONSELHO NACIONAL DE JUSTIÇA. *Supremo em ação 2017*: ano-base 2016. Brasília: CNJ, 2017).

[32] *"Latin American constitutions include more economic and social rights, and more justiciable economic and social rights, tany other region of the world. The region has a long standing commitment to ESRs, but such rights have only been rendered justiciable in the wave of constitution-making of the last two decades. This is partly because most Latin American countries have a provision for amparo or amparo-like mechanisms (e.g. Colombia's acción de tutela) that allows citizens to make direct application for legal relief of a violation of a right. In Colombia alone, there were 424,400 claims made in 2012, of which more than a quarter related to the right to health. [...] Although the Brazilian court has not produced a similar volume of decisions, it has issued a number of important, internationally recognized decisions, in particular with regard to the right to health. (JUNG, Courtney; HIRSCHL, Ran; ROSEVEAR, Evan. Economic and social rights in national Constitutions. Ann Arbor: American Journal of Comparative*, v. 62, n. 4, p. 1043-1098, 2014.)

[33] BRASIL. Supremo Tribunal Federal. Arguição de Descumprimento de Preceito Fundamental nº 347. Direito Administrativo e outras matérias de direito público. Garantias Constitucionais. Direito processual penal Prisão Preventiva. Prisão em flagrante. Ação Penal. Prisão Decorrente de Sentença Condenatória. Relator: Min. Marco Aurélio, 27 maio 2015. *Diário de Justiça Eletrônico*, Brasília, DF, 14 ago. 2019.

Inconstitucional do sistema penitenciário brasileiro e determinou, entre outras medidas, o descontigenciamento do Fundo Penitenciário gerido pela União, para atender à finalidade que lhe compete. Nesse mesmo sentido, é possível citar como exemplos:

a) o Habeas Corpus $n^{\underline{o}}$ 118.533,[34] por meio do qual o STF reviu seu posicionamento a respeito da natureza hedionda do crime de tráfico de drogas minorado (art. 33, §4º, da Lei nº 11.343/06[35]), para excluir a hediondez do delito, abrandando a execução penal, a partir de argumentos com forte viés político-criminal, o que ficou claro nas expressas menções feitas pelos Ministros Celso de Mello e Enrique Ricardo Lewandowsky (este de forma mais detalhada) às estatísticas do Sistema Integrado de Informações Penitenciárias que demonstram o número de mulheres presas como traficantes por atuarem como 'mula' ou "correio' para terceiros; e

b) os julgamentos sobre o alcance da norma constitucional que trata da não culpabilidade ou presunção de inocência (Habeas Corpus $n^{\underline{o}}$ 126.292[36] e as Medidas Cautelares nas Ações Declaratórias de Constitucionalidade (ADCs) nºs 43[37] e 44[38]), nos quais os Ministros, novamente narrando fundamentos consequencialistas – como a lentidão do Poder Judiciário e a percepção social sobre a questão –, entenderam ser constitucional a determinação de início compulsório da execução da

---

[34] BRASIL. Supremo Tribunal Federal. *Habeas Corpus nº 118.533/MS*. Habeas Corpus. Constitucional, penal e processual penal. Tráfico de entorpecentes. Aplicação da lei nº 8.072/90 ao tráfico de entorpecentes privilegiado: inviabilidade. Hediondez não caracterizada. Ordem concedida. Relatora: Min. Carmén Lúcia, 23 jun. 2016. Brasília, DF: STF, 23 jun. 2016.

[35] BRASIL. *Lei nº 11.343, de 23 de agosto de 2006*. Institui o Sistema Nacional de Políticas Públicas sobre Drogas – Sisnad; prescreve medidas para prevenção do uso indevido, atenção e reinserção social de usuários e dependentes de drogas; estabelece normas para repressão à produção não autorizada e ao tráfico ilícito de drogas; define crimes e dá outras providências. Brasília, DF: Presidência da República, [2019].

[36] BRASIL Supremo Tribunal Federal. *Habeas Corpus nº 126.292/SP*. Habeas Corpus. Constitucional. Habeas Corpus. Princípio constitucional da presunção de inocência (CF, art. 5º, LVII). Sentença penal condenatória confirmada por Tribunal de Segundo Grau de Jurisdição. Execução provisória. possibilidade. Relatora: Min. Teori Zavascki, 24 ago. 2001. Brasília, DF: STF, 24 ago. 2001.

[37] BRASIL. Supremo Tribunal Federal. Ação Declaratória de Constitucionalidade nº 43. Relator: Min. Marco Aurélio, 1 ago. 2018. *Diário de Justiça Eletrônico*, Brasília, DF, n. 206, 28 set. 2018.

[38] BRASIL. Supremo Tribunal Federal. Ação Declaratória de Constitucionalidade nº 44. Relator: Min. Marco Aurélio, 25 set. 2018. *Diário de Justiça Eletrônico*, Brasília, DF, n. 77, 5 abr. 2019.

pena após a decisão confirmatória da condenação em segunda instância, independentemente do trânsito em julgado.

Por fim, o terceiro, e mais controverso processo (*III*) de judicialização da política, envolve a assunção pelo Poder Judiciário da 'megapolítica', ou, como denomina Jeremy Waldron, das demandas fundadas sobre desacordos razoáveis,[39] que ganham ares de certeza sob a chancela dos juízes.

Os magistrados passam a decidir sobre as mais controversas temáticas, entre elas: processos eleitorais; prerrogativas dos demais poderes; planejamento macroeconômico; segurança nacional e disputas sobre a definição das identidades coletiva e da própria comunidade.

Prosseguindo em relação ao segundo processo de judicialização, o judiciário avança o sinal da implementação de políticas públicas para decidir, também, a respeito de dilemas morais e políticos cruciais para a definição da identidade social do Estado.

Como alerta Hirschl,[40] a distinção entre essas duas últimas fases da judicialização é bastante tênue e muitas vezes intuitiva, uma vez que a importância qualitativa de determinado debate, e o próprio significado do megapolítico, como não poderia ser diferente, é incerto e variável.

Para exemplificar a zona de penumbra entre os dois últimos processos de judicialização da política, cite-se o caso da efetivação do direito à saúde no Brasil, porquanto, se aqui as questões atinentes ao dever do Estado de garantir o direito à saúde, diante de seu *status* de Direito Fundamental expressamente manejado no texto constitucional, não são objeto de controvérsias gerais e politicamente significativas para a definição da comunidade, o mesmo não acontece nos Estados Unidos, onde o direito à saúde integra as mais controversas agendas políticas e é inerente à definição da própria identidade política do país.

Não se pretende afirmar, neste ponto, que a efetivação do direito à saúde no Brasil não seja problemática, até porque, se assim não o fosse, não estaria incluída no segundo aspecto da judicialização da política, mas, sim, que o debate em *terras brasilis* é qualitativamente muito mais

---

[39] Temas sobre os quais as pessoas, mesmo de boa-fé e nos momentos de maior estabilidade e lucidez, discordam sobre quais são os direitos que possuem ou não. WALDRON, Jeremy. Disagreement and precommitment. *In*: ALEXANDER, Larry (org.) *Philosophical foundations*. New York: Cambridge University Press, cap. 7, p. 271-299, 2001.

[40] HIRSCHL, Ran. O novo constitucionalismo e a judicialização da política pura no mundo. *Revista de Direito Administrativo: RDA*, Belo Horizonte, n. 251, p. 139-178, maio/ago. 2009.

restrito do que em outros países, limitando-se, via de regra, a questões de cunho orçamentário, cujo contraponto, em geral, é manejado pelas próprias entidades estatais, especialmente em casos limítrofes – que envolvam cifras exorbitantes –, não sendo um 'dilema relevante' para a formação da identidade nacional, diferentemente do que ocorre nos Estados Unidos, onde a implementação do direito à saúde pelo Estado coloca em jogo a própria estruturação liberal estadunidense.

De forma geral, a terceira face da judicialização, adotando-se a proposta de sentido de Ran Hirschl,[41] é entendida como aquela na qual ocorre a ampliação qualitativa das hipóteses de intervenção do Poder Judiciário em questões políticas moralmente controversas e constituidoras da própria identidade da comunidade.

Diante de todos esses vieses da expansão da atuação do Poder Judiciário, Rodrigo Brandão concluiu que:

> a constatação de Alexis de Tocqueville em relação aos Estados Unidos nas décadas de 1820 e 1830, no sentido de que dificilmente havia uma controvérsia moral e política que também não se tornasse uma controvérsia judicial, parece se aplicar atualmente a uma quantidade considerável de países, inclusive e notadamente ao Brasil.[42]

A apuração dos motivos[43] que conduziram a essa expansão do campo de atuação do Poder Judiciário é matéria afeta aos trabalhos de *institucional choice*, porquanto transforma, de maneira significativa, a alocação de competências constitucionais entre os poderes. A temática é controvertida e envolve diversos fatores políticos, sociais, econômicos e institucionais que afetam tanto o processo constituinte formal, que fornece respaldo normativo à expansão da função jurisdicional, quanto o processo constituinte material, que se aperfeiçoa, sem a correspondente normatização textual.

Historicamente, uma das vertentes da expansão do Poder Judiciário envolve o processo de assunção da Constituição não somente

---

41 HIRSCHL, Ran. O novo constitucionalismo e a judicialização da política pura no mundo. *Revista de Direito Administrativo: RDA*, Belo Horizonte, n. 251, p. 139-178, maio/ago. 2009.

42 BRANDÃO, Rodrigo. A judicialização da política: teorias condições e o caso brasileiro. *In*: BOLONHA, Carlos; BONIZZATO, Luigi, MAIA, Fabiana (coord.). *Teoria institucional e constitucionalismo contemporâneo*. Curitiba: Juruá, 2016, p. 297.

43 Para um estudo mais analítico sobre as teorias e condições que levaram a expansão do Poder Judiciário, ver: BRANDÃO, Rodrigo. A judicialização da política: teorias condições e o caso brasileiro. *In*: BOLONHA, Carlos; BONIZZATO, Luigi, MAIA, Fabiana (coord.). *Teoria institucional e constitucionalismo contemporâneo*. Curitiba: Juruá, 2016.

como um documento político, mas, também, como documento jurídico – um conjunto de normas que estabelece direitos diretamente invocáveis pelos cidadãos – e não apenas uma carta de intenções políticas à qual estariam vinculados o Poder Executivo e, especialmente, o Poder Legislativo, como já ocorrera outrora na história constitucional brasileira. Isso porque a mudança de perspectiva sobre o papel do texto constitucional, especialmente nos países que adotam um modelo de constituição formal e escrita, acabou por justificar a instituição e/ou a ampliação dos instrumentos de *judicial review*.

> Este processo se desenvolveu por ondas: a primeira ocorreu após a fundação dos Estados Unidos, com a afirmação da doutrina da *judicial review of legislation* no caso *Marbury v. Madison* (1803); a segunda se deu no segundo pós-guerra, com a redemocratização de países recém-saídos de regimes fascistas na Europa (p. ex.: Alemanha e Itália), e com o processo de independência de antigas colônias (i. e. Índia e países africanos); a terceira se formou na últimas décadas do século XX, em virtude da transição de ditaduras militares para a democracia (América Latina), e de regimes comunistas para democracias constitucionais de livre-mercado (Leste Europeu), além da incorporação de tratados internacionais ao direito interno.[44]

A CRFB/1988 incorporou esse processo e repetiu os mecanismos de *judicial review* que começaram a ser estabelecidos, pelo menos, desde a Constituição provisória da República dos Estados Unidos do Brasil (publicada pelo Decreto nº 510 de 22 de junho de 1890[45]), ampliando-os significativamente com a inserção da Ação Direta de Inconstitucionalidade por Omissão (ADO) e da ADPF, ambas presentes no texto originário, bem como, por meio da Emenda Constitucional nº 3/93,[46] da Ação Declaratória de Constitucionalidade (ADC).

Ademais, além do incremento nas espécies de atos impugnáveis, por meio da criação de novas 'ações do controle concentrado de constitucionalidade', ampliaram-se, também, os legitimados para a

---

[44] BRANDÃO, Rodrigo. A judicialização da política: teorias condições e o caso brasileiro. *In*: BOLONHA, Carlos; BONIZZATO, Luigi, MAIA, Fabiana (coord.). *Teoria institucional e constitucionalismo contemporâneo*. Curitiba: Juruá, 2016, p. 294.

[45] BRASIL. Senado Federal. Decreto nº 510 de 22 de junho de 1890. Publica a Constituição dos Estados Unidos do Brasil. *Coleção de Leis do Brasil*, Rio de Janeiro, 31 dez. 1890, v. 6, p. 1365.

[46] BRASIL. *Emenda constitucional nº 3, de 17 de março de 1993*. Altera os arts. 40, 42, 102, 103, 155, 156, 160, 167 da Constituição Federal. Brasília, DF: Presidência da República, 2003.

propositura dessas demandas (art. 103 da CRFB/1988). Na nova formatação, foram incluídos autoridades do Poder Executivo, Partidos Políticos com representação no Congresso Nacional, órgãos públicos e, até mesmo, entidades da sociedade civil, como os conselhos de classe de âmbito nacional e as confederações sindicais. Esses fatores, por certo, ampliaram o número e a natureza das demandas que chegam ao STF, favorecendo também a judicialização das decisões sobre a identidade constitucional do Estado.

Além da ampliação por meio de normas expressas, a própria atuação (ou abstenção) dos membros dos demais Poderes (preocupados com os custos políticos de suas decisões, em razão da diversidade do eleitorado e da eventual necessidade de se tomarem decisões contramajoritárias) direciona ao Judiciário demandas que deveriam ser resolvidas por quem possui tipicamente as funções de administrar, fiscalizar, legislar ordinariamente e, especialmente, reformar o texto constitucional.

Rodrigo Brandão aponta ainda que, no caso brasileiro, a fragmentação do poder político ocasionada pela forma de estruturação do nosso sistema presidencialistas, pelo sistema eleitoral, pelo pluripartidarismo e pelo federalismo, que dão azo ao 'presidencialismo de coalizão', estimula "a judicialização ante a necessidade de o Judiciário dirimir frequentes conflitos positivos e negativos travados entre *Poderes*, entes federativos, agências reguladoras, partidos políticos etc".[47]

O Supremo Tribunal Federal é utilizado, inclusive, para a extensão dos debates travados no legislativo, uma vez que "a oposição, não raro derrotada no Congresso Nacional, tende a utilizar o STF como nova arena de batalha política, com vistas a reverter a derrota sofrida na deliberação majoritária".[48]

Um recente exemplo de atuação política e controversa do STF, como legislador positivo, deu-se nos julgamentos da ADO nº 26[49] e

---

[47] BRANDÃO, Rodrigo. A judicialização da política: teorias condições e o caso brasileiro. *In*: BOLONHA, Carlos; BONIZZATO, Luigi, MAIA, Fabiana (coord.). *Teoria institucional e constitucionalismo contemporâneo.* Curitiba: Juruá, 2016, p. 294.

[48] BRANDÃO, Rodrigo. A judicialização da política: teorias condições e o caso brasileiro. *In*: BOLONHA, Carlos; BONIZZATO, Luigi, MAIA, Fabiana (coord.). *Teoria institucional e constitucionalismo contemporâneo.* Curitiba: Juruá, 2016, p. 294.

[49] BRASIL. Supremo Tribunal Federal. Ação Direta de Inconstitucionalidade por Omissão nº 26 de 2013. Direito Administrativo e outras matérias de Direito Público. Controle de Constitucionalidade. Efeitos da Declaração de Inconstitucionalidade. Relator: Min. Celso de Mello, 13 jun., 2019. *Diário de Justiça Eletrônico*, Brasília, DF, n. 142, 1 jul. 2019.

do Mandado de Injunção nº 4.733,[50] nos quais, reconhecendo a mora do Congresso Nacional e adotando uma postura concretista, nem sequer cumpriu a determinação intermediária do art. 8º, I, da Lei nº 13.300/2016,[51] criminalizando as condutas homofóbicas ou transfóbicas, de forma equiparada ao racismo.

Sem pretensão de esgotar o tema, pode-se afirmar que, na história brasileira, perfizeram-se condições facilitadoras da judicialização da política que hoje atribui ao Poder Judiciário, especialmente ao STF, a tarefa (entre outras) de definição do sistema normativo, legal e constitucional.

Assim, o que Elizabeth Garrett e Adrian Vermeule[52] denominam *institucional choice*, na verdade, não se trata propriamente de um processo de 'escolha institucional' – e talvez não seria essa a melhor tradução para o termo –, já que o processo de alocação de competências constitucionais não necessariamente reflete uma 'opção' exógena ou milimetricamente pensada em um ambiente 'Constituinte', mas, sim, um processo histórico colaborativo ou adversarial, de disputa ou de rearranjo, das atribuições constitucionais.

2.3 *Institucional choice* e o processo de alocação de competências para a reforma constitucional

Não foi outro o caminho percorrido pelas questões relacionadas à alocação de competências para a reforma constitucional no Brasil, cujos contornos e limites também foram desenhados em um contexto de judicialização da política e da descrença na lisura da atividade parlamentar.

Da 'literalidade' da CRFB/1988, extraem-se dois procedimentos distintos para a atualização ou complementação, por meios formais, de seu texto: a *revisão* constitucional e a *emenda* constitucional.

A *Revisão Constitucional*, nos termos do art. 3º do Ato das Disposições Constitucionais Transitórias (ADCT), foi assim projetada: "A revisão constitucional será realizada após cinco anos, contados

---

[50] BRASIL. Supremo Tribunal Federal. Mandado de Injunção 4733/DF. Direito Administrativo e outras matérias de Direito Público. Garantias Constitucionais. Rel.: Min. Edson Fachin. 13 jun. 2019. *Diário de Justiça Eletrônico*, Brasília, DF, n. 142, 1 jul. 2019.

[51] BRASIL. *Lei nº 13.300, de 23 de junho de 2016*. Disciplina o processo e o julgamento dos mandados de injunção individual e coletivo e dá outras providências. Brasília, DF: Presidência da República, 2016.

[52] GARRETT, Elizabeth; VERMEULE, Adrian. Institutional design of a Thayerian Congress. *Duke Law Journal*, v. 50, p. 1277-1333, 2001.

da promulgação da Constituição, pelo voto da maioria absoluta dos membros do Congresso Nacional, em sessão unicameral".[53] Especificamente, quanto à alocação de competências, o texto trouxe limites temporais e formais[54] ao poder de revisão, direcionados a balizar a atuação do constituinte derivado no procedimento. Não há, contudo, determinação ou autorização constitucional para qualquer participação dos Poderes Executivo e Judiciário nos trabalhos revisionais. A Resolução nº 1, de 18 de novembro de 1993,[55] editada pelo Congresso Nacional, adotou o mesmo caminho, ao regulamentar o procedimento de revisão, inclusive ao estabelecer a amplitude de iniciativa, que ficou restrita aos parlamentares federais e estaduais, além da possibilidade de iniciativa popular, na forma do seu art. 4º. Na prática, durante os trabalhos de revisão constitucional, foram aprovados seis dispositivos provenientes exclusivamente de iniciativas do legislativo.[56]

Diferentemente da revisão constitucional que, dado o seu caráter efêmero, está localizada entre as disposições constitucionais transitórias, o procedimento de *Emenda à Constituição* tem caráter permanente e está delineado no citado art. 60 da CRFB/1988, que prevê os denominados limites formais, circunstanciais e materiais ao poder de reformador. Ao presente trabalho, ao menos neste capítulo, interessa a definição de quais atores participam desse procedimento.

A apresentação da proposta de emenda constitucional, que dá início à tramitação da PEC, é atribuída a três legitimados previstos,

---

53 BRASIL. [Constituição (1988)]. *Constituição da República Federativa do Brasil de 1988*: Nós, representantes do povo brasileiro, reunidos em Assembléia Nacional Constituinte para instituir um Estado Democrático, destinado a assegurar o exercício dos direitos sociais e individuais, [...]. Brasília, DF: Planalto, [2018].

54 "o Supremo Tribunal Federal, acolhendo argumento da Resolução nº 1 do Congresso Nacional, firmou entendimento, quando do julgamento da ADI nº 981, ajuizada pelo Governador do Estado do Paraná, segundo o qual a revisão constitucional também estaria sujeita *aos limites materiais* dispostos no art. 60, da CRFB/88." NERY, Barbara Brum. *Rigidez constitucional no estado democrático de direito*: um debate acerca dos limites formais e materiais à reforma constitucional. 2015. 201 f. Dissertação (Mestrado em Direito) – Programa de Pós-Graduação em Direito, Pontifícia Universidade Católica de Minas Gerais, Belo Horizonte, 2015, p. 124.

55 BRASIL. Congresso Nacional. Câmara dos Deputados. *Resolução nº 1, de 18 de novembro 1993*. Dispõe sobre o funcionamento dos trabalhos de revisão constitucional e estabelece normas complementares específicas. Brasília: Lex, 1993.

56 Encerrada a revisão constitucional em 1994, firmou-se o entendimento, ao menos no âmbito doutrinário, de que o art. 3º do ADCT se tornou uma norma constitucional de eficácia exaurida e que novas alterações constitucionais deveriam obedecer ao disposto no artigo 60 da CRFB/1988, não sendo possível a realização de novas revisões constitucionais. SOUZA NETO, Cláudio Pereira de; SARMENTO, Daniel. *Direito constitucional*: teoria, história e métodos de trabalho. Belo Horizonte: Fórum, 2014.

explicitamente, nos incisos I, II e III do citado art. 60 da CRFB/1988, a saber:

a) um terço, no mínimo, dos membros da Câmara dos Deputados ou do Senado Federal;

b) o Presidente da República, e

c) mais da metade das Assembleias Legislativas das unidades da Federação, manifestando-se, cada uma delas, pela maioria relativa de seus membros.

Iniciada a tramitação da proposição, a discussão, a aprovação e a promulgação da Emenda Constitucional passam a ser atribuição exclusiva do Congresso Nacional, que, após a obtenção de, no mínimo, três quintos dos votos dos deputados federais e senadores, em dois turnos de votação realizados em cada uma das casas, promulgação e publicação do ato, poderá alterar formalmente o texto constitucional.

Há que se observar, ainda, a ampliação das hipóteses de reforma constitucional, a partir da Emenda Constitucional nº 45/2004[57] que possibilitou a tratados internacionais sobre direitos humanos serem recepcionados pelo ordenamento jurídico pátrio com *status* de norma constitucional, passando a integrar, assim, o bloco de constitucionalidade.[58]

Se, por um lado, os limites e as formalidades para a aprovação desses tratados são os mesmos exigidos para o caso de edição de qualquer outra Emenda Constitucional, conforme disposto no art. 5º, §3º, da CRFB/1988, por outro, a iniciativa e a promulgação, atreladas à competência do Presidente da República para celebrar tratados internacionais, nos termos do art. 84, VIII, da Constituição e para expedir decretos, conforme art. 84, IV, do mesmo diploma legal, seguem procedimento próprio.

---

[57] BRASIL. Emenda Constitucional nº 45 de 30 de dezembro de 2004. Altera dispositivos dos arts. 5º, 36, 52, 92, 93, 95, 98, 99, 102, 103, 104, 105, 107, 109, 111, 112, 114, 115, 125, 126, 127, 128, 129, 134 e 168 da Constituição Federal e acrescenta os arts. 103-A, 103B, 111-A e 130-A, e dá outras providências. Brasília, DF: Presidência da República, 2004.

[58] Convenção Internacional sobre os Direitos das Pessoas com Deficiência e seu Protocolo Facultativo, assinados em Nova York, em 30 de março de 2007, aprovados pelo Decreto Legislativo nº 186/2008 e promulgados pelo Decreto nº 6.949/2009 e a Tratado de Marraqueche para Facilitar o Acesso a Obras Publicadas às Pessoas Cegas, com Deficiência Visual ou com outras Dificuldades para Ter Acesso ao Texto Impresso, aprovado pelo Decreto Legislativo nº 261/2015 e promulgado pelo Decreto nº 9.522/2018.

2.3.1 A judicialização da reforma constitucional

O (re)arranjo de atribuições para a reforma constitucional não ficou imune ao processo de expansão do Poder Judiciário analisado na subseção 2.2, muito pelo contrário, a assunção de competências pelo STF, nesse aspecto, especialmente no âmbito do controle de constitucionalidade concentrado, permitiu (e permite) à corte estabelecer limites e atuar positivamente na atualização do texto constitucional.

O art. 102, I, "a", da CRFB/1988 estabelece a competência do STF para processar e julgar originariamente as ADIs e prevê como seu objeto a apreciação da constitucionalidade "de lei ou ato normativo federal ou estadual". Não há referência específica às Emendas Constitucionais. Contudo, desde o julgamento das ADIs nº 829/DF[59] e nº 939-7/DF,[60] respectivamente, em abril e dezembro de 1993, o STF incorporou a possibilidade de controle judicial da constitucionalidade também de emendas constitucionais.

Neste julgado, pela primeira vez sob a vigência da CRFB/1988, foi declarada a nulidade de parte da Emenda Constitucional nº 03/1993 – aprovada dentro dos requisitos procedimentais do art. 60 –, mas que violaria limite material expresso ('cláusula pétrea') previsto no §4º do citado dispositivo, adotando-se um modelo próximo à teoria das normas *constitucionais inconstitucionais* do professor alemão Otto Bachof,[61] e se afastando do formato de reforma constitucional adotado em países como os *EUA*, onde o *Artigo V* – que descreve o procedimento para a alteração do texto constitucional pautado na atuação do Congresso estadunidense, com posterior ratificação pelos estados da federação – *ainda é visto como zona de domínio da política.*[62]

Nas décadas que se seguiram, a CRFB/1998 foi objeto de mais de uma centena de Emendas Constitucionais,[63] o que também ampliou

---

[59] BRASIL. Supremo Tribunal Federal. Ação Direta de Inconstitucionalidade nº 829-3 de 1993. Relator: Min. Moreira Alves, 14 mar. 1993. *Diário de Justiça*, Brasília, DF, 16 set. 1994, p. 24278.

[60] BRASIL. Supremo Tribunal Federal. Ação Direta de Inconstitucionalidade nº 939-7 de 1993. Relator: Min. Sydney Sanches, 15 dez. 1993.

[61] BACHOF, Otto. *Normas constitucionais inconstitucionais?* Coimbra: Almedina, 2008.

[62] NERY, Barbara Brum. *Rigidez constitucional no estado democrático de direito*: um debate acerca dos limites formais e materiais à reforma constitucional. 2015. 201 f. Dissertação (Mestrado em Direito) – Programa de Pós-Graduação em Direito, Pontifícia Universidade Católica de Minas Gerais, Belo Horizonte, 2015.

[63] Entre 1992 e 2018 a CRFB/1988 foi emendada pelo poder constituinte derivado formal 107 (cento e sete) vezes – sendo 6 (seis) emendas constitucionais de revisão, 99 (noventa

a condução de demandas sobre a constitucionalidade desses acréscimos e dessas modificações ao STF. O Tribunal e seus ministros não se furtaram, ao menos não por critérios relacionados à separação de Poderes e limitação de suas competências, a analisar a juridicidade das normas constitucionais (desde que editadas pelo constituinte derivado) e, eventualmente, declará-las nulas por vício de compatibilidade com as previsões do art. 60 da CRFB/1988, seja em razão da constatação de inconformidades formais, seja por inadequação de conteúdo.

São também exemplos de Emendas Constitucionais declaradas em alguma medida inconstitucionais pelo STF:

a) EC nº 20/1998,[64] que alterou o sistema de previdência social (ADI nº 1.946);

b) EC nº 21/1999,[65] que prorrogou e alterou a alíquota da Contribuição Provisória sobre Movimentação ou Transmissão de Valores e de Créditos e de Direitos de Natureza Financeira – CPMF (ADI nº 2.031);

c) EC nº 41/2003,[66] que trata sobre seguridade social (ADI nº 3.105 e nº 3.128);

d) EC nº 52/2006,[67] que trata sobre coligações eleitorais (ADI nº 3.685);

e) EC nº 58/2009,[68] sobre a recomposição das Câmaras Municipais (ADI nº 4.307);

---

e nove) emendas constitucionais de reforma constitucional ordinária e 2 (dois) tratados internacionais obre Direitos Humanos aprovados na forma do art. 5º, §4º, da CRFB/1988.

[64] BRASIL. *Emenda Constitucional nº 20, de 15 de dezembro de 1998*. Modifica o sistema de previdência social, estabelece normas de transição e dá outras providências. Brasília, DF: Presidência da República, 1998.

[65] BRASIL. *Emenda Constitucional nº 21, de 18 de março de 1999*. Prorroga, alterando a alíquota, a contribuição provisória sobre movimentação ou transmissão de valores e de créditos e de direitos de natureza financeira, a que se refere o art. 74 do Ato das Disposições Constitucionais Transitórias. Brasília, DF: Presidência da República, 1999.

[66] BRASIL. Emenda Constitucional nº 41, de 19 de dezembro de 2003. Modifica os arts. 37, 40, 42, 48, 96, 149 e 201 da Constituição Federal, revoga o inciso IX do §3 do art. 142 da Constituição Federal e dispositivos da Emenda Constitucional nº 20, de 15 de dezembro de 1998, e dá outras providências. Brasília, DF: Presidência da República, 2003.

[67] BRASIL. *Emenda Constitucional nº 52, de 8 de março de 2006*. Dá nova redação ao §1º do art. 17 da Constituição Federal para disciplinar as coligações eleitorais. Brasília, DF: Presidência da República, 2006.

[68] BRASIL. *Emenda Constitucional nº 58, de 23 de setembro de 2009*. Altera a redação do inciso IV do caput do art. 29 e do art. 29-A da Constituição Federal, tratando das disposições relativas à recomposição das Câmaras Municipais. Brasília, DF: Presidência da República, 2009

f) EC nº 62/2009,[69] que trata sobre o regime especial para pagamento de precatórios (ADIs nº 4.357 e nº 4.425).

Além disso, em uma apuração mais ampla, é possível constatar que aproximadamente 40% (quarenta por cento) das Emendas Constitucionais promulgadas foram objeto de – no mínimo – uma ADI e/ou tiveram sua constitucionalidade, total ou parcialmente, analisada em sede de Repercussão Geral em Recursos Extraordinários, perante o Tribunal (ANEXO C).

Há, ainda, situações mais sensíveis do ponto de vista da judicialização da reforma constitucional, como a possibilidade, no período de recesso do STF, da concessão de medida cautelar em ações do controle concentrado por decisão monocrática do presidente do tribunal, conforme disposto no art. 10 da Lei nº 9.868/1999,[70] combinado com o art. 13, VIII, do Regimento Interno do STF (RISTF).[71] Nessa hipótese, um único ministro pode determinar a suspensão do ato normativo aprovado por, no mínimo, 357 (trezentos e cinquenta e sete) parlamentares,[72] nos moldes do art. 60 da CRFB/1988.

É esse o caso da Medida Liminar na ADI nº 5.017/2013,[73] na qual o então Ministro Presidente do STF, Joaquim Barbosa, durante o período de recesso do Tribunal, suspendeu a eficácia de norma com *status* constitucional, especificamente da Emenda Constitucional nº 73/2013,[74] que "Cria os Tribunais Regionais Federais da 6ª, 7ª, 8ª e 9ª Regiões", o que perdura há mais de meia década, sem manifestação do Plenário. Há, ainda, outras medidas cautelares concedidas em Ação Direta de Inconstitucionalidade vigentes, estas decididas ou, ao menos, referendadas pelo plenário; é o caso das:

---

[69] BRASIL. *Emenda Constitucional nº 62, de 9 de dezembro de 2009.* Altera o art. 100 da Constituição Federal e acrescenta o art. 97 ao Ato das Disposições Constitucionais Transitórias, instituindo regime especial de pagamento de precatórios pelos Estados, Distrito Federal e Municípios. Brasília, DF: Presidência da República, 2009.

[70] BRASIL. *Lei nº 9.868, de 10 de novembro de 1999.* Dispõe sobre o processo e julgamento da ação direta de inconstitucionalidade e da ação declaratória de constitucionalidade perante o Supremo Tribunal Federal. Brasília, DF: Presidência da República, [2009].

[71] BRASIL. Supremo Tribunal Federal (STF). *Regimento interno [recurso eletrônico]:* atualizado até a Emenda Regimental nº 52/2019. Brasília: STF, Secretaria de Documentação, 2019.

[72] Sendo, no mínimo, 49 (quarenta e nove) Senadores e 308 (trezentos e cinquenta e oito) Deputados Federais.

[73] BRASIL. Supremo Tribunal Federal. Ação Direta de Inconstitucionalidade nº 5.017 de 2013. Relator: Min. Luiz Fux, 17 jul. 2013. *Diário de Justiça,* Brasília, DF, 22 maio 2018.

[74] BRASIL. *Emenda Constitucional nº 73 de 6 de junho de 2013.* Cria os Tribunais Regionais Federais da 6ª, 7ª, 8ª e 9ª Regiões. Brasília, DF: Presidência da República, 2013.

a) ADI nº 2.135,[75] cujo objeto é a EC nº 19/1998;[76]

b) ADIs 2.356[77] e 2.362,[78] que têm como objeto a EC nº 30/2000;[79]

c) ADI nº 3.854,[80] que deu interpretação conforme ao art. 37, XI, e §12, da CRFB/1988, o primeiro dispositivo, na redação da EC nº 41/2003, e o segundo, introduzido pela EC nº 47/2005;[81]

d) ADI nº 3.395[82] e 3.684,[83] que deram interpretação conforme aos dispositivos acrescidos pela EC nº 45/2004; e a

e) ADI nº 5.316,[84] que trata da (in)constitucionalidade da EC. 88/2015.[85]

Outro âmbito de provocação da Poder Judiciário na atividade legislativa se dá por meio dos mandados de segurança impetrados por parlamentares, para assegurar o devido procedimento legislativo.

Historicamente, desde a vigência da Constituição de 1967/69,[86] o STF vem consolidando o entendimento de que, em determinadas

---

[75] BRASIL. Supremo Tribunal Federal. Ação Direta de Inconstitucionalidade nº 2.135 de 2000. Relator: Min. Cármen Lúcia, 27 jan. 2000.

[76] BRASIL. Emenda Constitucional nº 19, de 4 de junho de 1998. Modifica o regime e dispõe sobre princípios e normas da Administração Pública, servidores e agentes políticos, controle de despesas e finanças públicas e custeio de atividades a cargo do Distrito Federal, e dá outras providências. Brasília, DF: Presidência da República, 1998.

[77] BRASIL. Supremo Tribunal Federal. Ação Direta de Inconstitucionalidade nº 2.356 de 2010. Relator: Min. Ayres Britto, 25 nov. 2010.

[78] BRASIL. Supremo Tribunal Federal. Ação Direta de Inconstitucionalidade nº 2.362 de 2014. Relator: Min. Celso de Mello, 1 ago. 2014. *Diário de Justiça*, Brasília, DF, 1 set. 2014.

[79] BRASIL. Emenda Constitucional nº 30 de 13 de setembro de 2000. Altera a redação do art. 100 da Constituição Federal e acrescenta o art. 78 no Ato das Disposições Constitucionais Transitórias, referente ao pagamento de precatórios judiciários. Brasília, DF: Presidência da República, 2000.

[80] BRASIL. Supremo Tribunal Federal. Ação Direta de Inconstitucionalidade nº 3854 de 2007. Relator: Min. Gilmar Mendes, 7 fev. 2007. *Diário de Justiça*, Brasília, DF, 7 fev. 2007.

[81] BRASIL. Emenda Constitucional nº 47 de 5 de julho de 2005. Altera os arts. 37, 40, 195 e 201 da Constituição Federal, para dispor sobre a previdência social, e dá outras providências. Brasília, DF: Presidência da República, 2005.

[82] BRASIL. Supremo Tribunal Federal. Ação Direta de Inconstitucionalidade nº 3.395 de 2005. Relator: Min. Cezar Peluso, 25 jan. 2005. *Diário de Justiça*, Brasília, DF, 10 nov. 2006.

[83] BRASIL. Supremo Tribunal Federal. Ação Direta de Inconstitucionalidade nº 3.684 de 2006. Relator: Min. Gilmar Mendes, 8 mar. 2003. *Diário de Justiça*, Brasília, DF, 3 ago. 2007.

[84] BRASIL. Supremo Tribunal Federal. Ação Direta de Inconstitucionalidade nº 5.316 de 2015. Relator: Min. Luiz Fux, 21 maio 2015. *Diário de Justiça*, Brasília, DF, 2015.

[85] BRASIL. Emenda Constitucional nº 88 de 7 de maio de 2015. Altera o art. 40 da Constituição Federal, relativamente ao limite de idade para a aposentadoria compulsória do servidor público em geral, e acrescenta dispositivo ao Ato das Disposições Constitucionais Transitórias. Brasília, DF: Presidência da República, 2015.

[86] BRASIL. *Constituição da República Federativa do Brasil de 1967*. Rio de Janeiro: Presidência da República, [1969].

situações específicas, é possível a interferência judicial na atividade legiferante do Congresso Nacional, para o exercício do controle de constitucionalidade *prévio* de leis e emendas constitucionais.[87]

Com a promulgação da CRFB/1988, o posicionamento acerca da possibilidade de controle judicial prévio de leis e emendas constitucionais foi consolidado, especificamente, nos casos de comprovado desrespeito aos *requisitos formais* do devido processo legislativo, sendo a legitimidade para impetração de Mandado de Segurança, nessa circunstância, restrita aos parlamentares.[88]

Em situações isoladas, alguns ministros tentam extrapolar esse entendimento, para também abarcarem como hipótese de concessão da ordem em mandados de segurança dessa natureza, no caso da inobservância de limites materiais, especificamente aqueles previstos no §4º do art. 60 da CRFB/1988. Foi esse o caso da decisão monocrática proferida pelo Ministro Gilmar Mendes nos autos do Mandado de Segurança (MS) nº 32.033/DF, ao conceder medida liminar para suspender a tramitação do Projeto de Lei de autoria de Edinho Araújo *et al.* da Câmara nº 14/2013,[89] baseado no *conteúdo da proposição* que, supostamente, violaria cláusula pétrea, além de conflitar com entendimento firmado pelo STF em sede de ADI, a respeito do mesmo tema.

---

[87] "Os dois casos precursores na definição do tema foram os Mandados de Segurança nº 20.257 (i) de relatoria do Ministro Moreira Alves, no qual, apesar de não ter concedido a ordem por verificação de ausência de inconstitucionalidade, entendeu-se, em tese, pelo '[c]abimento do mandado de segurança em hipóteses em que a vedação constitucional se dirige ao próprio processamento da lei ou da emenda, vedando a sua apresentação [...] ou sua deliberação, [...]' e o Mandado de Segurança (MS) nº 20.452 (ii), de relatoria do Ministro Aldir Passarinho, que tratou da rejeição da paradigmática Proposta de Emenda Constitucional 'Dante de Oliveira', cuja fundamentação levou ao Tribunal o debate de questões relativas ao *quórum* para aprovação de emendas e a forma de apuração da maioria constitucionalmente prevista." NERY, Barbara Brum. *Rigidez constitucional no estado democrático de direito*: um debate acerca dos limites formais e materiais à reforma constitucional. 2015. 201 f. Dissertação (Mestrado em Direito) – Programa de Pós-Graduação em Direito, Pontifícia Universidade Católica de Minas Gerais, Belo Horizonte, 2015, p. 171.

[88] "O STF admite a legitimidade do parlamentar – e somente do parlamentar – para impetrar mandado de segurança, com a finalidade de coibir atos praticados no processo de aprovação de lei ou *emenda constitucional incompatíveis com disposições constitucionais que disciplinam o processo legislativo*. Precedentes do STF: [...] MS 24.645/DF, Min. Celso de Mello, DJ de 15-9-2003; MS 24.593/DF, Min. Maurício Corrêa, DJ de 8-8-2003; MS 24.576/DF, Min. Ellen Gracie, DJ de 12-9-2003; MS 24.356/DF, Min. Carlos Velloso, DJ de 12-9-2003." BRASIL. Supremo Tribunal Federal. Mandado de Segurança nº 24.667-AgR. Relator: Min. Carlos Velloso, 4 dez. 2003. *Diário de Justiça*, Brasília, 23 abr. 2004.

[89] A numeração original na Câmara é PL 4.470/2012. ARAÚJO, Edinho *et al. Projeto de Lei 4470/2012*. Altera as Leis nºs 9.096, de 19 de setembro de 1995, e 9.504, de 30 de setembro de 1997, nos termos que especifica. Brasília: Câmara dos Deputados, 2012.

Não obstante o objeto da impetração, no caso do MS nº 32.033/ DF, ser a suposta inconstitucionalidade de Projeto de Lei, na fundamentação de seu voto e em decisão posterior prolatada no mesmo caso, o Ministro Gilmar Mendes admite e orienta a aplicação do mesmo entendimento, em caso de projetos de emendas constitucionais.

> Em casos como o presente, o mandado de segurança, impetrado por parlamentar na defesa de seu direito de não deliberar sobre *proposição legislativa violadora de cláusula pétrea da Constituição Federal, convola-se em verdadeira espécie de controle prévio de constitucionalidade, cujo parâmetro de aferição é determinado pelo art. 60, §4º, da CF/88.*
> Note-se que os principais fundamentos da impetração dizem respeito à violação de cláusulas pétreas da Constituição consistentes na liberdade de criação de partidos políticos, na lealdade da concorrência democrática, no pluripartidarismo, no respeito à segurança jurídica e à isonomia de tratamento dos parlamentares, todos direitos cuja violação tem o condão de atingir aos atores políticos atuais de forma ampla. (grifo nosso).[90]

Nesse caso, a decisão liminar – prolatada em um contexto no qual os ânimos entre o Parlamento e o Tribunal estavam exaltados, por conta da tramitação da PEC nº 33/2011,[91] que, entre outras medidas, previa a submissão ao Congresso Nacional das decisões sobre inconstitucionalidade de Emendas à Constituição, vedando até mesmo a possibilidade de suspensão da eficácia de Emenda por medida cautelar deferida pelo STF – não prevaleceu no julgamento definitivo da questão.

2.4 A legitimidade da interpretação constitucional por juízes e cortes e a crítica ao *judicial review*

Estabelecido – ao menos em uma perspectiva macro – o *status quo* do arranjo institucional brasileiro, que privilegia a atuação e as definições do Poder Judiciário na estruturação do sistema constitucional material, indaga-se: em tese, quais fundamentos deveriam legitimar um processo democrático de definição da identidade constitucional e, consequentemente, de todas as definições normativas que a sucedem?

---

[90] BRASIL. Supremo Tribunal Federal. Mandado de Segurança MS 32.033/DF. Constitucional. Mandado de Segurança. Controle Preventivo de Constitucionalidade Material de Projeto de Lei. Inviabilidade. Relator: Min. Gilmar Mendes, 20 jun. 2013. Brasília, DF: STF, 2014.

[91] FONTELES, Nazareno. *Proposta de Emenda à Constituição – PEC 33/2011.* Altera a quantidade mínima de votos de membros de tribunais para declaração de inconstitucionalidade de leis; [...]. Brasília: Câmara dos Deputados, 2011.

ALOCAÇÃO DE COMPETÊNCIAS, INTERPRETAÇÃO E DEFINIÇÃO CONSTITUCIONAL | 61

Ronald Dworkin[92] defendia que a legitimidade necessária à imposição de obrigações por uma comunidade política, que, por si só, não possui poder moral para coagir ninguém, decorre da atribuição de tratamento igualitário a seus membros. Os indivíduos devem ser tratados com igual consideração e respeito, como forma de legitimar a normatização pelo Direito de comportamentos e escolhas.

O problema está justamente na definição concreta de quais (e em qual medida) direitos devem ser garantidos pelos governos, a fim de atribuírem o almejado tratamento igualitário aos governados, garantindo-lhes a liberdade necessária para que tracem sua própria definição de vida bem-sucedida.

Nessa linha de pensamento, Dworkin argumentara:

> Não concordamos, por exemplo, quanto à questão de saber se o governo deve se esforçar para diminuir as desigualdades de riquezas entre seus cidadãos, e, caso deva até que ponto deve tentar fazer com que a riqueza seja absolutamente igual para todos. Também discordamos quanto à questão de saber até que ponto e de que modo o governo pode limitar a liberdade de ação de seus cidadãos sem deixar de reconhecer a responsabilidade deles pelas próprias vidas; discordamos, por exemplo, quanto à questão de saber se as leis que proíbem a pornografia ou o aborto ou que exigem o uso de cinto de segurança nos automóveis violam essa exigência da dignidade humanas.[93]

A partir da construção de respostas a essas divergências, na perspectiva dworkiniana, vai se formando uma teoria substantiva dos *direitos políticos*[94] *como trunfos*. Os direitos políticos passam a atuar como baliza contra justificativas apresentadas para a realização de ações políticas que seriam adequadas se inexistente tal 'trunfo'.

Assim, ciente de que as definições desses dilemas de justiça e moral são atribuições de toda a comunidade, que deve impô-las

---

92   DWORKIN, Ronald. *A raposa e o porco-espinho*: justiça e valor. Tradução de Marcelo Brandão Cipolla. São Paulo: Martins Fontes, 2014.

93   DWORKIN, Ronald. *A raposa e o porco-espinho*: justiça e valor. Tradução de Marcelo Brandão Cipolla. São Paulo: Martins Fontes, 2014, p. 504.

94   "Os direitos jurídicos devem ser distinguidos dos outros direitos políticos [...] o direito jurídico é um direito proclamado pelo órgão legislativo de um governo legítimo, a ser imposto a pedido dos cidadãos individuais por meio, se necessário, de uma instituição judicial, como um tribunal [...] esse direito jurídico é próprio um direito político dotado, como tal, do poder de um trunfo. [...] DWORKIN, Ronald. *A raposa e o porco-espinho*: justiça e valor. Tradução de Marcelo Brandão Cipolla. São Paulo: Martins Fontes, 2014, p. 505-506.

coercitivamente, já que não se pode estar totalmente livre de controles e limites, como tornar essas decisões determinações dignas?

Para Dworkin, a dignidade vem por meio da participação nas decisões coletivas que estabelecem essas limitações e hipóteses de controle. Essa participação é viabilizada, não pela explanação de *slogans* genéricos e retóricos,[95] mas por meio da compreensão democrática de que, como não poderia ser diferente, é um conceito interpretativo, sobre o qual pairam também discordâncias.

Os modelos de autogoverno apresentados pelo autor estadunidense são dois:

a) *Democracia Majoritarista*, de cunho procedimental, cujos defensores buscam nas decisões tomadas pelo maior número de pessoas a legitimidade do poder político fundamental;

b) *Democracia coparticipativa*, associada a restrições de cunho substantivo, na qual o autogoverno "não é o governo de uma maioria que exerce sua autoridade sobre todos, mas o governo de todas as pessoas atuando como parceiras [...]".[96]

É justamente o contraste profundo entre as duas concepções de democracia (majoritarista e coparticipativa) que se reflete no debate entre a compatibilidade, ou não, de um regime político democrático e a possibilidade do *judicial review*. Enquanto, por um lado, os defensores da democracia majoritarista encaram com desconfiança o *judicial review*, preferindo decisões tomadas por maiorias no âmbito legislativo, por outro, para os democratas da corrente coparticipativa, o controle de constitucionalidade exercido pelo judiciário é uma estratégia hábil a aperfeiçoar a legitimidade do governo, por exemplo, a partir da proteção de minorias.

A proposta da segunda corrente é vista por Ronald Dworkin, ao menos dentro do contexto estadunidense, como muito mais bem-sucedida, já que o *judicial review* não desrespeitaria as condições de

---

[95] "Somente a democracia pode garantir dignidade. Deve ser ter um governo do povo, pelo povo e para o povo. O povo deve governar a si mesmo. Cada cidadão deve ter uma participação igual e significativa. Cada pessoa deve ter direito a um voto e não mais que um voto.". DWORKIN, Ronald. *A raposa e o porco-espinho*: justiça e valor. Tradução de Marcelo Brandão Cipolla. São Paulo: Martins Fontes, 2014, p. 579-580.

[96] DWORKIN, Ronald. *A raposa e o porco-espinho*: justiça e valor. Tradução de Marcelo Brandão Cipolla. São Paulo: Martins Fontes, 2014, p. 586.

igualdade política (como atitude),[97] cumprindo relevante papel na defesa de direitos das minorias e na melhoria do debate constitucional.[98] O mesmo autor esclarece

> Que o governo representativo é necessário, isso não se discute: alguma concentração temporária de poder nas mãos de poucas pessoas é indispensável para que uma grande comunidade política sobreviva e prospere. Isso não se aplica ao controle judicial de constitucionalidade; grades países sobreviveram e prosperaram sem ele e alguns ainda o fazem. A defesa da democraticidade do controle judicial de constitucionalidade deve assumir uma outra forma: deve afirmar que esse tipo de controle aperfeiçoa a legitimidade geral na medida em que aumenta a probabilidade de que a comunidade aceite e imponha uma concepção adequada da liberdade negativa, de uma distribuição equitativa dos recursos e oportunidades e da liberdade positiva [...].[99]

Jeremy Waldron,[100] defensor da tese majoritarista de democracia e forte crítico da atuação das cortes e juízes na determinação dos dilemas razoáveis sobre direitos relacionados à democracia, sustenta que sempre haveria "uma perda para a democracia, quando o ponto de vista a respeito das condições democráticas é imposto por uma instituição não-democrática, mesmo que esse ponto de vista esteja correto e apresente melhorias à democracia".[101] Ademais, argumenta, ainda, que não há qualquer motivo para se acreditar que as decisões judiciais sobre questões controversas acarretem melhorias na qualidade do debate político participativo.

---

[97] "[...] nenhum cidadão adulto tenha um impacto político menor que o de qualquer outro cidadão por razões que comprometam sua dignidade – razões que tratem sua vida como se ela merecesse menos consideração ou tratem suas opiniões como se ela fosse menos dignas de respeito." (DWORKIN, Ronald. *A raposa e o porco-espinho*: justiça e valor. Tradução de Marcelo Brandão Cipolla. São Paulo: Martins Fontes, 2014, p. 593)

[98] DWORKIN, Ronald. *O direito da liberdade*: a leitura moral da Constituição norte-americana. Tradução de Marcelo Bandrão Cipolla. São Paulo: Martins Fontes, 2006.

[99] DWORKIN, Ronald. *A raposa e o porco-espinho*: justiça e valor. Tradução de Marcelo Brandão Cipolla. São Paulo: Martins Fontes, 2014, p. 609.

[100] WALDRON, Jeremy. O judicial review e as condições de democracia. *In*: BIGONHA, Antônio Carlos Alpino; MOREIRA, Luiz (org.). *Limites do controle de constitucionalidade*. Rio de Janeiro: Lúmen Juris, 2009, p. 269.

[101] "Não parece estranho afinal, celebrar um sistema por seu compromisso com o autogoverno, significando o controle popular do governo e das leis, e depois virar-se e dizer que as leis mais importantes são importantes demais para serem deixadas por conta de uma massa de ignorante?" WALDRON, Jeremy. O judicial review e as condições de democracia. *In*: BIGONHA, Antônio Carlos Alpino; MOREIRA, Luiz (org.). *Limites do controle de constitucionalidade*. Rio de Janeiro: Lúmen Juris, 2009, p. 269.

Waldron[102] advoga a autonomia do cidadão para deliberar, em diferentes momentos históricos, a questão objeto do desacordo, considerando inapropriada a adoção de um modelo de pré-compromissos característico dos sistemas constitucionais rígidos, como o brasileiro, e da atribuição da última palavra sobre essas questões a uma corte constitucional.

Acompanham Jeremy Waldron na crítica a um desenho institucional com 'inclinação por juízes e cortes constitucionais'[103] autores como Mark Tushnet[104] e Larry Kramer.[105] Em síntese, de forma mais ou menos incisiva, eles comungam uma postura cética sobre a implementação de direitos por meio da atuação das cortes. Adeptos do chamado Constitucionalismo Popular questionam a perplexidade do *judicial review* e propõem a necessidade de se debaterem novos modelos institucionais, como forma de combate à elitização do processo político.

Larry Kramer define o constitucionalismo popular como um sistema no qual "o papel do povo não se limita a atos ocasionais de elaboração da constituição, mas inclui controle ativo e contínuo sobre a interpretação e aplicação do direito constitucional" (tradução nossa).[106]

Nessa perspectiva, aqueles com sensibilidade democrática, apesar de visualizarem os riscos, estariam convencidos de que seus concidadãos possuem capacidade para interpretar a Constituição de forma responsável e que não existe justificativa para um controle antidemocrático da atuação popular, como é o caso do *Judicial Review*.

Os críticos do controle judicial de constitucionalidade advogam que deixar a cargo das cortes deliberações sobre os limites da interpretação constitucional não altera a forma do processo decisório, já que, assim como o parlamento, os tribunais decidem seus desacordos internos

---

[102] WALDRON, Jeremy. Disagreement and precommitment. *In*: ALEXANDER, Larry (org.) *Philosophical foundations*. New York: Cambridge University Press, cap. 7, p. 271-299, 2001.

[103] MENDES, Conrado Hübner. *Direitos fundamentais, separação de poderes e fundamentação.* 2008. Tese (Doutorado em Direito) – Faculdade de Filosofia, Letras e Ciências Humanas, Universidade de São Paulo, São Paulo, 2008.

[104] TUSHNET, Mark. Diálogo e dever constitucional. Tradução de Gustavo Salles Costa. *In*: BOLONHA, Carlos; BONIZZATO, Luigi; MAIA, Fabiana (org.). *Teoria institucional e constitucionalismo contemporâneo*. Curitiba: Juruá, 2016.

[105] KRAMER, Larry. Popular Constitutionalism. Circa 2004. *California Law Review*, v. 92, n. 4, July 2004.

[106] KRAMER, Larry. Popular Constitutionalism. Circa 2004. *California Law Review*, v. 92, n. 4, July 2004, p. 958.
The role of the people is not confined to occasional acts of constitution making, but includes active and ongoing control over the interpretation and enforcement of constitutional law."

com base no princípio majoritário, havendo, contudo, "a substituição de uma maioria legislativa por uma maioria judicial".[107] Tendo em mente a diversidade dos modelos de escolha institucional e as críticas atribuídas à legitimidade das cortes constitucionais, estaria o parlamento apto a ser o foro adequado para dirimir questões controversas e, ao mesmo tempo, garantir a juridicidade do texto constitucional? A quais regras essa deliberação deve estar submetida?

Ao propósito de (fornecer elementos para) responder a essas questões são dedicados os próximos capítulos, sendo estabelecidos para tal os seguintes pressupostos:

a) a distinção terminológica entre *institutional choice* e *institutional design*;

b) o *status quo* da alocação normativa de competências para a reforma constitucional no Brasil;

c) a existência de um processo histórico de expansão da atuação do Poder Judiciário (judicialização da política) que influencia diretamente a assunção de atribuições relativas à garantia da juridicidade constitucional;

d) a opção constitucional brasileira por um controle de constitucionalidade judicial abrangente no qual a última palavra é sempre atribuída aos juízes e cortes; e

e) a existência de críticas ao modelo de arranjo institucional com inclinação por juízes e cortes constitucionais.

Nessa linha de raciocínio, o próximo capítulo se dedica a embrenhar em uma análise em pequena escala sobre o controle parlamentar de constitucionalidade das emendas constitucionais no Brasil.

Ressalve-se, desde logo, que o tema da *escolha institucional* será retomado de forma pontual nos próximos capítulos – preponderantemente dedicados ao desenho institucional parlamentar– em duas circunstâncias: (i) quando alguma situação específica conflitar com os pressupostos gerais até aqui estabelecidos; ou (ii) quando necessária uma exposição mais analítica de determinado ponto.

---

[107] BUSTAMANTE, Thomas; BUSTAMANTE, Evanilda Godoi. Jurisdição constitucional na era Cunha: Entre o Passivismo Procedimental e o Ativismo Substancialista do Supremo Tribunal Federal. *Revista Direito & Praxis*, Rio de Janeiro, v. 7, n. 13, p. 346-388, 2016, p. 351.

O PODER LEGISLATIVO E A GARANTIA DA JURIDICIDADE CONSTITUCIONAL

Jeremy Waldron faz um alerta sobre a visão viciada e repulsiva que os cidadãos estadunidenses têm sobre seus legisladores, sempre reforçada pela própria atuação do Judiciário, que acaba por dar ares de tecnicidade à decisão dos magistrados, enquanto 'pinta' negativamente os parlamentares, a fim de justificar a revisão judicial.

Não apenas não temos os modelos de legislação ou aspiratórios de que precisamos, mas a nossa jurisprudência está repleta de imagens que apresentam a nossa atividade legislativa comum como negociata, troca de favores, manobras de assistência mútua, intriga por interesses e procedimentos eleitoreiros – na verdade, como qualquer coisa, menos decisão política com princípios. E há razão para isso. Pintamos a legislação com essas cores soturnas para dar credibilidade à ideia de revisão judicial (isto é, revisão judicial da legislação, sob a autoridade de uma carta de direitos) e ao silêncio que, de outra maneira, seria o nosso embaraço quanto às dificuldades democráticas ou "contramajoritária" que, às vezes, pensamos que revisão judicial implica.[108]

Esse quadro não se distancia muito da visão que o senso comum no Brasil tem sobre a atividade parlamentar, concebendo o Congresso Nacional como um ambiente inóspito, cujas deliberações são pautadas por interesses escusos e individualistas.[109] Predefinem-se o político e a

---

[108] WALDRON, Jeremy. *A dignidade da legislação*. São Paulo: Martins Fontes, 2003, p. 2.

[109] Pesquisa realizada pelo Departamento de Psicologia Social e do Trabalho do Instituto de Psicologia (IP) da USP em 2018 demonstrou a baixa credibilidade atribuída aos políticos de maneira geral: "Quando questionados sobre o nível de confiança nos políticos brasileiros, 61% declararam não confiar em nenhum deles e 39% responderam que sim. Os motivos alegados

política como algo nocivo; dos legisladores se espera tudo, menos que sejam um grupo de pessoas empenhadas em debater ideias, fiscalizar e legislar em prol de uma sociedade livre e justa.

Portanto, um trabalho que pretenda analisar, em pequena escala, a forma e a qualidade do controle de constitucionalidade parlamentar deve considerar como uma de suas variáveis a existência dos aspectos subjetivos da atuação de Deputados Federais e Senadores, especialmente diante de argumentos que estereotipam a motivação dos Congressistas e ampliam ou diminuem a confiança social no legislativo.

Contudo, independentemente da veracidade ou não de uma conclusão (ou valoração) ética sobre a atuação pessoal de cada legislador e de seus respectivos interesses (ilegítimos ou legítimos) – o que, por certo escapa aos limites de uma análise jurídico-política sobre o tema –, esses indivíduos somente possuem poder formal de emitir determinações vinculantes aos concidadãos e de operar como intérpretes constitucionais, quando *atuam dentro da estrutura coletiva*, que é o parlamento. Assim, o *"design* dessa estrutura institucional determina de forma mais poderosa as capacidades interpretativas do Congresso do que a consciência individual de qualquer legislador"[110] (tradução nossa).

---

foram o envolvimento dos congressistas em corrupção, a falta de projetos de interesse social, a endogenia dos políticos e a formação de grupos para defender interesses específicos, os famosos lobbies que atuam no Congresso Nacional." FERREIRA, Ivanir. *Pesquisa da psicologia avalia percepção do brasileiro sobre o rumo do Brasil*: divididos entre a esperança e a frustração, brasileiros vivem em estado de bipolaridade. São Paulo: Portal de divulgação Científica do IPUSP (Instituto de Psicologia da USP), 1 nov. 2018. Pesquisa realizada pela Fundação Getulio Vargas (DAPP-FGV) em agosto de 2017 indicou que 78,3% entrevistados não confiam nos políticos eleitos, enquanto 78,1% disseram também não confiar nos Partidos Políticos. FUNDAÇÃO GETULIO VARGAS. Diretoria de Análise de Políticas Públicas. *O dilema do brasileiro*: entre a descrença no presente e a esperança no futuro. Coordenação de Marco Aurélio Ruediger. Rio de Janeiro: FGV, DAPP, 2017. Por fim, um estudo menos recente sobre a específica avaliação dos Parlamentares pelos brasileiros corrobora o quadro de que, nas últimas décadas, prevalece uma visão negativa sobre a atividade política: "Uma análise da evolução das tendências de avaliação do Congresso ao longo de 13 anos, entre 1995 e 2008, mostra que, mesmo com algumas oscilações localizadas nos momentos específicos de início de novas legislaturas, como em 2003 e 2007, as avaliações positivas não ultrapassam 24% em todo esse período. Além disso, essa tendência é acompanhada do forte crescimento das avaliações negativas na conjuntura das denúncias de corrupção envolvendo parlamentares e membros do governo, e que deram origem em 2005 às Comissões Parlamentares de Inquérito do 'Bingo' e do 'Mensalão'." BRASIL. Congresso Nacional. Senado Federal. *O legislativo brasileiro*: funcionamento, composição e opinião pública. Organização de Raquel Meneguello. Brasília: Senado Federal, Secretaria Especial de Comunicação Social, 2012, p. 177.

[110] "The design of that institutional structure more powerfully determines Congress's interpretive capacities than does any individual legislator's conscience." GARRETT, Elizabeth; VERMEULE, Adrian. Institutional design of a Thayerian Congress. *Duke Law Journal*, v. 50, p. 1277-1333, 2001, p. 1281.

Ao tratar sobre a relação entre uma análise institucional e a comportamental da política, Joseph La Palobara[111] reconhece que o comportamento individual é um nível de análise relevante para a ciência política, mas alerta que "o coletivo é raramente, talvez nunca, a soma das suas partes", sendo, portanto, "essencial evitar a forte tendência a fazer inferências sobre o coletivo a partir de dados apenas relativos aos seus membros individuais".

Diante disso, propõe-se aqui uma análise preponderantemente institucional do controle da reforma constitucional pelo parlamento, e como Jeremy Waldron apregoa em defesa da dignidade da legislação, a partir de sua melhor luz.

3.1 O devido processo legislativo e o controle de constitucionalidade de emendas à Constituição

Apesar de estabelecer, já em seu art. 1º, a vinculação dos representantes eleitos pelo povo aos termos ali estabelecidos[112] e trazer normas gerais para o devido processo legislativo, a partir de pressupostos rígidos, a CRFB/1988 não prevê, de maneira expressa, como o parlamento exercerá internamente o controle de constitucionalidade de seus atos, o que fica a cargo, em âmbito federal, dos regimentos internos das casas do Congresso Nacional.

Nesse contexto, classifica-se como controle de constitucionalidade a função regimental exercida pela Comissão de Constituição, Justiça e Cidadania do Senado Federal e pela Comissão de Constituição e Justiça e de Cidadania da Câmara dos Deputados, ao votarem, previamente, a conformidade das leis e das (normas com *status de*) emendas constitucionais às normas que compõem o bloco de constitucionalidade[113] e ao disposto nos arts. 5º, §3º, e 60 da CRFB/1988, respectivamente.

---

[111] LA PALOMBARA, Joseph G. *A política no interior das nações.* Brasília, DF: Ed. Universidade de Brasília, 1982, p. 37.

[112] "Art. 1º [...] Parágrafo único. Todo o poder emana do povo, que o exerce por meio de representantes eleitos ou diretamente, nos termos desta Constituição. BRASIL. [Constituição (1988)]. *Constituição da República Federativa do Brasil de 1988*: Nós, representantes do povo brasileiro, reunidos em Assembléia Nacional Constituinte para instituir um Estado Democrático, destinado a assegurar o exercício dos direitos sociais e individuais, [...]". Brasília, DF: Presidência da República, [2018].

[113] A definição das normas que compõem o bloco de constitucionalidade para fins de controle da produção normativa infraconstitucional (não consta dos regimentos internos das casas legislativas e) é matéria controvertida, especialmente no que diz respeito ao papel e à força da convencionalidade como parâmetro para revisão judicial (*e.g.*: Tese de Repercussão

Trata-se de uma modalidade de controle de constitucionalidade eminentemente política, interna e preventiva, porquanto exercida por representantes eleitos independentemente de sua formação profissional, controle este operacionalizado, via de regra, por uma comissão e sempre durante o processo legislativo. Ademais, se o parlamento estivesse desvinculado da observância das disposições constitucionais ao exercer sua competência legislava ou constitucional derivada, não se estaria diante de uma Constituição rígida.

Por ser preponderantemente regimental, a tramitação interna à qual é submetida a análise de juridicidade[114] das proposições legislativas consta das Resoluções nº 17, de 1989,[115] e nº 93, de 1970,[116] da Câmara dos Deputados e do Senado Federal, respectivamente. Nos mesmos atos normativos estão previstas as atribuições das citadas comissões parlamentares permanentes, responsáveis diretamente pela deliberação sobre a constitucionalidade das proposições.

Enquanto, em regra, os projetos de lei ordinária e de lei complementar estão sujeitos ao controle de constitucionalidade prévio também pelo Presidente da República, em razão da possibilidade de veto por inconstitucionalidade, na forma do art. 66, §1º, da CRFB/1988, tratando-se de proposta de emendas à Constituição, esse controle ordinário de constitucionalidade ficará restrito ao âmbito interno do parlamento.

As subseções, a seguir, são dedicadas a uma análise normativa das previsões regimentais e da práxis parlamentar, já com as escusas que uma exposição das regras procedimentais impõe, a fim de estabelecer pressupostos para uma análise de como os limites formais regulamentados internamente interferem na qualidade do controle.

Geral definida no RE nº 466.343 BRASIL. Supremo Tribunal Federal. *Recurso Extraordinário 466.343/SP*. Prisão Civil. Depósito. Depositário infiel. [...] Brasília: STF, 2008). Contudo, dado o recorte teórico do presente trabalho – que pretende abordar a reforma constitucional, as alterações convencionais (especialmente aquelas operacionalizadas na forma do art. 5º, §3º, da CRFB/1988) interessam como objeto e não como parametricidade.

[114] Em sentido amplo, que não se confunde com o sentido regimental do termo juridicidade, este muito mais ligado à ideia de legalidade.

[115] BRASIL. Câmara dos Deputados. *Resolução nº 17, de 1989*. Aprova o Regimento Interno da Câmara dos Deputados. Brasília, DF: Câmara, 1989.

[116] BRASIL. Congresso Nacional. Senado Federal. Regimento Interno – *Resolução nº 93, de 1970*: volume I. Dá nova redação ao Regimento Interno do Senado Federal. Brasília, DF: Senado Federal, 22 dez. 2018.

3.1.1 Processo legislativo regimental e as emendas constitucionais – Câmara dos Deputados

Não há previsão constitucional ou legal sobre qual deverá ser a Casa iniciadora, no caso de tramitação de uma proposta de emenda à Constituição,[117] ficando também sob responsabilidade dos regimentos internos e da tradição tal definição.

Enquanto a regulamentação no Senado Federal é mais específica – como se verá mais adiante –, o art. 201 do Regimento Interno da Câmara dos Deputados (RICD)[118] prevê sua competência para a apreciação de propostas de reforma constitucional apresentadas por, no mínimo, 1/3 (um terço) dos Deputados, pelo Senado, pelo Presidente da República e por mais da metade das Assembleias Legislativas, manifestando-se cada uma pela maioria dos seus membros.

Conforme consta do art. 64 da CRFB/1988, os projetos de lei apresentados pelo Presidente da República têm como Casa iniciadora a Câmara dos Deputados, nos mesmos moldes das proposições de iniciativa dos Supremo Tribunal Federal e dos Tribunais Superiores, que sejam da mesma natureza. Em que pese o dispositivo em questão não ser assertivo quanto à iniciativa de reforma constitucional, tradicionalmente, as PECs vindas do Executivo começam a tramitar pela Câmara dos Deputados.[119]

Com isso, proposições para a reforma constitucional apresentadas por, no mínimo, 171 (cento e setenta e um) Deputados Federais e pelo Presidente da República, na forma do art. 60, I e II, da CRFB/1998, têm o início da tramitação na Câmara dos Deputados, nos termos de seu Regimento Interno, sendo o mesmo procedimento adotado para PECs já aprovadas no Senado Federal que chegam à Casa.

---

[117] A questão inclusive já chegou ao STF no julgamento do mérito da ADI nº 2031, julgado em 2002, sob relatoria da Ministra Ellen Gracie, tendo-se fixado o entendimento "O início da tramitação da proposta de emenda no Senado Federal está em harmonia com o disposto no art. 60, inciso I da Constituição Federal, que confere poder de iniciativa a ambas as Casas Legislativas." BRASIL. Supremo Tribunal Federal. Ação Direta de Inconstitucionalidade nº 2.031 de 2002. Relatora: Min. Ellen Gracie, 03 out. 2002. Brasília, DF: Supremo Tribunal Federal, 3 out. 2010.

[118] BRASIL. Câmara dos Deputados. *Resolução nº 17, de 1989*. Aprova o Regimento Interno da Câmara dos Deputados. Brasília, DF: Câmara, 1989.

[119] ANDRADE, Aparecida de Moura; COUTINHO, Robson Luiz Fialho. *Processo legislativo nas comissões da Câmara dos Deputados*. 2. ed. Brasília: Câmara dos Deputados, Edições Câmara, 2019, p. 254.

As propostas de emenda à Constituição são espécie do gênero proposição, que – nos termos do art. 100 do RICD – é "toda matéria sujeita à deliberação da Câmara".[120] As proposições que tramitam na Câmara, além das PECs, podem consistir em projetos, emendas, indicações, requerimentos, recursos, pareceres e propostas de fiscalização e controle.

O "Título V – Da apreciação das proposições", composto pelos arts. 131 a 200 do RICD, prevê as regras gerais de tramitação das proposições legislativas, enquanto as peculiaridades do procedimento de reforma constitucional estão descritas no Capítulo I do "Título VI – Das matérias sujeitas a disposições especiais",[121] do mesmo diploma normativo.

Apresentada a proposta de emenda à Constituição, que receberá numeração em série específica e anual, o Presidente da Câmara exercerá a primeira etapa do controle de constitucionalidade da proposição, podendo devolvê-la ao autor, caso:

a) não observem requisitos formais, como o número mínimo de assinaturas previsto no art. 60, I, da CRFB; ou

b) verse sobre matéria alheia à competência da Câmara, *evidentemente inconstitucional* ou antirregimental (art. 137, §1º, do RICD).

Dessa decisão da presidência caberá recurso ao plenário, que poderá ser interposto pelo autor da proposição, no prazo de 5 (cinco) sessões contadas da publicação do despacho, oportunidade na qual deverá ser ouvida a Comissão de Constituição e Justiça e de Cidadania (CCJC). Não sendo hipótese de devolução, a PEC será despachada à CCJC, que se pronunciará sobre sua admissibilidade, no prazo de cinco sessões.

Diferente do que ocorre no Senado Federal, onde o número de membros das comissões permanentes é fixado pelo regimento interno, na Câmara dos Deputados essa é uma atribuição da Mesa, ao início de cada legislatura (art. 26 do RIDC). Atualmente, o Anexo I do Ato da

---

[120] BRASIL. Câmara dos Deputados. *Resolução nº 17, de 1989*. Aprova o Regimento Interno da Câmara dos Deputados. Brasília, DF: Câmara, 1989.

[121] BRASIL. Câmara dos Deputados. *Resolução nº 17, de 1989*. Aprova o Regimento Interno da Câmara dos Deputados. Brasília, DF: Câmara, 1989.

Mesa nº 23, 11 de março de 2019,[122] fixa 66 (sessenta e seis) vagas para a composição da CCJC, sendo a maior (em número de membros) entre as 25 (vinte e cinco) comissões permanentes existentes. Recebida a proposição na CCJC, o presidente da comissão designará, dentre os parlamentares membros (efetivos ou suplementes), o relator responsável pela elaboração de parecer sobre a matéria. Em regra, o parlamentar responsável pela relatoria dispõe de metade do prazo concedido à comissão para exame da proposição, portanto, tratando-se de uma PEC, o prazo para oferecimento do parecer será de 3 (três) sessões (art. 52, §1º, do RICD).

O parecer a ser apresentado pelo parlamentar responsável pela relatoria deverá ser composto, inicialmente, por duas partes: o relatório, no qual é feita uma exposição circunstanciada da matéria tratada, e o voto, em que o relator expõe sua opinião sobre a admissibilidade ou não da PEC. Após a votação, passa a compor o documento o 'parecer da Comissão' no qual constarão "as conclusões desta e a indicação dos Deputados votantes e respectivos votos" (art. 129, III do RICD).[123]

Via de regra, em qualquer comissão, os relatores podem, em seus pareceres, oferecer emendas à proposição analisada ou apresentar-lhe substitutivo; essa hipótese, contudo, não é possível (ao menos não de maneira tão ampla) no caso do parecer terminativo apresentado na CCJC para as propostas de emenda à Constituição.

Na Câmara dos Deputados, uma PEC somente poderá ser emendada durante sua tramitação na comissão especial que sucede a admissibilidade da proposição, em conformidade com o disposto no art. 202, §3º, do RICD.[124]

---

[122] MAIA, Rodrigo. *Anexo I do Ato da Mesa nº 23, de 2019*: distribuição das vagas nas Comissões Permanentes entre os partidos e Blocos Parlamentares. Brasília: Câmara, 2019.

[123] BRASIL. Câmara dos Deputados. *Resolução nº 17, de 1989*. Aprova o Regimento Interno da Câmara dos Deputados. Brasília, DF: Câmara, 1989.

[124] "Art. 202. A proposta de emenda à Constituição será despachada pelo Presidente da Câmara à Comissão de Constituição e Justiça e de Cidadania, que se pronunciará sobre sua admissibilidade, no prazo de cinco sessões, devolvendo-a à Mesa com o respectivo parecer. [...] §2º Admitida a proposta, o Presidente designará Comissão Especial para o exame do mérito da proposição, a qual terá o prazo de quarenta sessões, a partir de sua constituição para proferir parecer. §3º Somente perante a Comissão Especial poderão ser apresentadas emendas, com o mesmo *quorum* mínimo de assinaturas de Deputados e nas condições referidas no inciso II do artigo anterior, nas primeiras dez sessões do prazo que lhe está destinado para emitir parecer. §4º O Relator ou a Comissão, em seu parecer, só poderá oferecer emenda ou substitutivo à proposta nas mesmas condições estabelecidas no inciso II do artigo precedente". BRASIL. Câmara dos Deputados. *Resolução nº 17, de 1989*. Aprova o Regimento Interno da Câmara dos Deputados. Brasília, DF: Câmara, 1989.

Cumpre ressalvar, contudo, que se tem admitido (apesar de nem sempre ser esse o entendimento prevalente) que a CCJC possa aprovar parecer pela admissibilidade parcial da PEC, a fim de sanar eventual inconstitucionalidade. Foi o que ocorreu, por exemplo, no caso do parecer da proposta de Emenda à Constituição nº 06/2019,[125] no qual o relator Deputado Marcelo Freitas, ressalvando sua posição pessoal em sentido contrário, incluiu em seu parecer a inadmissibilidade de 4 (quatro) pontos contidos na PEC, admitindo-a nos outros aspectos.

Transcorrido o prazo destinado ao relator e não tendo ele apresentado o parecer, poderá ser designado outro parlamentar membro da CCJ para relatar a proposição ou o próprio presidente da comissão possui a prerrogativa de avocá-la (art. 52, §3º do RICD).

Caso a Comissão de Constituição e Justiça e de Cidadania (assim como qualquer outra comissão) não cumpra os prazos estabelecidos no regimento interno, o Presidente da Câmara poderá, independentemente da interposição de recurso, determinar o envio da proposição pendente de parecer à Comissão seguinte ou ao plenário, de ofício ou a requerimento de qualquer deputado (art. 52, §6º do RICD).

Apesar de desusado, em razão da natureza imprópria (politicamente flexível) do prazo para apresentação do parecer, esse dispositivo foi invocado no caso da votação de admissibilidade da PEC nº 352/2013, conhecida como Reforma Política, quando o então Presidente da Câmara dos Deputados, Eduardo Cunha, no início da 55ª legislatura e antes mesmo da reinstalação da CCJ, considerou transcorrido o prazo para votação do parecer na comissão, determinando a apreciação de sua admissibilidade pelo plenário. Nessa oportunidade, inclusive, fixou-se um "novo entendimento em relação ao assunto, pois, até então, considerava-se que o prazo deveria começar a contar novamente, a partir da instalação da comissão na nova legislatura".[126]

Na Câmara dos Deputados, todas as proposições, exceto os requerimentos, tramitam pela CCJ "para o exame dos aspectos de constitucionalidade, legalidade, juridicidade, regimentalidade e de técnica

---

[125] BRASIL. *Proposta de Emenda à Constituição nº 6 de 2019*. Modifica o sistema de previdência social, estabelece regras de transição e disposições transitórias, e dá outras providências. Brasília, Câmara, 2019.

[126] ANDRADE, Aparecida de Moura; COUTINHO, Robson Luiz Fialho. *Processo legislativo nas comissões da Câmara dos Deputados*. 2. ed. Brasília: Câmara dos Deputados, Edições Câmara, 2019, p. 254.

legislativa [...]" (art. 53, III, do RICD).[127] Atualmente, ressalvada a tramitação especial das PECs, a CCJ é a última comissão em que uma proposição é analisada, conforme prevê o art. 139 do RICD. Todavia, nem sempre a previsão regimental foi nesse sentido.

Antes do advento da Resolução nº 10 de 1991,[128] a então Comissão de Constituição e Justiça e de Redação[129] era a primeira a receber as proposições para juízo de admissibilidade, já que a decisão sobre a constitucionalidade ou juridicidade da matéria contida na proposta, constante do parecer terminativo da comissão, nada mais é que uma análise dos pressupostos legais e constitucionais necessários à tramitação de um ato normativo.[130] Contudo, fatores operacionais, ligados à celeridade do processo legislativo e à efetividade do controle realizado pela CCJC, influenciaram a alteração regimental.[131]

Os autores da proposição de origem (Projeto de Resolução nº 59, de 1991), Deputados Miro Teixeira e Nelson Jobim,[132] narraram o 'emperramento' da tramitação na Comissão de Constituição e Justiça em razão do grande volume de trabalho, bem como os abundantes exemplos de alterações sofridas pelas proposições nas comissões de mérito – que tornavam inócuas a apreciação prévia e as adequações realizadas na CCJ – como justificativa para alteração do fluxo do procedimento das proposições nas comissões da casa.

---

[127] BRASIL. Câmara dos Deputados. *Resolução nº 17, de 1989*. Aprova o Regimento Interno da Câmara dos Deputados. Brasília, DF: Câmara, 1989.

[128] BRASIL. Câmara dos Deputados. *Resolução nº 10, de 1991*. Altera dispositivos do Regimento Interno. Brasília, DF: Câmara, 1991.

[129] A denominação atual, Comissão de Constituição e Justiça e Cidadania foi inserida pela Resolução nº 20, de 2004.

[130] "[...] o primeiro foi o fato de que as matérias tendiam a ter sua tramitação retardada em virtude do acúmulo de proposições para serem analisadas na CCJC; o outro foi que, muitas vezes, a matéria recebia parecer da CCJC pela admissibilidade, porém, no decorrer de sua tramitação, as comissões de mérito inseriam matérias novas aos projetos, tornando, por vezes, as propostas inconstitucionais ou injurídicas." ANDRADE, Aparecida de Moura; COUTINHO, Robson Luiz Fialho. *Processo legislativo nas comissões da Câmara dos Deputados*. 2. ed. Brasília: Câmara dos Deputados, Edições Câmara, 2019, p. 61.

[131] "[...] o primeiro foi o fato de que as matérias tendiam a ter sua tramitação retardada em virtude do acúmulo de proposições para serem analisadas na CCJC; o outro foi que, muitas vezes, a matéria recebia parecer da CCJC pela admissibilidade, porém, no decorrer de sua tramitação, as comissões de mérito inseriam matérias novas aos projetos, tornando, por vezes, as propostas inconstitucionais ou injurídicas." ANDRADE, Aparecida de Moura; COUTINHO, Robson Luiz Fialho. *Processo legislativo nas comissões da Câmara dos Deputados*. 2. ed. Brasília: Câmara dos Deputados, Edições Câmara, 2019, p. 61.

[132] TEIXEIRA, Miro; JOBIM, Nelson. *Projeto de Resolução nº 59 de 1991*. Modifica o processo de tramitação de proposições na Câmara dos Deputados, alterando dispositivos do Regimento Interno. Brasília, DF: Câmara dos Deputados, 10 set. 1991.

As propostas de emenda à Constituição são uma exceção, já que submetidas primeiramente à CCJ para juízo de admissibilidade, conforme procedimento especial de tramitação previsto do RICD.

Seguindo a tramitação na CCJ, após leitura do parecer pelo relator (ou no caso de sua dispensa), inicia-se a discussão do documento, seguida da votação. Nas comissões, os *pareceres* elaborados por seus membros é que são submetidos à votação (e *não as proposições* legislativas propriamente ditas).

Com isso, mesmo no caso de proposição que trate de uma possível reforma constitucional, será aprovado o parecer que obtiver a maioria dos votos, presente a maioria absoluta dos membros da comissão (art. 52, §2º do RICD), independentemente do *quorum* constitucional qualificado previsto para a aprovação da emenda à Constituição (art. 60 da CRFB/1988). Nas comissões da Câmara, em caso de empate, prevalece o voto do relator, no Senado prevalecerá o voto do Presidente da Comissão.

Aprovado o parecer pela inadmissibilidade da PEC, a proposição será devolvida à Mesa, podendo o autor da proposição (primeiro subscritor), com apoiamento de Líderes que representem, no mínimo, um terço dos Deputados Federais, requerer a apreciação preliminar em plenário (art. 202, §1º do RICD), uma espécie de recurso contra o parecer aprovado na CCJ. Não havendo submissão da questão ao plenário, ou em caso de não provimento, a PEC será arquivada, não podendo a matéria ser objeto de nova proposta na mesma sessão legislativa (art. 60, §5º, da CRFB/1988).

Na hipótese de admissão, a PEC será encaminhada ao presidente da Câmara, que constituirá uma comissão especial, a qual fará o exame do mérito no prazo de quarenta sessões. Nas primeiras dez sessões, contadas da instalação dessa comissão, poderão ser apresentadas emendas à proposição, com o mesmo *quorum* mínimo de 1/3 (um terço) dos Deputados, e desde que não se verifiquem as condições previstas como limites materiais e circunstanciais à reforma constitucional (art. 202, §2º e §3º, do RICD).

O relator da PEC na comissão especial é o único parlamentar em todo processo legislativo autorizado a propor emendas ou substitutivo sem que seja necessário apoiamento de outros membros da Casa (art. 202, §4º, do RICD), em flagrante inobservância ao requisito constitucional de iniciativa previsto no art. 60, I, da CRFB/1988.

Publicado o parecer e após o interstício de duas sessões, a proposta será incluída na Ordem do Dia e submetida a dois turnos de discussão e votação com interstício de cinco sessões, sendo aprovada se obtiver, em ambos os turnos, maioria de 3/5 (três quintos) dos votos dos membros da Câmara dos Deputados (art. 202, §5º, §6º e §7º, do RICD).

3.1.2 Processo legislativo regimental e as emendas constitucionais – Senado Federal

No Senado Federal, o procedimento para tramitação das proposições legislativas está disposto no "Título VIII – Das Proposições", arts. 211 a 353, e no "Título IX – Das Proposições Sujeitas a Disposições Especiais", arts. 354 a 376, de seu Regimento Interno (Resolução nº 93/1970, editado em conformidade com a Resolução nº 18/1989 e consolidado com as alterações decorrentes de emendas à Constituição, leis e resoluções, até janeiro de 2019). São espécies de proposição nos termos regimentais:

a) as propostas de emenda à Constituição;

b) os projetos;

c) os requerimentos;

d) as indicações;

e) os pareceres; e

f) as emendas.

Especificamente em relação ao procedimento de deliberação e votação das PECs, poderá se iniciar no Senado Federal a tramitação daquelas propostas de iniciativa de 1/3 (um terço) dos Senadores e de mais da metade das Assembleias Legislativas das Unidades da Federação,[133] manifestando-se, cada uma delas, pela maioria relativa

---

[133] A iniciativa de PEC pelas Assembleias Legislativas é de longe a mais incomum, sendo que dentre as 101 (cento e uma) emendas à Constituição aprovadas, nenhuma sequer teve sua origem conforme a competência disposta art. 60, III da CRFB/1988. Atualmente, tramita no Senado Federal apenas uma PEC de iniciativa das assembleias legislativas (a primeira e única), trata-se da PEC nº 47/2012, subscrita pela Câmara Legislativa do Distrito Federal e pelas Assembleias Legislativas dos estados do Amapá, Ceará, Espírito Santo, Goiás, Maranhão, Minas Gerais, Paraná, Pará, Piauí, Rio de Janeiro, Rondônia, Roraima, Santa Catarina e São Paulo, cujo objeto é a alteração de algumas competências legislativas previstas na CRFB/1988.

de seus membros (art. 60, I e III, da CRFB/1988, respectivamente; e art. 212 do RISF).

Registre-se, por oportuno, que não prevalece no caso das PECs a 'máxima' geral de que no Senado Federal somente é casa iniciadora na hipótese de a proposição ser apresentada pelos próprios Senadores. Aliás, no caso da reforma constitucional não há qualquer limitação nesse sentido.[134]

Apresentada a proposta, ela será "lida no Período do Expediente e publicada no *Diário do Senado Federal* e em avulso eletrônico, para distribuição aos Senadores",[135] nos termos do art. 355 do Regimento Interno do Senado Federal (RISF). A seguir, a PEC será despachada pela presidência[136] à CCJ, que terá o prazo de 30 (trinta) dias para emitir parecer.

Registre-se que, diferentemente do que acontece na Câmara dos Deputados[137] – em que a regra é que todas as proposições legislativas tramitem pela CCJC–, no Senado Federal, as únicas proposições que possuem tramitação obrigatória na Comissão de Constituição, Justiça e Cidadania são as propostas de emenda à Constituição. Nos demais casos, a constitucionalidade, juridicidade e regimentalidade das matérias irão para apreciação pelo órgão somente se lhe forem submetidas pelo Plenário, pela Presidência, por consulta de outra comissão, ou quando

---

[134] Sobre o tema, tem-se o Parecer nº 692, de 1995 que compõe CABRAL, Bernardo. Parecer nº 692, de 1995. *In*: BRASIL. Congresso. Senado Federal. *Regimento Interno*: Resolução nº 93, de 1970. Brasília: Senado Federal. 2019.

[135] BRASIL. Congresso Nacional. Senado Federal. *Resolução do Senado Federal nº 93, de 27/11/1970*: volume I. Dá nova redação ao Regimento Interno do Senado Federal. Brasília, DF: Senado Federal, 22 dez. 2018.

[136] Também no RISF há previsão regimental de competência do Presidente do Senado para impugnar as proposições que lhe pareçam contrárias à CRFB/1988, às leis ou ao próprio regimento (art. 48, XI do RISF). Entre 1988 e 2018 apenas uma Proposta de Emenda à Constituição foi arquivada com fundamento nesse dispositivo, trata-se da PEC nº 22/2003, que teve como primeiro subscritor o Senador Ney Suassuna e pretendia alterar "o inciso XLVII do artigo 5º da Constituição Federal, para suprimir a letra 'b' instituindo a pena de caráter perpétuo." O Presidente do SF naquela oportunidade, José Sarney, deixou de dar tramitação à proposta sob fundamento de ofensa ao art. 60, §4º, da CRFB/1988, tendo a decisão de arquivamento sido mantida pela CCJ após recurso do autor da proposição à comissão. SUASSUNA, Ney. *Proposta de Emenda Constitucional nº 22 de 2003*. Altera o inciso XLVII do artigo 5º da Constituição Federal, para suprimir a letra "b" instituindo a pena de caráter perpétuo. Brasília, DF: Senado Federal, 2003.

[137] Diferente do que ocorre, por exemplo, na Itália, onde necessariamente todos os projetos de lei devem tramitar por comissão parlamentar na fase de deliberação como condição de validade (art. 72 da Constituição Italiana), no Brasil, ressalvado o caso das leis decorrentes de conversão de Medidas Provisórias, não há obrigatoriedade constitucional de tramitação de proposições em comissões, senão determinação regimental. FERREIRA FILHO, Manoel Gonçalves. *Do processo legislativo*. São Paulo: Saraiva, 2012.

houver recurso de decisão terminativa de comissão para o Plenário em virtude dos aspectos constitucionais, jurídicos ou regimentais da proposição (art. 101, I, do RISF/2018).

Essa omissão procedimental/regimental deliberada traz substancial prejuízo ao debate ordinário sobre as questões relacionadas à juridicidade de atos normativos, especialmente quando se trata de leis federais complementares ou ordinárias com maior potencial coercitivo, nas quais o debate sobre (in)constitucionalidade, dentro do Senado Federal, acaba se tornando meramente acidental.

Não se olvida o fato de que também o plenário e as demais comissões estão vinculados à normatividade constitucional; tem-se, contudo, que, sem um momento específico para tratar dos aspectos jurídicos das proposições, as reflexões serão (ainda mais) laterais e eventuais.

Outro aspecto relevante – que torna ainda mais nociva, do ponto de vista da garantia de juridicidade das proposições, a ausência da tramitação ordinária na referida comissão – é que há, de fato, um controle de constitucionalidade implícito ou tácito nas CCJs, porquanto os parlamentares evitam colocar em votação pareceres que defendam a inconstitucionalidade de determinada proposição.[138]

Em alguns casos, o interesse político de determinado parlamentar, que deseja não se indispor com os colegas, conduz à apresentação de relatório elaborado sob encomenda de resultado, em outros, a questão jurídica pode incomodar substancialmente, e a narrativa de argumentos, diante de teratologias e dos alertas dos Consultores Legislativos, acaba por explicar atos de devolução da relatoria, que culminarão no arquivamento da proposição pelo decurso do tempo. Com a ausência de tramitação ordinária das proposições (em geral) na CCJ do Senado, mesmo essa modalidade *sui generis* de controle de constitucionalidade não se perfaz.

A CCJ do Senado Federal é formada por 27 (vinte e sete) senadores titulares e igual número de suplentes (art. 77, III, c/c 83 do RISF/2018), sendo a maior comissão permanente em número de membros, junto com as Comissões de Assuntos Econômicos e de Educação, Cultura e Esporte. Não era essa, todavia, a situação até o advento da Resolução

---

[138] CAVALCANTE FILHO, João Trindade. Controle preventivo de constitucionalidade e de logística pelas comissões de constituição e justiça: importância, perspectivas e desafios. *In*: CONGRESSO INTERNACIONAL DE DIREITO CONSTITUCIONAL: "30 ANOS DE CONSTITUIÇÃO: UM BALANÇO", 21., 2018. Brasília; MENDES, Gilmar Ferreira; BRANCO, Paulo Gustavo Gonet (org.). *Anais* [...]. Brasília: IDP, 2019.

nº 11/2013 do Senado Federal,[139] que alterou o número de participantes da referida Comissão de 23 (vinte e três) para os atuais 27 (vinte e sete). Originada da Proposta de Resolução do Senado Federal nº 24/2013, sob justificativa de atender à demanda decorrente do aumento do volume de trabalho no Plenário e nas comissões, a alteração no número de membros acabou por facilitar também a operacionalização disposta no art. 356, parágrafo único, do RISF, que trata da apresentação de emendas às PECs durante a tramitação na CCJ.

> Art. 356. [...] Parágrafo único. O parecer da Comissão de Constituição, Justiça e Cidadania que concluir pela apresentação de *emenda deverá conter assinaturas de Senadores que*, complementando as dos membros da Comissão, compreendam, no mínimo, *um terço dos membros do Senado*. (grifo nosso)[140]

Conforme disposto na norma, é possível que o texto de determinada proposta de emenda à Constituição receba emendas na CCJ. Contudo, a fim de restar atendido o requisito constitucional para iniciava, o parecer aprovado deve ser assinado por, no mínimo, 1/3 (um terço) dos Senadores, ou seja, 27 (vinte e sete) parlamentares. Assim, até o advento da alteração regimental, mesmo que o *quorum* da sessão contasse com a composição total de 23 (vinte e três) membros e a votação fosse unânime, seria necessário coletar a assinatura de, no mínimo, mais 4 (quatro) parlamentares.[141]

Prosseguindo, ainda quanto aos aspectos procedimentais, recebida a PEC na Comissão de Constituição, Justiça e Cidadania, o presidente dentro de 2 (dois) dias úteis designará relator para a proposição, que terá 15 (quinze) dias para a apresentação de seu relatório escrito (art. 120 do RISF/2018).

---

[139] BRASIL. Secretaria-Geral da Mesa. Secretaria de Informação Legislativa. *Resolução do Senado Federal nº 11 de 16/04/2013.* Altera o Regimento Interno do Senado Federal para aumentar o número de Membros da Comissão de Constituição, Justiça e Cidadania para 27 (vinte e sete). Brasília: Senado, 2013.

[140] BRASIL. Congresso Nacional. Senado Federal. *Regimento interno*: resolução nº 93, de 1970: volume I. Dá nova redação ao Regimento Interno do Senado Federal. Brasília, DF: Senado Federal, 22 dez. 2018.

[141] É bem verdade que essa tarefa não é das mais complexas, sendo informação notória na rotina interna das Comissões, a simplicidade do procedimento de coleta de assinatura de senadores em pareceres dessa natureza, realizada pelos próprios servidores da CCJ nos corredores do Congresso Nacional. (RF)

Após a leitura em reunião, os relatórios aprovados pela CCJ passam a constituir o parecer. Os pareceres sobre as propostas de emenda constitucional nas CCJs dependem de aprovação por maioria relativa – e não do *quorum* constitucional de 3/5 (três quintos), para aprovação das ECs –, sendo que, em caso de empate, o presidente desempatará a votação (art. 132, §8º, do RISF). Os membros da comissão que não concordarem com o relatório poderão apresentar voto separado ou assinar o parecer com restrições, pelas conclusões, ou declarando-se vencidos (art. 136, do RISF).

Prevalece no Senado entendimento no sentido de que a aprovação do relatório – que constituirá o parecer – depende de voto favorável de maioria simples, computadas para fins de definição do *quorum* as abstenções e votos brancos. Exemplifique-se: presentes 20 (vinte) membros da comissão, sendo 8 (oito) votos pela aprovação do parecer, 3 (três) pela rejeição e 9 (nove) abstenções, considerar-se-á aprovado o parecer.

Caso o relatório inicial seja rejeitado, será designado novo relator – dentre aqueles que se posicionaram com a maioria – para redação do parecer, que será apresentado na sessão ordinária imediatamente seguinte, salvo deliberação em sentido contrário (art. 128 c/c 132, §5º do RISF).

O parecer aprovado na Comissão, devidamente instruído pela lista de presença dos membros da CCJ e assinado pelo presidente da comissão e pelo relator, será encaminhado à Mesa do Senado.

Diferentemente do que ocorre na Câmara, onde – após aprovação do Parecer pela admissibilidade da PEC – a proposição é encaminhada a uma comissão especial, no Senado Federal "cabe exclusivamente à Comissão de Constituição, Justiça e Cidadania examinar proposta de emenda à Constituição antes de sua apreciação e deliberação em dois turnos pelo Plenário do Senado Federal".[142]

Se a conclusão da CCJ for pela inconstitucionalidade ou injuridicidade da PEC, ela será considerada rejeitada e arquivada definitivamente por despacho do Presidente do Senado, exceto se, não tendo sido unânime o parecer, houver recurso de um décimo dos membros da Casa pleiteando a continuidade da tramitação, nos termos do art. 101,

---

142 BRASIL. Congresso Nacional. Senado Federal. *Regimento Interno*: normas conexas: volume II. Brasília: Senado Federal, 2019. [Texto editado em conformidade com a Resolução nº 18 de 1989, consolidado com as alterações decorrentes de emendas à Constituição, leis e resoluções, até janeiro de 2019].

§1º, c/c o art. 254 do RISF.[143] O recurso poderá ser interposto em até 2 (dois) dias úteis, contados da comunicação de arquivamento feita em Plenário. No Senado Federal, a CCJ analisa tanto a admissibilidade da proposição, quanto seu mérito.

A esta altura, cumpre anotar que a inconstitucionalidade de determinada proposta de emenda à Constituição poderá ser decidida definitivamente por eventual entendimento de menos de uma dezena de parlamentares. Isso porque, dada a atual composição da CCJ – 27 (vinte e sete) membros – e o *quorum* regimental de deliberação (maioria de votos, presente a maioria de seus membros), a tramitação de determinada PEC poderá ser obstada por qualquer maioria que se forme, independentemente do número de abstenções (por exemplo, um voto favorável e 20 abstenções).

Após o parecer da CCJ, salvo se for o caso de arquivamento, a proposição seguirá para apreciação do plenário, na forma do art. 60 da CRFB/1988 e do art. 360 e seguintes do Regimento, devendo ser votada em dois turnos com o interstício mínimo de cinco dias úteis entre as votações.

Durante a discussão no plenário, poderão ser oferecidas emendas à PEC, desde que subscritas por, no mínimo, 27 (vinte e sete) Senadores, situação na qual a proposição retornará à CCJ para exame e parecer sobre essas emendas no mesmo prazo regimental de 30 (trinta) dias (art. 358, §2º c/c 359 do RISF).

Em tese, não há possibilidade de requerimento de urgência[144] em propostas de emenda à Constituição, podendo a votação na CCJ ser suprimida somente no caso de decurso do prazo regimental na comissão, sem que se tenha proferido parecer, hipótese na qual será proferido parecer oralmente, no plenário (art. 358, §1º, do RISF).

---

[143] No Senado Federal, as CCJ analisa tanto a admissibilidade da proposição, quanto seu mérito. Assim, no caso da Comissão decidir pela rejeição fundada em questões de mérito, independentemente do *quorum* que aprovou o parecer, caberá recurso na forma do art. 254 do RISF, que dispõe: "quando os projetos receberem pareceres contrários, quanto ao mérito, serão tidos como rejeitados e arquivados definitivamente, salvo recurso de um décimo dos membros do Senado no sentido de sua tramitação".

[144] "Art. 361 [...] §2º Somente serão admitidos requerimentos que objetivem a votação em separado de partes da proposta ou de emendas." BRASIL. Congresso Nacional. Senado Federal. *Regimento Interno*: Resolução nº 93, de 1970: volume I. Dá nova redação ao Regimento Interno do Senado Federal. Brasília, DF: Senado Federal, 22 dez. 2018.

3.2 Natureza das normas regimentais: o parlamento como uma fábrica de vícios formais na reforma constitucional?

As palavras, no entanto, são camaleônicas e a realidade mais veloz que as formas normativas lexicais.[145]

Percorrido o *iter* regimental da tramitação das propostas de emenda à Constituição na CCJ, verifica-se que o controle preventivo da constitucionalidade, juridicidade e regimentalidade da reforma constitucional é a primeira etapa de sua apreciação colegiada, oportunidade na qual, em relação a vícios formais, assim considerados: a competência para apresentação da proposta, prazos, *quorum* e o procedimento em geral –, somente é possível um *exame* da (in)adequação originária[146] da proposição aos limites de iniciativa e à limitação prevista no art. 60, §5º, da CRFB/1988, que veda apresentação de nova proposta cujo objeto seja matéria rejeitada ou considerada prejudicada na mesma sessão legislativa. Contudo, na prática, essa análise de admissibilidade formal é realizada antes mesmo da distribuição da proposição a qualquer comissão, sendo hipótese de devolução ao seu autor.

Apesar de incomum no Senado Federal, onde não foi possível localizar qualquer proposição impugnada pela Presidência da Casa em razão de ofensa a limites de iniciativa (art. 48, XI do RISF), já que, via de regra, essas proposições nem sequer chegam a ser autuadas a Secretaria-Geral da Mesa, na Câmara dos Deputados foi esse o destino de pelo menos[147] 199 (cento e noventa e nove) propostas de emenda à Constituição apresentadas entre 1988 e 2018, que foram remetidas ao arquivo por não conterem o número mínimo de assinaturas de parlamentares, conforme previsto no art. 60, I, da CRFB/1988.

O Gráfico 1 ilustra, em termos percentuais, o número de proposições, cuja tramitação foi interrompida antes da análise de sua admissibilidade pela CCJ da Câmara dos Deputados, em razão do

---

[145] SAMPAIO, José Adércio Leite. Práticas parlamentares e convenções constitucionais. *In:* BARACHO JÚNIOR, José Alfredo de Oliveira; PEREIRA, Bruno Cláudio Penna Amorim (org.) *Direito parlamentar:* discussões contemporâneas. Belo Horizonte: Vorto, 2018.

[146] O controle de constitucionalidade nesse ponto é em alguma medida provisório porquanto também os vícios aqui mencionados podem ser supervenientes, nascidos no contexto de apresentação de emendas à proposição ou durante a votação em plenário.

[147] Em razão da ausência de informações na ficha de tramitação e no dossiê disponibilizados na página eletrônica da Câmara dos Deputados, em 5 (cinco) casos não foi possível especificar qual a natureza do vício que motivou a determinação presidencial para a devolução de proposição ao autor.

desatendimento dos limites constitucionais de iniciativa, ou por inobservância da vedação de reapresentação de matéria prejudicada ou rejeitada na mesma sessão legislativa:

Gráfico 1 – Percentual de PECs devolvidas ao autor
por vício de inconstitucionalidade formal

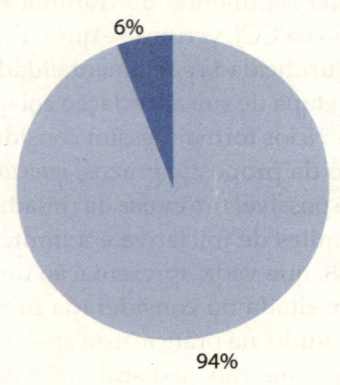

■ Devolvida ao autor por vício de
inconstitucionalidade formal

Fonte: Dados da pesquisa (2019).

As previsões regimentais, em relação ao controle de constitucionalidade de PECs, que diferem do procedimento legislativo para outras proposições (como os projetos de leis, por exemplo), visam adequar a tramitação à previsão do art. 60, §4º, da CRFB/1988, no sentido de que "não será objeto de *deliberação* a proposta de emenda tendente a abolir" (grifo nosso),[148] ou seja, há uma determinação constitucional expressa que interdita até mesmo a tramitação de propostas de emenda que possam violar limites materiais à reforma constitucional.

Se, por um lado, a prévia tramitação das PECs nas respectivas Comissões de Constituição e Justiça atendem formalmente às 'cláusulas pétreas', por outro, o fato de ser o último momento ordinário para controle da adequação constitucional da proposição constitui um inegável prejuízo à garantia da juridicidade da reforma, já que, após a

---

[148] BRASIL. [Constituição (1988)]. *Constituição da República Federativa do Brasil de 1988*: Nós, representantes do povo brasileiro, reunidos em Assembléia Nacional Constituinte para instituir um Estado Democrático, destinado a assegurar o exercício dos direitos sociais e individuais, [...]. Brasília, DF: Presidência da República, [2018].

específica análise de constitucionalidade, a proposição percorrerá, pelo menos em tese, um longo caminho de deliberação, emendas e votação, até sua aprovação e promulgação.

Além dos limites para a iniciativa e da impossibilidade de reapresentação de proposta na mesma sessão legislativa, que, via de regra, poderão ser apreciados desde a apresentação da proposição, a CRFB/1988 prevê outros limites formais à reforma constitucional, a saber:

a) aprovação da proposta por 3/5 (três quintos) dos Deputados Federais e por 3/5 (três quintos) dos Senadores;

b) dois turnos de votação em cada Casa do Congresso Nacional.

Diferentemente do que ocorre no caso da legislação ordinária,[149] na reforma constitucional não há distinção ou prevalência de quaisquer das Casas (iniciadora ou revisora) no processo legislativo, devendo a proposta ser aprovada em todos os turnos de votação nos mesmos termos. Com isso, se a proposição de reforma constitucional for emendada (salvo se se tratar de mudança redacional não substancial[150]), a PEC deverá retornar à Casa de origem, onde será submetida a novo procedimento de deliberação e votação, nos termos dos arts. 367 e 203 dos Regimentos Internos do Senado Federal e da Câmara dos Deputados, respectivamente. A partir disso, diante da ausência de consenso sobre a integralidade de uma proposição, surgem as chamadas PECs 'paralelas', originárias de desmembramentos, em geral, sobre pontos mais controvertidos, a fim de 'liberar' a parte 'incontroversa' para promulgação.

As definições sobre os prazos de tramitação e um maior nível de detalhamento do procedimento de deliberação e votação das propostas de emenda à Constituição, e também dos demais atos normativos, estão nos regimentos internos das Casas e do Congresso Nacional, sendo que alguns autores defendem que essas normas sobre o devido processo legislativo, mesmo não estando formalmente no texto promulgado, seriam materialmente constitucionais e, portanto, comporiam o bloco de constitucionalidade, inclusive como parâmetro para a revisão judicial.

---

[149] Artigo 65, parágrafo único, da CRFB/1988. BRASIL. [Constituição (1988)]. *Constituição da República Federativa do Brasil de 1988*: Nós, representantes do povo brasileiro, reunidos em Assembléia Nacional Constituinte para instituir um Estado Democrático, destinado a assegurar o exercício dos direitos sociais e individuais, [...]. Brasília, DF: Presidência da República, [2018].

[150] BRASIL. Supremo Tribunal Federal. *Ação Direta de Inconstitucionalidade nº 2.031 de 2002*. Relatora: Min. Ellen Gracie, 03 out. 2002. Brasília, DF: Supremo Tribunal Federal, 3 out. 2010.

Com foco no procedimento previsto nos regimentos internos, a subseção seguinte é dedicada à retomada de uma análise de *institucional choice*, nos termos desenvolvidos no Capítulo 2, a fim de verificar como (e em qual medida) as atribuições relativas ao controle formal da reforma constitucional estão alocadas no cenário brasileiro.

3.2.1 Escolha institucional e o passivíssimo procedimental

Sobre a importância do detalhamento trazido pelos regulamentos parlamentares,[151] o autor francês Léon Duguit, ao comentar a realidade do Legislativo na França do final do século XIX, afirma que muitas de suas disposições poderiam, inclusive, estar no próprio texto constitucional.

> O regulamento é um conjunto de disposições de caráter geral que determinam a ordem e o método dos trabalhos de cada Câmara. É, de certa maneira, a lei interna de cada Câmara. Pela força das coisas, os regulamentos das Assembleias políticas usualmente contêm disposições muito importantes que poderiam muito bem ter seu lugar adequado nas leis constitucionais.[152] (tradução nossa)

Há diferentes linhas teóricas utilizadas para a defesa do caráter materialmente constitucional das normas regimentais relativas ao processo legislativo. Dessas, duas se tornaram mais difundidas no Brasil, as que caracterizam os regulamentos parlamentares como: (i) *normas constitucionais adscritas* (ou atribuídas); ou (ii) *normas constitucionais interpostas*, cunhadas nas obras de Robert Alexy e Carlo Lavagna, respectivamente.

A construção de Robert Alexy sobre *normas constitucionais adscritas* (ou atribuídas) surge com o objetivo de identificar quais *normas* são *normas* de Direitos Fundamentais, dividindo-as em "dois grupos: as normas de direito fundamental estabelecidas diretamente pelo texto constitucional e as normas de direito fundamental atribuídas".[153] A

---

[151] Os termos 'regimento interno' e 'regulamento parlamentar' serão utilizados como sinônimos.

[152] "El reglamento es un conjunto de disposiciones de carácter general que determinan el orden y método de los trabajos de cada Cámara. Es, en cierta manera la ley interna de cada Cámara. Por la fuerza de las cosas, los reglamentos de las Asambleas políticas suele contener disposiciones muy importantes que podían muy bien tener su lugar adecuado en las leyes constitucionales." DUGUIT, Léon. *Manual de derecho constitucional*. Granada: Comares. 2005, p. 372.

[153] ALEXY, Robert. *Teoria dos direitos fundamentais*. Tradução de Virgílio Afonso da Silva. São Paulo: Malheiros, 2012, p. 73.

relação entre esses grupos de normas é tanto de refinamento, já que normas atribuídas "são necessárias quando a norma expressa pelo texto constitucional tem que ser aplicada a casos concretos",[154] como de fundamentação, porquanto o texto constitucional expresso é fundamento de validade da norma atribuída. Com isso, os professores Thomas da Rosa Bustamante e Evanilda Nascimento de Godoi Bustamante buscam justamente na teoria de Robert Alexy o que denominam "forma mais clara de se enxergar a importância das normas regimentais".[155]

> No pensamento de Alexy, essas normas adscritas, embora não tenham formalmente o *status* de uma norma constitucional, operam também como normas de Direito Fundamental porque é possível fundamentá-las de maneira correta na Constituição. Nesse sentido, é simplesmente impossível cumprir as normas diretamente estatuídas na Constituição sem observar os parâmetros definidos por ditas normas para a aplicação da Constituição.[156]

Considerando-se, portanto, que a tramitação legislativa de proposições no Congresso Nacional é inteiramente dependente do detalhamento e da forma de operacionalização previstos nos regimentos internos, sendo possível retirar da própria Constituição a imperatividade do cumprimento dessas disposições,

> [...] qualquer violação às regras e prazos estabelecidos pelo Regimento Interno constitui, também, uma violação tanto ao princípio democrático como ao princípio do Estado Democrático de Direito, e macula de inconstitucionalidade formal qualquer ato normativo que tenha sido praticado com inobservância dos ritos e procedimentos fixados na norma regimental.[157]

---

[154] ALEXY, Robert. *Teoria dos direitos fundamentais*. Tradução de Virgílio Afonso da Silva. São Paulo: Malheiros, 2012, p. 72.

[155] BUSTAMANTE, Thomas da Rosa; BUSTAMANTE; Evanilda Nascimento de Godoi. As emendas aglutinativas na era Cunha: o devido processo legal entre a proteção da segurança jurídica e a da Autonomia Política. In: BOLONHA, Carlos; BONIZZATO, Luigi; MAIA, Fabiana (org.). *Teoria institucional e constitucionalismo contemporâneo*. Curitiba: Juruá, 2016, p. 365.

[156] BUSTAMANTE, Thomas da Rosa; BUSTAMANTE; Evanilda Nascimento de Godoi. As emendas aglutinativas na era Cunha: o devido processo legal entre a proteção da segurança jurídica e a da Autonomia Política. In: BOLONHA, Carlos; BONIZZATO, Luigi; MAIA, Fabiana (org.). *Teoria institucional e constitucionalismo contemporâneo*. Curitiba: Juruá, 2016, p. 366.

[157] BUSTAMANTE, Thomas da Rosa; BUSTAMANTE; Evanilda Nascimento de Godoi. As emendas aglutinativas na era Cunha: o devido processo legal entre a proteção da segurança

Em síntese, a violação do procedimento previsto na norma adstrita violaria, por consequência, também as normas diretamente atribuídas nas quais ela se funda, justificando o controle, inclusive judicial, do seu atendimento.

Já o autor italiano Carlo Lavagna[158] atribui aos regulamentos parlamentares italianos *status* para integrar a parametricidade do controle judicial de atos normativos, quando se apresentam como disposições integrativas de normas constitucionais e passam a operar pelo que denomina *princípio da interposição*.

Nesta hipótese, as disposições regulamentares sobre processo legislativo compõem o rol das *normas constitucionais interpostas,* porque têm como finalidade a proteção de disposições expressas no texto das constituições e, portanto, não podem assumir um significado meramente interno, fora do alcance da revisão judicial.

Com base no trabalho de Carlo Lavagna, os também italianos Gustavo Zagrebelsky e Valeria Marcenò inserem as *normas constitucionais interpostas* dentro de sua teoria sobre *bloco de constitucionalidade,* caracterizando-as como normas que, apesar de não escritas no texto da Constituição, são por ele referidas, o que lhes assegurariam meios de proteção, nos mesmos moldes garantidos às normas constitucionais.

> Em alguns momentos, as normas constitucionais referem-se a outras normas não escritas na própria constituição, mas que ela indica com a finalidade de serem respeitadas. Se são violadas, disto resulta uma violação indireta das normas constitucionais que a elas se referem. Não são normas constitucionais, mas são protegidas pela constituição. Elas, no julgamento da constitucionalidade das leis, integram parâmetro constitucional, determinando seu conteúdo.[159] [160] (tradução nossa)

jurídica e a da Autonomia Política. *In*: BOLONHA, Carlos; BONIZZATO, Luigi; MAIA, Fabiana (org.). *Teoria institucional e constitucionalismo contemporâneo*. Curitiba: Juruá, 2016, p. 366.

[158] LAVAGNA, Carlo. *Istituzioni di diritto pubblico*. 6. ed. Torino: Utet, 1993.

[159] "En ocasiones, ocurre que normas constitucionales reenvían a otras normas no escritas en la propia constitución, pero que ella indica con el fin de que sean respetadas. Si son violadas, de esto deriva la violación indirecta de las normas constitucionales que reenvían a estas. No son normas constitucionales, pero son protegidas por la constitución. Ellas, en el juicio de constitucionalidad de las leyes, integran el parámetro constitucional, determinando su contenido." ZAGREBELSKY, Gustavo; MARCENÒ, Valeria. *Justicia constitucional*: história, princípios e interpretaciones. 2. ed. Boloña: Zela, 2018, p. 379. v. 1.

[160] No Brasil, existe um debate semelhante a respeito dos tratados sobre direitos humanos, especialmente aqueles internalizados por procedimentos ordinários antes da Emenda Constitucional nº 45, que apesar de não alterarem o texto constitucional ou se agregarem ao bloco de constitucionalidade, por serem materialmente constitucionais vinham sendo

Na visão de Gustavo Zagrebelsky e Valeria Marcenò, o procedimento legislativo previsto nos regulamentos parlamentares italianos seriam normas constitucionais interpostas, porque decorrentes de e fundados em dois dispositivos constitucionais, os arts. 64 e 72 da Constituição Italiana vigente.[161]

É esse também o caso dos regimentos internos do Congresso Nacional brasileiro e de suas Casas, cuja criação e competência para especificação de regras do processo legislativo estão expressas em diversos dispositivos constitucionais (*i.e.*: art. 51, III, art. 52, XII, art. 57, §3º, II, art. 58, *caput*, §2º, II, §3º e §4º, todos da CRFB/1988). É bem verdade que, diferentemente da Constituição italiana – que estabelece *quorum* de maioria absoluta para elaboração dos regulamentos parlamentares –, no Brasil, não há previsão de *quorum* qualificado para aprovação dos regimentos internos, que seguem a regra geral do art. 47 da CRFB/1988.

Contudo, ainda que o argumento do *quorum* especial não socorra os regimentos internos do parlamento brasileiro, essa alegação é utilizada pelos citados autores italianos como argumento adicional apto

---

alçados hierarquicamente ao patamar de 'supralegalidade' produtora daquilo que o Ministro Gilmar Mendes denominou "efeito paralisante". Foi o caso da interpretação atribuída à (im)possibilidade de prisão do depositório infiel – expressamente autorizada no artigo 5º, LXVII da CRFB, mas vedada pela Convenção Americana de Direitos Humanos, aderida pelo Brasil em 1992. BRASIL. Supremo Tribunal Federal. *Recurso Extraordinário 466.343/ SP*. Prisão Civil. Depósito. Depositário infiel. Alienação fiduciária. Decretação da medida coercitiva. Inadmissibilidade absoluta. [...] Brasília: STF, 2008.

[161] "Art. 64 Cada Câmara adota o próprio regulamento com maioria absoluta dos seus membros. As sessões são públicas; todavia cada uma das duas Câmaras e o Parlamento com as Câmaras reunidas podem deliberar para reunir-se em sessão secreta. As deliberações de cada Câmara e do Parlamento não são válidas se não estiver presente a maioria dos seus membros, e se não forem adota- das com a maioria dos presentes, a não ser que a Constituição prescreva uma maioria especial. Os membros do Governo, mesmo não fazendo parte das Câmaras, têm direito e, se requeridos, obrigação de assistir às sessões. Devem ser ouvi- dos cada vez que o requererem. [...] Art. 72 Cada desenho de lei, apresentado a uma Câmara é, segundo as normas do seu regulamento, examinado por uma comissão e de seguida pela própria Câmara, que o aprova artigo por artigo e com votação final. O regulamento estabelece procedimentos abreviados para os desenhos de leis para os quais é declarada a urgência. Pode também estabelecer em que casos e for- mas o exame e aprovação dos desenhos de lei são deferidos às comissões, também permanentes, compostas de forma a respeitar a proporção dos grupos parlamentares. Também nesses casos, até ao momento da sua aprovação definitiva, o desenho de lei é remetido à Câmara, se o Governo ou um décimo dos membros da Câmara ou um quinto da comissão requerem que seja discutido e votado pela própria Câmara ou então que seja submetido à sua aprovação final, somente com declarações de voto. O regulamento determina as formas de publicidade dos trabalhos das comissões. O procedimento normal de exame e de aprovação direta por parte da Câmara é sempre adotado pelos desenhos de lei em matéria constitucional e eleitoral e por aqueles de delegação legislativa, de autorização para ratificar tratados internacionais, de aprovação dos orçamentos previsionais e dos resultados orçamentais." ITÁLIA. *Constituição da República Italiana*. Roma: Senato, 2018.

a demonstrar que regulamentos parlamentares são referidos como normas interpostas de tutela das minorias, o que no ordenamento jurídico pátrio se efetiva de outra forma.

No caso brasileiro, o procedimento legislativo regimental contém vários dispositivos que garantem a operacionalização e a tutela de diferentes previsões constitucionais, como, por exemplo, a fixação de interstícios entre turnos de votação, a forma de adoção de emendas no curso do processo legislativo e a definição do que seria a prejudicialidade de uma proposição (apta a limitar a reforma constitucional dentro da mesma sessão legislativa).

Registre-se que as normas constitucionais interpostas[162] não são extraídas apenas dos regimentos internos, mas também de outros dispositivos como atos de delegação legislativa ou tratados internacionais recepcionados pelos ordenamentos jurídicos internos, assim como não o são as normas *adstrictas alexyanas*. Interessa-nos, contudo, pelo menos neste ponto, a amplitude da força normativa conferida aos dispositivos infraconstitucionais que tratam do processo legislativo.

Especificamente quanto à alocação de competências para controle do procedimento legislativo, a posição do Judiciário foi firmada em sentido diametralmente oposto àquele que defende o *status* materialmente constitucional das normas regimentais, já que o Supremo Tribunal Federal, reiteradamente, se abstém do controle procedimental da reforma constitucional, por entender que o atendimento ao disposto no Regimento é matéria *interna corporis* e está no âmbito de controle apenas do próprio Poder Legislativo.

Não obstante a consolidação das possibilidades: (*i*) de revisão judicial de aspectos formais da reforma constitucional e (*ii*) de controle também preventivo do devido processo legislativo por provocação de parlamentar,[163] fato é que o reconhecimento de nulidade pelo judiciário se restringe aos casos de violação de previsões inseridas no texto formal da Constituição e não em normas constitucionais 'interpostas',

---

[162] Há também um debate específico sobre os regimentos internos dos órgãos que compõem o Poder Judiciário. Sobre a questão: LAVAGNA, Carlo. *Istituzioni di diritto pubblico*. 6. ed. Torino: Utet, 1993.

[163] "[...] avançou o Supremo ao admitir no Mandado de Segurança nº 22.503-3/DF, sob a relatoria do Ministro Maurício Corrêa, que fosse feito controle judicial preventivo da constitucionalidade das leis. Em julgamento histórico, o Supremo admitiu a legitimidade aos parlamentares ao devido processo de elaboração legislativa, desde que ligados à provisão de procedimento insculpido no texto constitucional." (CRUZ, 2014)

'atribuídas' ou materialmente constitucionais constantes nos regimentos internos das casas legislativas. .

A ementa do paradigmático Mandado de Segurança nº 22.503-3/DF,[164] impetrado, em meados da década de 1990, contra ato do então presidente da Câmara dos Deputados, durante a tramitação da Proposta de Emenda Constitucional nº 33-A de 1995,[165] no qual parlamentares alegavam violação de uma série de normas regimentais e também do limite do art. 60, §5º, da CRFB/1988, resume o entendimento que prevalece até a atualidade:

> [...] PRELIMINAR: *IMPETRAÇÃO NÃO CONHECIDA QUANTO AOS FUNDAMENTOS REGIMENTAIS, POR SE TRATAR DE MATÉRIA INTERNA CORPORIS QUE SÓ PODE ENCONTRAR SOLUÇÃO NO ÂMBITO DO PODER LEGISLATIVO, NÃO SUJEITA À APRECIAÇÃO DO PODER JUDICIÁRIO*;
> [...] 1. Impugnação de ato do Presidente da Câmara dos Deputados que submeteu a discussão e votação emenda aglutinativa, com alegação de que, além de ofender ao par. único do art. 43 e ao §3º do art. 118, estava prejudicada nos termos do inc. VI do art. 163, e que deveria ter sido declarada prejudicada, a teor do que dispõe o nº 1 do inc. I do art. 17, todos do Regimento Interno, lesando o direito dos impetrantes de terem assegurados os princípios da legalidade e moralidade durante o processo de elaboração legislativa. *A alegação, contrariada pelas informações, de impedimento do relator – matéria de fato – e de que a emenda aglutinativa inova e aproveita matérias prejudicada e rejeitada, para reputá-la inadmissível de apreciação, é questão* interna corporis *do Poder Legislativo, não sujeita à reapreciação pelo Poder Judiciário*. Mandado de segurança não conhecido nesta parte. [...][166] (grifo nosso)

---

[164] BRASIL. Supremo Tribunal Federal. *Mandado de Segurança nº 22.503-3/DF*. Mandado de segurança impetrado contra ato do presidente da câmara dos deputados, relativo à tramitação de emenda constitucional. Alegação de violação de diversas normas do regimento interno e do art. 60, §5º, da constituição federal. Relator: Min. Marco Aurélio, 8 maio 1996. Brasília, DF: STF, 1996.

[165] BRASIL. Câmara dos Deputados. *Proposta de Emenda à Constituição nº 33, de 1995*. Altera o artigo 178 da Constituição Federal e dispõe sobre a adoção de Medidas Provisórias. Brasília, Câmara, 1995.

[166] BRASIL. Supremo Tribunal Federal. *Mandado de Segurança nº 22503-3/DF*. Mandado de segurança impetrado contra ato do presidente da câmara dos deputados, relativo à tramitação de emenda constitucional. Alegação de violação de diversas normas do regimento interno e do art. 60, §5º, da constituição federal. Relator: Min. Marco Aurélio, 8 maio 1996. Brasília, DF: STF, 1996.

É o denominado passivismo procedimental das cortes, definido por Thomas da Rosa Bustamante e Evanilda Nascimento de Godoi Bustamante como a "recusa a uma defesa judicial do processo legislativo democrático e das regras que garantem a sua observância rigorosa" o que, na visão dos autores, "representa uma proteção inadequada e insuficiente da formação da vontade popular e das formas legítimas de sua manifestação".[167]

De fato, há exemplos da adoção de uma postura diversa (mais ativa) pelo Supremo Tribunal Federal quanto aos limites de ingerência em questões 'internas' do parlamento, como no caso de criação e funcionamento das CPIs.

A fim de garantir o direito das minorias parlamentares, previsto na Constituição Federal, de ver criada e em funcionamento uma Comissão Parlamentar de Inquérito e diante de recorrentes 'manobras' das maiorias, que no estrito âmbito do legislativo poderiam inviabilizar uma comissão de investigação, o STF entendeu possível traçar determinações ou rever decisões do Congresso Nacional (ou suas Casas), que, na prática, poderiam impedir o funcionamento de CPIs.[168]

Contudo, no caso específico procedimento de reforma constitucional, o entendimento prevalece e foi mais recentemente reforçado no julgamento conjunto das ADIs nº 4.425[169] e 4.357,[170] em 2013, e na decisão liminar no Mandado de Segurança nº 34.540, indeferida em 2016.[171]

Diante das previsões regimentais que situam o controle de constitucionalidade ordinário no início do procedimento legislativo, bem como da excepcional adoção de uma postura passiva do Poder Judiciário, neste ponto, necessária se faz a verificação da rigidez ou da ductilidade com que os parlamentares encaram essas normas que viabilizam a aprovação de emendas à Constituição.

---

[167] BUSTAMANTE, Thomas; BUSTAMANTE, Evanilda Godoi. Jurisdição constitucional na era Cunha: Entre o Passivismo Procedimental e o Ativismo Substancialista do Supremo Tribunal Federal. *Revista Direito & Praxis*, Rio de Janeiro, v. 7, n. 13, p. 346-388, 2016, p. 359.

[168] Sobre o tema, citem-se os Mandados de Segurança nº 24.831 e 26.441.

[169] BRASIL. Supremo Tribunal Federal. Ação Direta de Inconstitucionalidade nº 4.425 de 2015. Relator: Min. Luiz Fux, 25 mar. 2015. *Diário de Justiça Eletrônico*, Brasília, DF, 3 ago. 2015.

[170] BRASIL. Supremo Tribunal Federal. Ação Direta de Inconstitucionalidade nº 4.357 de 2015. Relator: Min. Luiz Fux, 9 dez. 2015. *Diário de Justiça Eletrônico*, Brasília, DF, 3 ago. 2018.

[171] BRASIL. Supremo Tribunal Federal. *Mandado de Segurança nº 34.540/DF*. Direito constitucional. Processo legislativo. Mandado de segurança. Proposta de Emenda Constitucional. [...] Brasília, DF: STF, 2017.

3.2.2 A peremptoriedade do processo legislativo regimental

O caráter político da função legiferante propicia uma zona de ductilidade, na qual normas podem estar sujeitas a algum nível de conformação, mediante acordo de conveniência, especialmente quando todos os participantes do processo, inclusive aqueles que estão no âmbito de proteção da norma (ex., minorias), estiverem de acordo.[172]

Partindo desse pressuposto, é possível considerar que os parlamentares, como representantes eleitos democraticamente, possuem discricionariedade para, ocasionalmente, abrirem mão da observância estrita de procedimentos previstos em normas internas. Contudo, essa zona flexível desaparece quando se está diante (*i*) de normas regimentais que objetivam implementar limites previstos na própria Constituição ou (*ii*) de previsões regimentais que violem o texto constitucional.

Sobre esse aspecto (*ii*), registre-se que a garantia de juridicidade procedimental da reforma constitucional é violada abstratamente pela previsão disposta no art. 202, §4º, do RICD que possibilita à Comissão Especial e ao respectivo relator proporem emendas à PEC, sem a necessária subscrição por parlamentares que representam 1/3 (um terço) dos membros da Casa. Nesse ponto, há flexibilização de limite constitucional expresso quanto à iniciativa vinculada nos moldes do disposto no art. 60, *caput*, da CRFB/1988.

Não se olvida que os procedimentos de discussão e votação nas comissões e no plenário objetivam justamente aprimorar tecnicamente e democratizar as proposições legislativas, não podendo a autonomia do parlamento ser, contudo, subterfúgio para inobservância de limites expressos pelo constituinte originário, ao menos não sem um procedimento específico de legitimação popular que o autorize ou referende.

As normas regimentais materialmente constitucionais podem ser identificadas conforme representado no Quadro 1, a seguir:

---

[172] ZAGREBELSKY, Gustavo; MARCENÒ, Valeria. *Justicia constitucional*: história, princípios e interpretaciones. 2. ed. Boloña: Zela, 2018. v. 1.

Quadro 1 – Normas regimentais materialmente constitucionais

(continua)

CRFB/1988 – art. 60	RICD	RISF
Art. 60. A Constituição poderá ser emendada mediante proposta: I – de um terço, no mínimo, dos membros da Câmara dos Deputados ou do Senado Federal; II – do Presidente da República; III – de mais da metade das Assembléias Legislativas das unidades da Federação, manifestando-se, cada uma delas, pela maioria relativa de seus membros.	Art. 201. A Câmara apreciará proposta de emenda à Constituição: I – apresentada pela terça parte, no mínimo, dos Deputados; pelo Senado Federal; pelo Presidente da República; ou por mais da metade das Assembléias Legislativas, manifestando-se cada uma pela maioria dos seus membros;	Art. 212. Poderão ter tramitação iniciada no Senado propostas de emenda à Constituição de iniciativa: I – de um terço, no mínimo, de seus membros (Const., art. 60, I); II – de mais da metade das Assembleias Legislativas das Unidades da Federação, manifestando-se, cada uma delas, pela maioria relativa de seus membros (Const., art. 60, III).
	Art. 202 [...] §3º Somente perante a Comissão Especial poderão ser apresentadas emendas, com o mesmo *quorum* mínimo de assinaturas de Deputados e nas condições referidas no inciso II do artigo anterior, nas primeiras dez sessões do prazo que lhe está destinado para emitir parecer. §4º O Relator ou a Comissão, em seu parecer, só poderá oferecer emenda ou substitutivo à proposta nas mesmas condições estabelecidas no inciso II do artigo precedente.	Art. 356. A proposta será despachada à Comissão de Constituição, Justiça e Cidadania, que terá prazo de até trinta dias, contado da data do despacho da Presidência, para emitir parecer. Parágrafo único. O parecer da Comissão de Constituição, Justiça e Cidadania que concluir pela apresentação de emenda deverá conter assinaturas de Senadores que, complementando as dos membros da Comissão, compreendam, no mínimo, um terço dos membros do Senado
		[Art. 358] §2º Durante a discussão poderão ser oferecidas emendas assinadas por, no mínimo, um terço dos membros do Senado, desde que guardem relação direta e imediata com a matéria tratada na proposta.

Quadro 1 – Normas regimentais materialmente constitucionais

(continua)

CRFB/1988 – art. 60	RICD	RISF
§2º A proposta será discutida e votada em cada Casa do Congresso Nacional, em dois turnos, considerando-se aprovada se obtiver, em ambos, três quintos dos votos dos respectivos membros.	[Art. 202] §6º A proposta será submetida a dois turnos de discussão e votação, com interstício de cinco sessões §7º Será aprovada a proposta que obtiver, em ambos os turnos, três quintos dos votos dos membros da Câmara dos Deputados, em votação nominal.	Art. 354. A proposta de emenda à Constituição apresentada ao Senado será discutida e votada em dois turnos, considerando-se aprovada se obtiver, em ambos, três quintos dos votos dos membros da Casa (Const., art. 60, §2º); Art. 362. O interstício entre o primeiro e o segundo turno será de, no mínimo, cinco dias úteis.
§3º A emenda à Constituição será promulgada pelas Mesas da Câmara dos Deputados e do Senado Federal, com o respectivo número de ordem.	Art. 203. [...] Parágrafo único. Quando ultimada na Câmara a aprovação da proposta, será o fato comunicado ao Presidente do Senado e convocada sessão para promulgação da emenda.	Art. 369. Quando a aprovação da proposta for ultimada no Senado, será o fato comunicado à Câmara dos Deputados e convocada sessão para promulgação da emenda (Const., art. 60, §3º).
§5º A matéria constante de proposta de emenda rejeitada ou havida por prejudicada não pode ser objeto de nova proposta na mesma sessão legislativa.	Art. 163. Consideram-se prejudicados: I – a discussão ou a votação de qualquer projeto idêntico a outro que já tenha sido aprovado, ou rejeitado, na mesma sessão legislativa, ou transformado em diploma legal; II – a discussão ou a votação de qualquer projeto semelhante a outro considerado inconstitucional de acordo com o parecer da Comissão de Constituição e Justiça e de Cidadania; III – a discussão ou a votação de proposição apensa quando a aprovada for idêntica ou de finalidade oposta à apensada;	Art. 334. O Presidente, de ofício ou mediante consulta de qualquer Senador, declarará prejudicada matéria dependente de deliberação do Senado: I – por haver perdido a oportunidade; II – em virtude de seu prejulgamento pelo Plenário em outra deliberação. Art. 373. A matéria constante de proposta de emenda à Constituição rejeitada ou havida por prejudicada não pode ser objeto de nova proposta na mesma sessão legislativa (Const., art. 60, §5º).

Quadro 1 – Normas regimentais materialmente constitucionais

(conclusão)

CRFB/1988 – art. 60	RICD	RISF
	IV – a discussão ou a votação de proposição apensa quando a rejeitada for idêntica à apensada;	
	V – a proposição, com as respectivas emendas, que tiver substitutivo aprovado, ressalvados os destaques;	
	VI – a emenda de matéria idêntica à de outra já aprovada ou rejeitada;	
	VII – a emenda em sentido absolutamente contrário ao de outra, ou ao de dispositivo, já aprovados; [...]	

Fonte: Elaborado pela autora com dados extraídos de BRASIL, 2018; BRASIL, 1989; BRASIL, 2019.[173]

Em uma análise focada no procedimento legislativo das proposições efetivamente aprovadas e convertidas em Emendas Constitucionais, as normas regimentais materialmente constitucionais mais desrespeitadas, tanto na Câmara dos Deputados, quanto no Senado Federal, são aquelas que preveem o interstício entre os turnos de votação.

É, no mínimo, inusitada, seja qual for a 'crença' hermenêutica ou 'método' supostamente adotado pelo intérprete – a construção de uma tese que defenda que a previsão constitucional de *dois turnos* de votação para a aprovação de uma norma esteja satisfatoriamente atendida pelo registro de *dois votos* pelo *mesmo parlamentar* com *minutos* ou *horas* de *diferença* entre eles.

Afastado um improvável entendimento de que a norma constitucional objetiva, neste ponto, a proteção contra erro ou ato falho no

---

[173] BRASIL. [Constituição (1988)]. *Constituição da República Federativa do Brasil de 1988*: Nós, representantes do povo brasileiro, reunidos em Assembléia Nacional Constituinte para instituir um Estado Democrático, destinado a assegurar o exercício dos direitos sociais e individuais, [...]. Brasília, DF: Presidência da República, [2018]; BRASIL. Congresso Nacional. Senado Federal. *Regimento Interno*: volume I Brasília: Senado Federal, 2019 [Texto editado em conformidade com a Resolução nº 18 de 1989, consolidado com as alterações decorrentes de emendas à Constituição, leis e resoluções, até janeiro de 2019]; BRASIL. Câmara dos Deputados. *Resolução nº 17, de 1989*. Aprova o Regimento Interno da Câmara dos Deputados. Brasília, DF: Câmara, 1989.

registro do voto – como ocorre, por exemplo, quando uma ficha de cadastro *on-line* pede a confirmação da senha digitada, ou um programa de computador indaga ao usuário se 'tem certeza' de que quer praticar algum ato –, não há justificativa de qualquer natureza para que essa posição seja adotada. E não foi essa a escolha dos regimentos internos da Câmara dos Deputados e do Senado Federal, que previram interstícios mínimos entre os turnos de votação de 5 (cinco) *sessões* e 5 (cinco) *dias úteis*, respectivamente.

Nos corredores do Congresso, contudo, a prática parlamentar é outra.

a) Senado Federal

As propostas de emenda à Constituição não estão sujeitas à tramitação em regime(s) de urgência, seja aquele decorrente da previsão constitucional (art. 64, §1º, da CRFB/1988), seja a chamada urgência regimental (art. 336 e seguintes do RISF), que possibilitam a inobservância dos prazos ordinários e de outras formalidades. Foi esse inclusive o posicionamento consolidado no Parecer nº 296/1991 elaborado pelo então Senador Elcio Alvares e aprovado pelo plenário da Casa.

Ora, é inquestionável – até porque de todo inconcebível, por ilógico – que a proposta de emenda à Constituição não é passível de tramitação no regime de urgência, em face da complexidade que a matéria, no mais das vezes, implica e em razão do seu elevado quorum que, no regime de urgência, poderia inviabilizar a apreciação da proposta.[174]

Não obstante a impossibilidade de tramitação das propostas de emenda à Constituição em regime de urgência, no *Senado Federal* consolidou-se a viabilidade de aprovação de requerimento de dispensa de interstício ou de se definir o chamado 'calendário especial' para votação das PECs, que "é um Calendário aprovado em Plenário por unanimidade, a partir de um Requerimento das Lideranças e permite a dispensa dos interstícios regimentais e a elaboração do Parecer de Admissibilidade em Plenário" (ANEXO D).[175] Em síntese, a aprovação de requerimento de dispensa de interstício ou a adoção do Calendário

174 BRASIL. Congresso Nacional. Senado Federal. *Regimento Interno*: normas conexas: volume II. Brasília: Senado Federal, 2019, p. 320. [Texto editado em conformidade com a Resolução nº 18 de 1989, consolidado com as alterações decorrentes de emendas à Constituição, leis e resoluções, até janeiro de 2019].
175 Informação prestada pelo de Pesquisas Legislativas do Senado Federal, após requerimento de informação por meio da mensagem nº 19000413682, enviada ao Serviço de Relacionamento Público Alô Senado.

Especial, durante a tramitação de proposta de reforma constitucional, significa a formalização do desrespeito aos prazos regimentais.

Data de 11 de julho de 1996 a aprovação do primeiro requerimento de dispensa de interstício no Senado Federal;[176] trata-se do Requerimento nº 673/1996[177] subscrito pelo Senador Bello Parga (Figura 1), no curso da tramitação da Proposta de Emenda à Constituição nº 22, de 1996, posteriormente aprovada, promulgada e publicada como Emenda Constitucional nº 15, de 1996.

Figura 1 – Requerimento nº 673/1996

É lido o seguinte:

REQUERIMENTO Nº 673, DE 1996

Senhor Presidente,
Nos termos do art. 281, c/c o art. 372, do Regimento Interno, requeiro a dispensa de interstício e prévia distribuição de avulsos para o Parecer nº 404, de 1996, da Comissão de Constituição, Justiça e Cidadania, sobre a Proposta de Emenda à Constituição nº 22, de 1996.
Sala das Sessões, 11 de julho de 1996. – **Bello Parga.**
O SR. PRESIDENTE (Ney Suassuna) - Em votação o requerimento.
Os Srs. Senadores que o aprovam queiram permanecer sentados. (Pausa.)
Aprovado.
A matéria constará da Ordem do Dia da sessão deliberativa ordinária da próxima terça-feira.

Fonte: Requerimento nº 673/1996.[178]

A aparência de unanimidade transmitida pela forma de aprovação é afastada pelos registros que se seguiram ao ato, nos quais fica evidenciado que alguns Senadores presentes durante a sessão (Figura 2) desconheciam por completo o conteúdo do que haviam acabado de aprovar:

---

[176] CARVALHO, Heraldo Pereira de. *A subtração do tempo de interstício entre turnos de votação de proposta de emenda à Constituição de 1988*: uma contextualização de interesses segmentados em detrimento do direito da cidadania. 2010. (Mestrado em Direito) – Universidade de Brasília, Brasília, 2010.

[177] REQUERIMENTO nº 673/1996. *In*: BRASIL. República Federativa do Brasil. *Diário do Senado Federal*, v. 51, n. 126, Brasília, 1996.

[178] REQUERIMENTO nº 673/1996. *In*: BRASIL. República Federativa do Brasil. *Diário do Senado Federal*, v. 51, n. 126, Brasília, 1996.

Figura 2 – Debates que sucederam a votação do Requerimento nº 673/1996

Julho de 1996	DIÁRIO DO SENA

O SR. EPITACIO CAFETEIRA - Sr. Presidente, peço a palavra pela ordem.

O SR. PRESIDENTE (Ney Suassuna) - Tem V. Exª a palavra.

O SR. EPITACIO CAFETEIRA (PPB-MA. Pela ordem. Sem revisão do orador.) - Sr. Presidente, gostaria que V. Exª notasse que não perguntou quem concordava com o requerimento ou não. Colocou-o em votação e, em seguida, declarou-o aprovado. Nem pude votar contrariamente, e quero fazê-lo.

O SR. PRESIDENTE (Ney Suassuna) - Já está registrada a manifestação de V. Exª.

O SR. EPITACIO CAFETEIRA - Talvez outros Senadores tenham o mesmo pensamento e não queiram proceder da mesma forma que eu.

O SR. JOSÉ EDUARDO DUTRA - Sr. Presidente, peço a palavra pela ordem.

O SR. PRESIDENTE (Ney Suassuna) - Tem V. Exª a palavra.

O SR. JOSÉ EDUARDO DUTRA (PT-SE. Pela ordem. Sem revisão do orador.) - Sr. Presidente, gostaria que a Mesa informasse novamente o que foi votado neste momento, em relação a que o Senador Epitacio Cafeteira votou contrariamente.

O SR. PRESIDENTE (Ney Suassuna) - A matéria e o parecer foram distribuídos e estão sobre a bancada, aos quais V. Exª tem acesso. Trata-se de um requerimento do Senador Bello Parga.

O SR. JOSÉ EDUARDO DUTRA - Solicito então a V. Exª que registre meu voto contrário ao requerimento.

O SR. PRESIDENTE (Ney Suassuna) - Pois não, Excelência. Está registrado.

O SR. PEDRO SIMON - Sr. Presidente, apenas desejo dizer que não sei o que votei.

Fonte: Requerimento nº 673/1996.[179]

---

[179] REQUERIMENTO nº 673/1996. *In*: BRASIL. República Federativa do Brasil. *Diário do Senado Federal*, v. 51, n. 126, Brasília, 1996.

Ao Requerimento nº 673, de 1996, seguiram-se diversos outros, conforme disposto no Quadro 2:

Quadro 2 – Requerimentos de dispensa de interstício
no Senado Federal entre 1996 e 2001

Requerimento	Proposta de Emenda à Constituição
700/1996	30/1996
682/1999	1A/1995
37/1999	1/1999
5/2000	15A/1998
59/2000	4/2000
46/2000	90/1999
63/2000	67/1999
424/2001	1B/1995
681/2001	277/2000
758/2001	2A/1995
295/2001	19/2000

Fonte: Dados da Pesquisa.

Contudo, conforme observou Heraldo Pereira de Carvalho, os casos de "quebra da regra regimental não pareciam ser suficientes para reduzir o tempo das reformas".[180] Surge, então, a figura do denominado Calendário Especial.

A primeira referência a esse modelo de fixação de datas para tramitação das propostas de Emenda à Constituição se deu no ano de 2001, durante o processo legislativo da PEC nº 2A/1995, que deu origem à EC nº 35/2001.

É lido o seguinte:
Requerimento nº 768, de 2001
Os Líderes abaixo assinados, em reunião realizada hoje, no Gabinete de V. Exa, considerando a importância e relevância das Propostas de Emenda à Constituição nº 2-A, de 1995 (nº 610/98 na Casa de origem), que dá nova redação ao art. 53 da Constituição Federal (dispõe sobre

---

[180] CARVALHO, Heraldo Pereira de. *A subtração do tempo de interstício entre turnos de votação de proposta de emenda à Constituição de 1988:* uma contextualização de interesses segmentados em detrimento do direito da cidadania. 2010. (Mestrado em Direito) – Universidade de Brasília, Brasília, 2010, p. 102.

imunidade parlamentar); nº 53, de 2001 (no 222/2000, na Casa de origem), que acrescenta o ad. 149A à Constituição Federal (autoriza os Municípios e o Distrito Federal a instituir contribuição para custeio do serviço de iluminação pública), e nº 49, de 2001, que dá nova redação à alínea b do inciso X do §2º do art. 155 da Constituição Federal (modifica as operações de ICMS relativas a petróleo e energia elétrica), vêm requerer seja submetido ao Plenário, em caráter excepcional, o seguinte calendário para a tramitação das referidas matérias:
I – Primeiro Turno
a) Dia 12/12, às 14h30 – Dispensa do interstício do art. 357 do Regimento Interno;
b) Dia 13/12, às 14h30 – Primeira Sessão de discussão;
c) Dia 13/12, às 18h30 – Segunda Sessão de discussão;
d) Dia 14/12, às 9h – Terceira Sessão de discussão;
e) Dia 17/12, às 14h30 – Quarta Sessão de discussão;
f) Dia 18/12 às 14h30 – Quinta Sessão de discussão e votação no primeiro turno.
II – Segundo Turno
a) Dia 18/12, às 18h30 – Primeira Sessão de discussão;
b) Dia 19/12, às 10h – Segunda Sessão de discussão;
c) Dia 19/12, às 14h30 – Terceira Sessão de discussão e votação em segundo turno.
Sala das Sessões, 12 de dezembro de 2001. – Renan Calheiros, Líder do PMDB – Ademir Andrade, Líder do PSB – José Agripino, Líder do PFL – Carlos Patrocínio, Líder do PTB – Geraldo Melo, Líder do Bloco (PSDB/PPB) – Arthur da Távola, Líder do Governo – José Eduardo Dutra, Líder do Bloco Parlamentar de Oposição.[181]

Na oportunidade, manifestando sua posição contrária à adoção do procedimento abreviado, o então Senador Jefferson Peres impetrou o Mandado de Segurança nº 24.154,[182] perante o STF, distribuído à relatoria do Ministro Nelson Jobim, que negou seguimento à ação constitucional, nos termos do art. 21, §1º, do RISTF, por entender tratar-se de matéria *interna corporis*.

A partir da aprovação do Requerimento nº 768/2001, outras 51 (cinquenta e uma) emendas constitucionais foram aprovadas nos mesmos moldes. Na visão interna do Serviço de Pesquisas Legislativas do Senado Federal (ANEXO E), a consolidação da possibilidade de adoção do calendário especial foi o Esclarecimento do Senado Federal

---

[181] REQUERIMENTO nº 768, de 2001. *In*: BRASIL. *Diário do Senado Federal*, Brasília, dez. 2001.
[182] BRASIL. Supremo Tribunal Federal. *Mandado de Segurança nº 24154/DF*. Relator: Min. Nelson Jobim, 4 abr. 2002. Brasília, DF: STF, 2002.

nº 4, de 09 de junho de 2004, oriundo de questão de ordem posta pelo Senador Jefferson Peres, que refutava a possibilidade de supressão do referido prazo regimental, no caso da votação da PEC nº 55A, de 2001.

A origem formal do problema ocorreu com a aprovação do Requerimento nº 711, de 2004, que tratava da dispensa de interstícios e apresentava proposta de calendário para discussão e votação em dois turnos da proposição, dentro de um intervalo de menos de 24 (vinte e quatro) horas.

> **Requerimento nº 711, de 2004**
> Senhor Presidente,
> Os Líderes abaixo assinados vêm requerer seja submetido ao Plenário, em caráter excepcional, a dispensa de interstícios e o cumprimento do seguinte calendário para a tramitação da Proposta de Emenda à Constituição nº 55-A, de 2001, que altera a redação do artigo 29-A e acrescenta art. 29-B à Constituição Federal para dispor sobre o limite de despesas e a composição das Câmaras de Vereadores e dá outras providências:
> Terça-feira, 8 de junho de 2004:
> • 19 horas: 1ª sessão de discussão, em 1º turno
> • 19 horas e 15 minutos: 2ª sessão de discussão, em 1º turno;
> • 19 horas e 30 minutos: 3ª sessão de discussão, em 1º turno;
> • 19 horas e 45 minutos: 4ª sessão de discussão, em 1º turno;
> • 20 horas: 5ª sessão de discussão e votação, em 1º turno.
> Quarta-feira, 9 de junho de 2004:
> • 10 horas: 1ª sessão de discussão, em 2º turno;
> • 11 horas: 2ª sessão de discussão, em 2º turno;
> • 12 horas: 3ª sessão de discussão, em 2º turno.
> Sala das Sessões, 8 de junho de 2004.[183]

Nessa oportunidade, a justificativa para a adoção do Calendário Especial foi forjada em uma interpretação, pouco clara, do art. 412, III, do Regimento Interno do Senado Federal, que prevê a possibilidade de prevalência de acordo de liderança ou de decisão do plenário sobre normas regimentais, em caso de aprovação unânime, mediante voto nominal de, no mínimo, 3/5 dos membros da Casa (ANEXO E).

Se a adoção desse entendimento, no caso de normas regimentais que visam a efetivar limites constitucionais de reforma, já é de duvidosa constitucionalidade, verifica-se que, no caso do paradigma citado, nem sequer foi isso o que realmente aconteceu, uma vez que a votação

---

[183] REQUERIMENTO nº 711, 2004. *In:* BRASIL. Senado Federal. *Diário do Senado Federal*, v. 59, n. 94, Brasília, 2004.

do Requerimento nº 711, de 2004, não se deu pela forma nominal, havendo, inclusive, manifestação expressa de discordância sobre o tema, em discurso prévio proferido pelo Senador Almeida Lima, do Partido Democrático Trabalhista (PDT).

O caso chegou ao STF por meio da impetração do Mandado de Segurança nº 24.949, distribuído ao então ministro Joaquim Barbosa, que, monocraticamente, negou a concessão liminar da ordem, por entender que o objeto da impetração não se enquadraria nas exceções aptas a justificarem a revisão judicial de questão *interna corporis*, porquanto a "apreciação do pedido implicaria fixar a interpretação dos dispositivos do Regimento Interno do Senado Federal, a que se refere a impetração (arts. 357 e 412 do Regimento Interno do Senado)".[184]

A proposta de Emenda à Constituição foi rejeitada em segundo turno, tendo a impetração perdido seu objeto antes da análise do mérito pelo órgão colegiado. Contudo, a partir de então, a formulação de Calendário Especial se tornou lugar comum na tramitação de proposições relativas à reforma constitucional.

Fato é que das 99 (noventa e nove) emendas constitucionais aprovadas entre os anos de 1991 e 2017, 63 (sessenta e três) observaram o Calendário Especial ou tiveram requerimento de dispensa de interstício aprovado durante a tramitação no Senado Federal. (ANEXO B)

a) Câmara dos Deputados

Na *Câmara dos Deputados*, o histórico de supressão do interstício entre os turnos de votação[185] previstos na CRFB/1988 para a reforma constitucional se inicia durante a tramitação da PEC nº 559/2002,[186] quando, em 18 de dezembro de 2002, após a votação da proposição em primeiro turno, é aprovado requerimento dos Líderes "no sentido de ser dispensado o interstício regimental de cinco sessões para a votação em segundo turno da Proposta de Emenda à Constituição nº 559/02".[187] Na

---

[184] BRASIL. Supremo Tribunal Federal. *Mandado de Segurança nº 24949/DF.* Relator: Min. Joaquim Barbosa, 27 ago. 2004. Brasília, DF: STF, 2004.

[185] Dentre as propostas de emenda à Constituição aprovadas, há registro anterior de supressão de outro interstício regimental que acaba interferindo na tramitação entre turnos, como é o caso do intervalo de duas sessões para a votação da redação final para o segundo turno da proposição, nos termos do art. 150 do RICD (*i.e.* PEC nº 33/1995).

[186] CARVALHO, Heraldo Pereira de. *A subtração do tempo de interstício entre turnos de votação de proposta de emenda à Constituição de 1988:* uma contextualização de interesses segmentados em detrimento do direito da cidadania. 2010. (Mestrado em Direito) – Universidade de Brasília, Brasília, 2010.

[187] BOLSONARO, Jair. *Recurso nº 257, DE 2002 (apenso Recurso nº 258, de 2002).* Relator: Deputado José Eduardo Cardozo. Brasília: Comissão de Constituição e Justiça e de Redação, 2003.

mesma data, a proposição foi submetida ao segundo turno de votação, obtendo a maioria necessária para seu encaminhamento à promulgação, dando origem à Emenda Constitucional nº 39, de 2002.[188]

Durante os debates, os (então) Deputados Federais Jair Bolsonaro e Luiza Erundina se opuseram à aprovação do Requerimento de dispensa de interstício e apresentaram, respectivamente, os Recursos nº 257 e 258, posteriormente arquivados, sem julgamento do mérito.

Após a dispensa do interstício entre turnos na tramitação da PEC nº 559/2002,[189] outras 15 (quinze) emendas constitucionais, dentre as promulgadas até o ano de 2017, foram aprovadas em segundo turno, após a aprovação de requerimento da mesma natureza.

3.2.3 Vedação à reapresentação de matéria arquivada ou havida por prejudicada na mesma sessão legislativa – Embates e resquícios das emendas aglutinativas na era "Cunha"

Apesar de menos representativo do ponto de vista quantitativo, outro embate procedimental que envolve a interpretação e constitucionalidade de normas (e possíveis 'manobras') regimentais na tramitação de propostas de reforma constitucional diz respeito ao modo de operacionalização do disposto no §5º do art. 60 da CRFB/1988 – que veda a apresentação de nova proposição com o mesmo objeto e na mesma sessão legislativa, caso a matéria tenha sido "rejeitada ou havida por prejudicada".

Via de regra, o juízo de admissibilidade da proposição realizado quando do despacho inicial pela presidência ou, eventualmente, durante a tramitação na Comissão de Constituição e Justiça, já envolve a observância do limite disposto no art. 60, §5º, da CRFB/1988, ou seja, no momento de apresentação da proposta de emenda à Constituição na Casa iniciadora, deve-se proceder a filtragem da matéria, a fim de compará-la a outras rejeitadas ou havidas por prejudicadas na mesma sessão legislativa.

---

[188] BRASIL. Emenda Constitucional nº 39 de 19 de dezembro de 2002. Acrescenta o art. 149-A à Constituição Federal (Instituindo contribuição para custeio do serviço de iluminação pública nos Municípios e no Distrito Federal). Brasília, DF: Presidência da República, 2002.

[189] DIAS, Alvaro. *Proposta de Emenda à Constituição 559/2002*. Acrescenta o art. 149-A à Constituição Federal (instituindo contribuição para custeio do serviço de iluminação pública nos Municípios e no Distrito Federal). Brasília: Câmara dos Deputados, 2002.

Foi esse o caso das Propostas de Emenda à Constituição nº 314[190] e 345,[191] ambas de 2017, apresentadas na Câmara dos Deputados. As referidas proposições datadas dos meses de abril e julho tratavam da gratuidade do ensino nas universidades públicas, matéria essa que havia sido objeto da PEC nº 395/2014[192] e rejeitada pelo Plenário da Casa no segundo turno de votação realizado no dia 29 de abril de 2017, ou seja, dentro da mesma sessão legislativa.

Contudo, nem sempre a questão é tão evidente e fácil de ser detectada, especialmente, considerando-se:

a) o volume de proposições tramitando simultaneamente nas casas legislativas;

b) o fato de algumas PECs tramitarem por anos, sem que lhes seja dado um destino definitivo (como, por exemplo, o arquivamento ao final da legislatura);

c) o interesse político de alguns parlamentares que apresentam e/ou reapresentam proposições mais preocupados com a reverberação midiática do que com seu efetivo teor (eventualmente coincidente com um ou com vários outros projetos normativos já em tramitação); e

d) a possibilidade de a prejudicialidade ser superveniente à apresentação do projeto.

Nesse ponto, a pesquisa terá como recorte a Câmara dos Deputados, onde a questão tomou holofotes durante o período em que o (então) Deputado Eduardo Cunha foi presidente da Casa e os meandros regimentais justificaram a incursão doutrinária e jurisprudencial sobre o tema.

Conforme se extrai do Regimento Interno da Câmara dos Deputados, considera-se prejudicada uma proposição quando:

---

[190] CANZIANI, Alex. *Proposta de Emenda à Constituição nº 314, de 2017*. Altera a redação do inciso IV do art. 206 da Constituição Federal, referente à gratuidade do ensino público em estabelecimentos oficiais. Brasília: Câmara dos Deputados, 2017.

[191] CARIMBÃO, Givaldo. *Proposta de Emenda à Constituição nº 345, de 2017*. Altera o art. 206 da Constituição da República Federativa do Brasil, para assegurar a gratuidade dos cursos oferecidos pelas Universidades Públicas. Brasília: Câmara dos Deputados, 2017.

[192] CANZIANI, Alex. *Proposta de Emenda à Constituição 395/2014*. Altera a redação do inciso IV do art. 206 da Constituição Federal, referente à gratuidade do ensino público em estabelecimentos oficiais. Brasília: Câmara dos Deputados, 2014.

a) a discussão ou a votação de qualquer projeto idêntico a outro que já tenha sido aprovado, ou rejeitado, na mesma sessão legislativa, ou transformado em diploma legal;

b) a discussão ou a votação de qualquer projeto semelhante a outro considerado inconstitucional de acordo com o parecer da Comissão de Constituição e Justiça e de Cidadania;

c) a discussão ou a votação de proposição apensa, quando a aprovada for idêntica ou de finalidade oposta à apensada;

d) a discussão ou a votação de proposição apensa, quando a rejeitada for idêntica à apensada;

e) a proposição, e suas respectivas emendas, que tiver substitutivo aprovado, ressalvados os destaques;

f) a emenda de matéria idêntica à de outra já aprovada ou rejeitada;

g) a emenda em sentido absolutamente contrário ao de outra, ou ao de dispositivo, já aprovados.

Verifica-se que, além da própria proposição (principal), as emendas a ela vinculadas também seguem a lógica de prejuízo decorrente da aprovação ou rejeição de outras emendas que sejam com elas conflitantes ou coincidentes.

Nos termos do art. 118 do RICD, as emendas às proposições podem ser classificadas em 05 (cinco) espécies:

Quadro 3 – Espécies de emendas às proposições

Espécie	Definição Regimental
Supressiva	Manda erradicar qualquer parte de outra proposição.
Aglutinativa	Resulta da fusão de outras emendas, ou destas com o texto, por transação tendente à aproximação dos respectivos objetos
Substitutiva	Apresentada como sucedânea a parte de outra proposição.
Modificativa	Altera a proposição sem a modificar substancialmente.
	Constitui uma emenda de redação, a emenda modificativa que visa a sanar vício de linguagem, incorreção de técnica legislativa ou lapso manifesto.
Aditiva	Emenda que acrescenta novo dispositivo a uma proposição.

Fonte: Elaborado pela autora com dados de BRASIL, 1989.[193]

---

[193] BRASIL. Câmara dos Deputados. *Resolução nº 17, de 1989*. Aprova o Regimento Interno da Câmara dos Deputados (RICD). Brasília, DF: Senado Federal, 1989.

O Regimento Interno da Câmara dos Deputados somente é expresso quanto à possibilidade de apresentação de emendas ou de substitutivo[194] às propostas de emenda à Constituição durante a tramitação da proposição pela Comissão Especial, sem distinguir sobre a espécie de emenda a ser apresentada. Em uma perspectiva literal, a forma pela qual foi normatizada a apresentação dessas emendas e sua consolidação no Parecer da Comissão acabaria por delimitar o conteúdo/matéria da proposição, antes de sua votação pelo Plenário. Contudo, na prática, adotou-se um caminho diverso.

Instituiu-se como costume na Casa a possibilidade de apresentação de emendas aglutinativas – formadas a partir da *fusão* da proposição encaminhada para votação *com* outros textos, seja da proposição original, de outras emendas, de substitutivo, seja de destaques – após o fim dos trabalhos da comissão, quando a PEC já foi encaminhada ao Plenário, para discussão e votação.

A priori, a *apresentação dessas emendas aglutinativas* em nada conflita com o devido processo legislativo e, considerando a omissão regimental quanto à sua regulamentação no âmbito específico das PECs, *pode ser justificada:* (i) pela aplicação subsidiária do art. 122, do Regimento à reforma constitucional, nos termos do §8º do art. 202 do mesmo diploma; (ii) pela inserção da questão dentro da zona de ductilidade das normas regimentais; e/ou (iii) pela ideia de prática parlamentar, *desde que*, em todas as hipóteses, *sejam observados os limites à reforma constitucional.*

Ademais, diante da infinidade de combinações aptas a constituir a estrutura final de determinada norma, a apresentação das *emendas aglutinativas* acaba possibilitando que o Plenário delibere a partir de um número maior de opções e não interdita o debate legislativo naquilo que foi ultimado na Comissão Especial, o que pode constituir verdadeiro mecanismo de aprimoramento da proposição, atribuindo-lhe maior legitimidade.

Registre-se que essa possibilidade fica mais evidente e se torna desejável, senão necessária, quando estamos diante de proposições com textos complexos, que alteram a própria estrutura de determinado nicho

---

[194] O substitutivo nada mais é que uma emenda substitutiva de caráter global, descrito no regimento interno como a forma de denominação da emenda que substitui a proposição alterando-a, substancial ou formalmente, em seu conjunto (art. 118, §4º, do RISF).

normativo, usualmente denominadas 'reformas'[195] (política, administrativas, previdenciárias, trabalhistas...).

Nessas hipóteses, a conformação política para aprovação global da norma pode passar justamente pela existência (dentro do processo legislativo) de uma oportunidade para o parlamentar indicar situações pontuais de discordância (ou resistência), em razão da estrutura partidária que integra, de seu viés ideológico, dos anseios de seu eleitorado ou mesmo de outros interesses (ainda que menos ortodoxos).

Entretanto, se, por um lado, a apresentação de emendas aglutinativas atende legitimamente interesses políticos que subsidiam reformas cogentes em um ambiente constitucional analítico e pluripartidário, por outro, alguns casos concretos indicam a utilização dessas emendas como um meio de burlar a rigidez constitucional, retirando o procedimento legislativo da natural faixa de conformação política para inseri-lo no rol das inconstitucionalidades formais.

Em síntese, o problema central[196] decorre da possibilidade de apresentação de emendas aglutinativas, após o início da votação no plenário, e dois casos concretos são utilizados pela doutrina para demonstração da potencial lesividade da medida; são os casos da PEC nº 171/1993 e da PEC nº 182/2007:

---

[195] Toda proposta de Emenda à Constituição constitui uma reforma constitucional em sentido amplo. Contudo, convencionou-se denominar de reforma, em sentido mais restrito, as PECs (e eventuais emendas constitucionais delas decorrentes) que trazem alterações substanciais em determinado subsistema normativo. A utilização em sentido restrito do termo é aqui referenciada pela utilização das aspas simples.

[196] Suscitam essa questão em diferentes contextos: o Ministro Marco Aurélio no Mandado de Segurança, 22.503-3/DF: BRASIL. Supremo Tribunal Federal. *Mandado de Segurança nº 22503-3/DF*. Mandado de segurança impetrado contra ato do presidente da câmara dos deputados, relativo à tramitação de emenda constitucional. Alegação de violação de diversas normas do regimento interno e do art. 60, §5º, da constituição federal. Relator: Min. Marco Aurélio, 8 maio 1996. Brasília, DF: STF, 1996; BUSTAMANTE, Thomas da Rosa; BUSTAMANTE; Evanilda Nascimento de Godoi. As Emendas Aglutinativas na Era Cunha: o devido processo legal entre a proteção da segurança jurídica e a da Autonomia Política. *In*: BOLONHA, Carlos; BONIZZATO, Luigi; MAIA, Fabiana (org.). *Teoria institucional e constitucionalismo contemporâneo*. Curitiba: Juruá, 2016; BUSTAMANTE, Thomas; BUSTAMANTE, Evanilda Godoi. Jurisdição constitucional na era Cunha: Entre o Passivismo Procedimental e o Ativismo Substancialista do Supremo Tribunal Federal. *Revista Direito & Praxis*, Rio de Janeiro, v. 7, n. 13, p. 346-388, 2016; OLIVEIRA, Marcelo Andrade Cattoni de; BAHIA, Alexandre; NUNES, Dierle. Manobra Regimental: Câmara violou Constituição ao votar novamente financiamento de campanhas. *Consultor Jurídico (CONJUR)*, 4 jun. 2015; MENDES, Conrado Hubner. Abomináveis cunhadas. Opinião. *O Estado de São Paulo*, São Paulo, 14 jul. 2015. Opinião; PIMENTEL FILHO, José. Emendas aglutinativas e procedimentos de aprovação de PEC na Câmara Federal: o desconcertante precedente. *Revista Thesis Juris – RTJ*, São Paulo, v. 5, n. 3, p. 682-702, set./dez. 2016.

O processo de votação da PEC 182/2007 (Reforma Política) e da PEC 171/1993 (Redução da menoridade) foi mais ou menos assim: pautado por paixões, descumpridor das regras do processo legislativo (em particular, art. 60, §5º, da Constituição) e viabilizador de emendas aglutinativas surpreendentes, sacadas do nada e colocadas em Plenário minutos após a sua proposição.[197]

O procedimento para apresentação das emendas aglutinativas foi judicializado ainda na década de 1990, por meio do paradigmático (já referenciado neste trabalho), Mandado de Segurança nº 22.503, no qual o STF consolidou a possibilidade de controle judicial do devido processo legislativo (formal), em caso de ofensa a regras constitucionais expressas.

Na oportunidade, apesar de conhecer parcialmente a impetração no tocante à possível ofensa ao disposto no art. 60, §5º, da CRFB/1988, a maioria dos ministros, capitaneados pelo Relator para o Acórdão, o Ministro Maurício Correa entendeu que a lógica adotada pela presidência da Câmara dos Deputados – que naquela oportunidade aprovou emenda aglutinativa apresentada após rejeição de substitutivo de proposta de emenda à Constituição cuja matéria e sentido eram com ela coincidentes – não ofendia o disposto no texto constitucional, pois a proposição original de autoria do Presidente da República não havia sido submetida à votação.

É de ver-se, pois, que tendo a Câmara dos Deputados, apenas rejeitado o substitutivo e não o projeto que veio por mensagem do Poder Executivo, não se cuida de aplicar a norma do artigo 60, §5º da Constituição Federal. Por isso mesmo, afastada a rejeição do substitutivo, nada impede que se prossiga na votação do projeto originário. O que não pode ser votado na mesma sessão legislativo é a emenda rejeitada ou havia por prejudicada e não, repito, o substitutivo que é uma espécie do procedimento originariamente proposto.[198]

---

[197] BUSTAMANTE, Thomas; BUSTAMANTE, Evanilda Godoi. Jurisdição constitucional na era Cunha: Entre o Passivismo Procedimental e o Ativismo Substancialista do Supremo Tribunal Federal. *Revista Direito & Praxis*, Rio de Janeiro, v. 7, n. 13, p. 346-388, 2016, p. 375.

[198] BRASIL. Supremo Tribunal Federal. *Mandado de Segurança nº 22.503-3/DF*. Mandado de segurança impetrado contra ato do presidente da câmara dos deputados, relativo à tramitação de emenda constitucional. Alegação de violação de diversas normas do regimento interno e do art. 60, §5º, da constituição federal. Relator: Min. Marco Aurélio, 8 maio 1996. Brasília, DF: STF, 1996, p. 528-529.

Naquela oportunidade, o Relator vencido, Ministro Marco Aurélio, já alertava para os possíveis desvios decorrentes desse entendimento.

a) PEC da Reforma Política

Em 10 de fevereiro de 2015, foi constituída a Comissão Especial destinada a proferir parecer sobre a Proposta de Emenda à Constituição nº 344-A, de 2013, e outras a ela apensadas. No dia 5 de março de 2015, o nome da Comissão Especial foi alterado para

> Comissão Especial destinada a proferir parecer à Proposta de Emenda à Constituição nº 182, de 2007, do Senado Federal, que "altera os arts. 17, 46 e 55 da Constituição Federal, para assegurar aos partidos políticos a titularidade dos mandatos parlamentares e estabelecer a perda dos mandatos dos membros do Poder Legislativo e do Poder Executivo que se desfiliarem dos partidos pelos quais forem eleitos" (PEC da Fidelidade Partidária), e apensadas.[199]

Tanto a PEC nº 182/2007,[200] quanto a nº 344/2013,[201] assim como diversas outras a elas apensada, tratavam de matéria afeta à denominada Reforma Política, que, durante os trabalhos da Comissão Especial, foram consolidadas em substitutivo apresentado pelo Relator, Deputado Marcelo Castro, no dia 12 de maio de 2015.

O Substitutivo (adotado como substitutivo à PEC nº 182/2007) foi encaminhado para votação no plenário em 26 de maio de 2015, oportunidade na qual restou aprovado o requerimento do Deputado José Mendonça Bezerra Filho, para que a votação fosse feita "artigo por artigo".

Interessa ao presente capítulo a tratativa da proposição quanto ao financiamento de campanha. O substitutivo apresentado continha a disposição que se apresenta na Figura 3, a seguir:

---

[199] CUNHA, Eduardo. *Ato da presidência*. Brasília: Câmara dos Deputados, 4 mar. 2015.

[200] MARCO, Maciel. *Proposta de Emenda à Constituição PEC 182/2007*. Altera os arts. 17, 46 e 55 da Constituição Federal, para assegurar aos partidos políticos a titularidade dos mandatos parlamentares e estabelecer a perda dos mandatos dos membros do Poder Legislativo e do Poder Executivo que se desfiliarem dos partidos pelos quais forem eleitos. Brasília: Câmara, 2007. .

[201] BEZERRA FILHO, José Mendonça. *Proposta de Emenda à Constituição PEC 344/2013*. Altera o art. 17 da Constituição Federal, condicionando o acesso dos partidos políticos ao fundo partidário e ao uso gratuito do rádio e da televisão à prévia disputa eleitoral e à eleição de representante para a Câmara dos Deputados ou o Senado Federal. Brasília: Câmara, 2013.

Figura 3 – Substitutivo à PEC nº 182/2007 – Trecho
sobre financiamento de campanha

FINANCIAMENTO DE CAMPANHA

Art. 2º. O artigo 17 da Constituição Federal passa a vigorar acrescido do seguinte § 5º:

"Art. 17. (...)

....

§ 5º. É permitido aos partidos políticos receber doações de recursos financeiros ou de bens estimáveis em dinheiro de pessoas físicas ou jurídicas, devendo a lei estabelecer os limites máximos de arrecadação e gastos de recursos para cada cargo eletivo." (NR)

Fonte: MAIA, 2007.[202]

Especificamente sobre esse ponto, na data da primeira sessão no plenário, foi apresentada a Emenda Aglutinativa nº 22/2015,[203] conforme se pode ver na Figura 4, a seguir, submetida à votação antes do art. 2º do substitutivo, em razão de requerimento apresentado pelo então Deputado Leonardo Picciani, Líder do Bloco Partido do Movimento Democrático Brasileiro (PMDB), Partido Progressista (PP), Partido Trabalhista Brasileiro (PTB), Partido Social Cristão (PSC), Partido Humanista da Solidariedade (PHS), Partido Ecológico Nacional (PEN).

---

[202] MAIA, Rodrigo. *Substituto a proposta de Emenda a Constituição*. Reforma as instituições político-eleitorais, introduzindo alterações nos artigos 14, 17, 29, 45, 46, 56 e 78 da Constituição Federal e criando regras temporárias para vigorar no período de transição para o novo modelo. Brasília: Câmara, 2007.

[203] SOUZA, Sergio. *Emenda Aglutinativa nº 22/2015* – Proposta de Emenda à Constituição nº 182/2007 –. Brasília: Câmara dos Deputados, Edições Câmara, 2015.

Figura 4 – Emenda Aglutinativa nº 22/2015

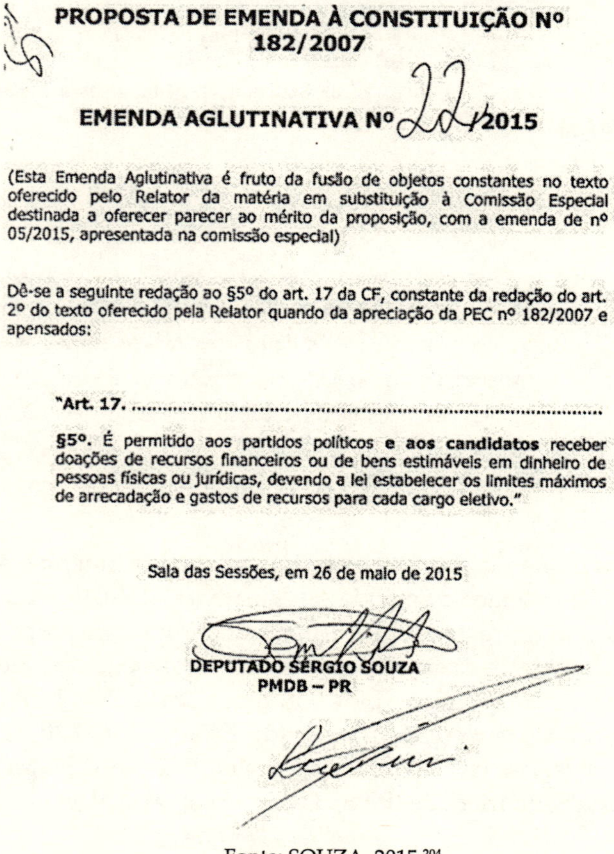

PROPOSTA DE EMENDA À CONSTITUIÇÃO Nº 182/2007

EMENDA AGLUTINATIVA Nº 22/2015

(Esta Emenda Aglutinativa é fruto da fusão de objetos constantes no texto oferecido pelo Relator da matéria em substituição à Comissão Especial destinada a oferecer parecer ao mérito da proposição, com a emenda de nº 05/2015, apresentada na comissão especial)

Dê-se a seguinte redação ao §5º do art. 17 da CF, constante da redação do art. 2º do texto oferecido pelo Relator quando da apreciação da PEC nº 182/2007 e apensados:

"Art. 17. ....

§5º. É permitido aos partidos políticos e **aos candidatos** receber doações de recursos financeiros ou de bens estimáveis em dinheiro de pessoas físicas ou jurídicas, devendo a lei estabelecer os limites máximos de arrecadação e gastos de recursos para cada cargo eletivo."

Sala das Sessões, em 26 de maio de 2015

DEPUTADO SÉRGIO SOUZA
PMDB – PR

Fonte: SOUZA, 2015.[204]

A emenda foi rejeitada com 264 (duzentos e sessenta e quatro) votos favoráveis, 207 (duzentos e sete) contrários e 4 (quatro) abstenções. Contudo, no dia seguinte, já após a rejeição da Emenda Aglutinativa nº 22, que estendia aos candidatos (e não apenas aos partidos políticos) a autorização expressa para receber doações de pessoas físicas ou jurídicas, foi apresentada e submetida à votação a Emenda Aglutinativa nº 28 (Figura 5).[205]

---

[204] SOUZA, Sergio. Emenda Aglutinativa nº 22/2015 – Proposta de Emenda à Constituição nº 182/2007. Brasília: Câmara dos Deputados, Edições Câmara, 2015.

[205] RUSSOMANNO, Celso Ubirajara. *Emenda Aglutinativa de Plenário. EMA 28/2015 => PEC 182/2007*. Brasília: Câmara dos Deputados, 2015.

Figura 5 – Emenda Aglutinativa nº 28

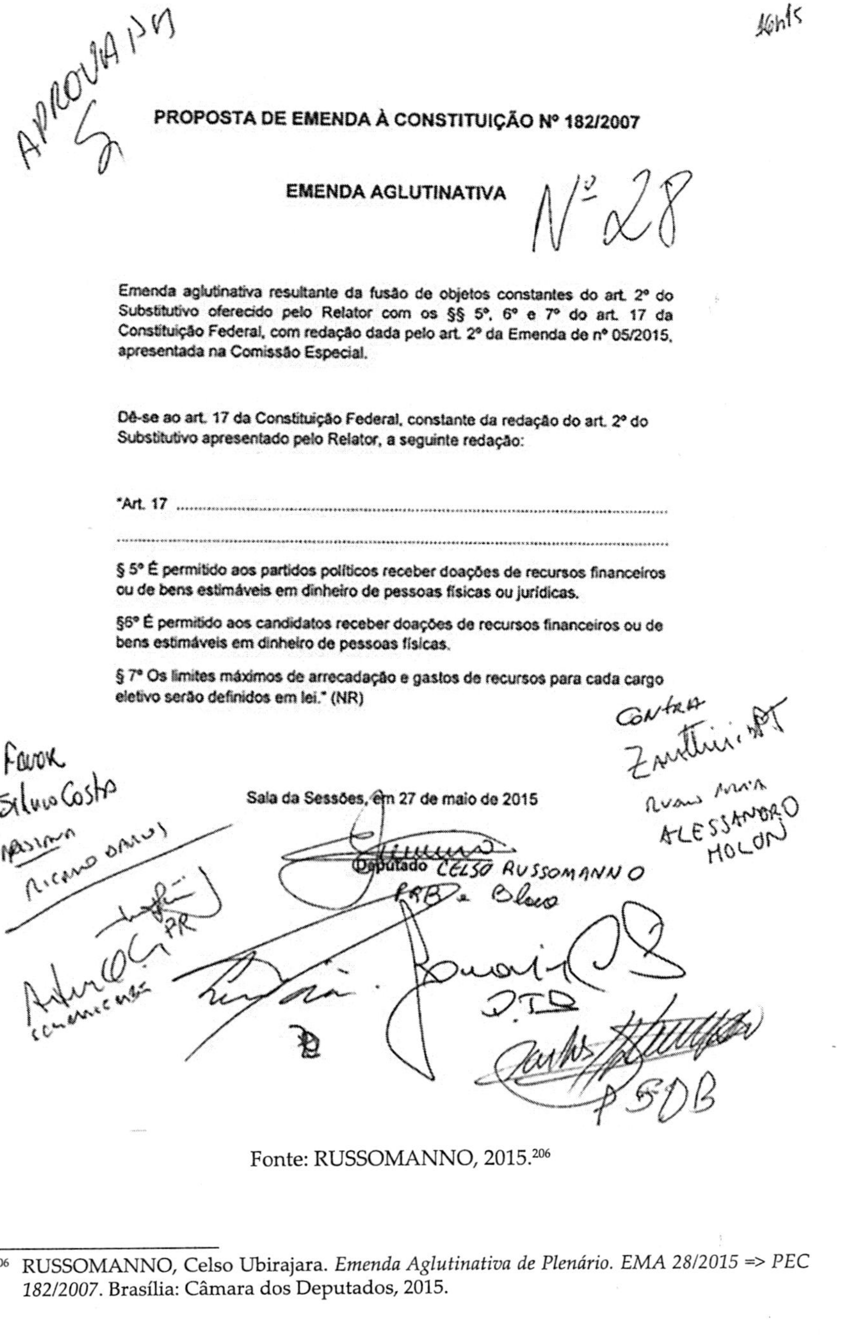

PROPOSTA DE EMENDA À CONSTITUIÇÃO Nº 182/2007

EMENDA AGLUTINATIVA

Emenda aglutinativa resultante da fusão de objetos constantes do art. 2º do Substitutivo oferecido pelo Relator com os §§ 5º, 6º e 7º do art. 17 da Constituição Federal, com redação dada pelo art. 2º da Emenda de nº 05/2015, apresentada na Comissão Especial.

Dê-se ao art. 17 da Constituição Federal, constante da redação do art. 2º do Substitutivo apresentado pelo Relator, a seguinte redação:

"Art. 17 ....

....

§ 5º É permitido aos partidos políticos receber doações de recursos financeiros ou de bens estimáveis em dinheiro de pessoas físicas ou jurídicas.

§6º É permitido aos candidatos receber doações de recursos financeiros ou de bens estimáveis em dinheiro de pessoas físicas.

§ 7º Os limites máximos de arrecadação e gastos de recursos para cada cargo eletivo serão definidos em lei." (NR)

Sala da Sessões, em 27 de maio de 2015

Deputado CELSO RUSSOMANNO

Fonte: RUSSOMANNO, 2015.[206]

---

[206] RUSSOMANNO, Celso Ubirajara. *Emenda Aglutinativa de Plenário. EMA 28/2015 => PEC 182/2007*. Brasília: Câmara dos Deputados, 2015.

A Emenda Aglutinativa nº 28 mantinha a previsão do substitutivo da Comissão Especial, quanto ao financiamento de campanha direcionado aos partidos políticos, acrescentando a possibilidade de os candidatos receberem doações de pessoas físicas, ou seja, assim como a Emenda Aglutinativa nº 22, previamente rejeitada, permitia a doação direta aos candidatos, mas em uma amplitude menor (excluindo as pessoas jurídicas como doadoras).

Na mesma data de sua apresentação, em 27 de maio de 2015, a Emenda Aglutinativa nº 28 foi aprovada e passou a compor o texto enviado ao Senado Federal, com os outros dispositivos aprovados da PEC.

a) PEC nº 171/1993

A Proposta de Emenda à Constituição nº 171/1993[207] tratava da redução da maioridade penal e foi originalmente apresentada com o seguinte texto:

Figura 6 – PEC nº 171/1993

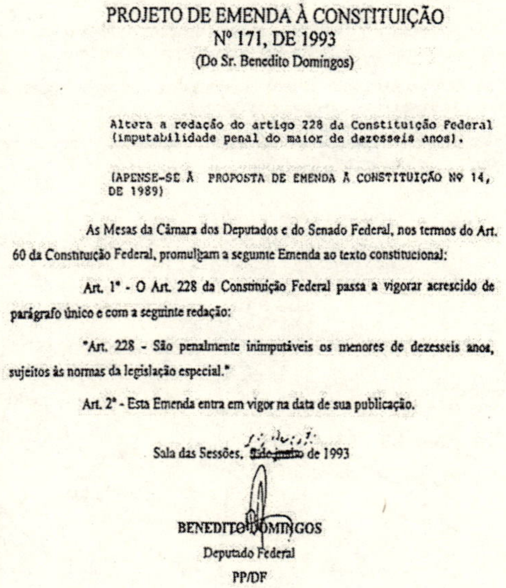

PROJETO DE EMENDA À CONSTITUIÇÃO
Nº 171, DE 1993
(Do Sr. Benedito Domingos)

Altera a redação do artigo 228 da Constituição Federal (imputabilidade penal do maior de dezesseis anos).

(APENSE-SE À PROPOSTA DE EMENDA À CONSTITUIÇÃO Nº 14, DE 1989)

As Mesas da Câmara dos Deputados e do Senado Federal, nos termos do Art. 60 da Constituição Federal, promulgam a seguinte Emenda ao texto constitucional:

Art. 1º - O Art. 228 da Constituição Federal passa a vigorar acrescido de parágrafo único e com a seguinte redação:

"Art. 228 - São penalmente inimputáveis os menores de dezesseis anos, sujeitos às normas da legislação especial."

Art. 2º - Esta Emenda entra em vigor na data de sua publicação.

Sala das Sessões, São junho de 1993

BENEDITO DOMINGOS
Deputado Federal
PP/DF

Fonte: DOMINGOS, 1993.[208]

---

[207] DOMINGOS, Benedito. Projeto de Emenda à Constituição nº 171, de 1993. *In*: BRASIL. Congresso Nacional. Câmara dos Deputados. *Diário*, Brasília, v. 48, n. 179, out. 1993.
[208] DOMINGOS, Benedito. Projeto de Emenda à Constituição nº 171, de 1993. *In*: BRASIL. Congresso Nacional. Câmara dos Deputados. *Diário*, Brasília, v. 48, n. 179, out. 1993.

Após mais de duas décadas de tramitação, com diversos pareceres, apensamentos, requerimentos, arquivamentos e desarquivamentos, a proposição foi finalmente encaminhada para votação em plenário.

SUBSTITUTIVO ADOTADO PELA COMISSÃO À PEC 171-A, DE 1993
Altera a redação dos arts. 228 e 227 da Constituição Federal.
Art. 1º O art. 228 da Constituição Federal passa a vigorar com a seguinte redação:
"Art. 228. São penalmente inimputáveis os menores de dezoito anos, sujeitos às normas da legislação especial, ressalvados os maiores de dezesseis anos nos casos de:
I – crimes previstos no art. 5º, inciso XLIII;
II – homicídio doloso;
III – lesão corporal grave;
IV – lesão corporal seguida de morte;
V – roubo com causa de aumento de pena.
Parágrafo único. Os maiores de dezesseis e menores de dezoito anos cumprirão a pena em estabelecimento separado dos maiores de dezoito anos e dos menores inimputáveis". (NR)
Art. 2º O art. 227 da Constituição Federal passa a vigorar com a seguinte redação:
"Art. 227 (...)
§9º O Estado instituirá políticas públicas e manterá programas destinados ao atendimento socioeducativo e à ressocialização do adolescente em conflito com a lei, com a destinação de recursos específicos para tal finalidade, vedado o contingenciamento das dotações consignadas nas leis orçamentárias anuais". (NR)
Art. 3º A União, os Estados e o Distrito Federal criarão os estabelecimentos a que se refere o art. 1º desta Emenda à Constituição.
Art. 4º Esta Emenda Constitucional entra em vigor na data de sua publicação.
Sala da Comissão, em 17 de junho de 2015.[209]

No dia 30 de junho de 2015, o substitutivo foi rejeitado em votação com *quorum* de 490 (quatrocentos e noventa) votantes, sendo 303 (trezentos e três) votos pela aprovação da PEC, 184 (cento e oitenta e quatro) por sua rejeição e 3 (três) abstenções. No dia seguinte, foram

---

[209] BRASIL. Câmara dos Deputados. *Substitutivo adotado pela Comissão à PEC 171-A, de 1993.* Altera a redação dos arts. 228 e 227 da Constituição Federal. Brasília, Câmara, 2015.

apresentadas emendas aglutinativas, entre elas a Emenda Aglutinativa nº 16,[210] com o teor contemplado na Figura 7, a seguir:

Figura 7 – Emenda Aglutinativa nº 16

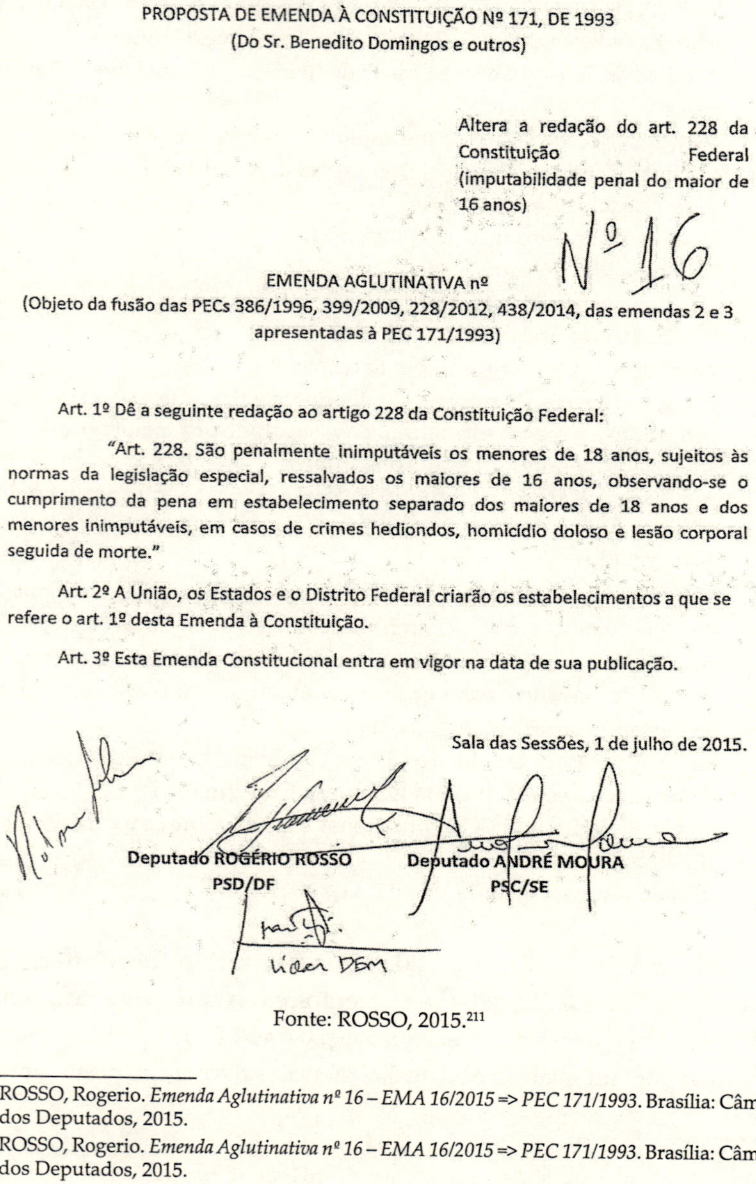

PROPOSTA DE EMENDA À CONSTITUIÇÃO Nº 171, DE 1993
(Do Sr. Benedito Domingos e outros)

Altera a redação do art. 228 da Constituição Federal (imputabilidade penal do maior de 16 anos)

Nº 16

EMENDA AGLUTINATIVA nº
(Objeto da fusão das PECs 386/1996, 399/2009, 228/2012, 438/2014, das emendas 2 e 3 apresentadas à PEC 171/1993)

Art. 1º Dê a seguinte redação ao artigo 228 da Constituição Federal:

"Art. 228. São penalmente inimputáveis os menores de 18 anos, sujeitos às normas da legislação especial, ressalvados os maiores de 16 anos, observando-se o cumprimento da pena em estabelecimento separado dos maiores de 18 anos e dos menores inimputáveis, em casos de crimes hediondos, homicídio doloso e lesão corporal seguida de morte."

Art. 2º A União, os Estados e o Distrito Federal criarão os estabelecimentos a que se refere o art. 1º desta Emenda à Constituição.

Art. 3º Esta Emenda Constitucional entra em vigor na data de sua publicação.

Sala das Sessões, 1 de julho de 2015.

Deputado ROGÉRIO ROSSO
PSD/DF

Deputado ANDRÉ MOURA
PSC/SE

líder DEM

Fonte: ROSSO, 2015.[211]

---

[210] ROSSO, Rogerio. *Emenda Aglutinativa nº 16 – EMA 16/2015 => PEC 171/1993*. Brasília: Câmara dos Deputados, 2015.

[211] ROSSO, Rogerio. *Emenda Aglutinativa nº 16 – EMA 16/2015 => PEC 171/1993*. Brasília: Câmara dos Deputados, 2015.

CAPÍTULO 3
O PODER LEGISLATIVO E A GARANTIA DA JURIDICIDADE CONSTITUCIONAL | 117

Na mesma data, a *Emenda Aglutinativa nº 16* foi aprovada com voto favorável de 323 (trezentos e vinte e três) parlamentares, contra 155 (cento e cinquenta e cinco) votos pela rejeição e 2 (duas) abstenções. Nos dois casos citados como exemplo, do ponto de vista procedimental, observou-se a regra geral de precedência fixada no art. 191 do RICD, que dispõe sobre a ordem de votação de substitutivos, emendas e da proposição original, e, do ponto de vista material, o texto da emenda aglutinativa efetivamente aprovada não é exatamente igual ao texto rejeitado no substitutivo ou na emenda aglutinativa anterior, o que poderia explicar a alteração da posição final manifestada pelo plenário.

Contudo, o contexto político, a forma pela qual se deu a inserção das emendas aglutinativas aprovadas e a urgência que subsidiou a aprovação levaram diversos juristas a qualificarem a medida como um mecanismo indevido de pressão política, a partir da identificação nominal dos dissidentes na primeira votação,[212] e uma tentativa (consumada) de burlar o limite previsto no art. 60, §5º, da CRFB/1988.

Se, por um lado, escapa aos limites do presente trabalho uma análise sobre os padrões éticos adotados pelos atores políticos (parlamentares) nesses casos concretos, e suas intenções, por outro, é possível constatar que as normas regimentais e a interpretação a elas atribuídas não se coadunam com um regime constitucional rígido e abrem espaço para significativas ofensas aos limites de reforma constitucional por meio de emendas.

Portanto, para se adequar a um modelo regimental focado na garantia de juridicidade da reforma constitucional, deve-se adotar um procedimento específico para votação das proposições dessa natureza no plenário,[213] no qual, no momento de início da fase decisória, "todas

---

[212] "Se aliarmos a isso um processo de votação nominal, como ocorre em quase todas as matérias polêmicas, abre-se a via para um mecanismo autoritário e eficaz de controle sobre o resultado das votações, na medida em que é possível saber exatamente quais parlamentares votaram contra e a favor do projeto original. Há, aqui, uma porta aberta para a violação ao princípio da autonomia parlamentar e ao princípio da moralidade administrativa." BUSTAMANTE, Thomas da Rosa; BUSTAMANTE; Evanilda Nascimento de Godoi. As Emendas Aglutinativas na Era Cunha: o devido processo legal entre a proteção da segurança jurídica e a da Autonomia Política. *In*: BOLONHA, Carlos; BONIZZATO, Luigi; MAIA, Fabiana (org.). *Teoria institucional e constitucionalismo contemporâneo*. Curitiba: Juruá, 2016, p. 606.

[213] Para além da narrativa documental da hipótese, foi exposta a fragilidade do procedimento de criação do texto aglutinativo, onde se fundem elementos parciais de outras emendas ou da proposta original "tendente à aproximação dos respectivos objetos" (BRASIL, 2014, art. 118, §3º), abrindo a possibilidade regimental das composições de última hora; fragilidade também sugerida pela redação do art. 202, §8º do RICD. Talvez a maior das fragilidades

as cartas devem estar sobre a mesa, e os parlamentear devem escolher entre as alternativas existentes de uma maneira respeitosa, sem surpresas, manipulações ou viradas de mesa".[214]

3.3 Conclusões parciais quanto à garantia de juridicidade constitucional a partir do procedimento regimental

O processo legislativo é o meio pelo qual os limites formais à reforma constitucional são operacionalizados. Conforme se extrai da análise normativa e empírica realizada neste capítulo, é possível afirmar que a *alocação de competências* quanto aos aspectos formais da reforma constitucional não segue a regra geral da judicialização e que, via de regra, esbarra na doutrina das questões *interna corporis*. Em síntese,

a) os limites formais à reforma constitucional são operacionalizados por meio de definições contidas nas normas regimentais;

b) o STF, apesar de admitir a possibilidade de controle judicial do devido processo legislativo, somente o faz quando verifica ofensa direta a dispositivo expresso do texto constitucional. Na hipótese de inobservância de normas contidas no Regimento Interno, a corte vem adotando uma postura passivista.

Assim, a garantia da regularidade da tramitação de proposições legislativas depende (quase que exclusivamente) das normas e dos costumes parlamentares. Quanto ao desenho institucional vigente, é possível constatar que:

---

do Regimento Interno esteja na sua insuficiência: se houve do legislador a intenção de aumentar o grau de rigidez da Constituição, os rituais de aprovação de um Projeto de Emenda à Constituição no RICD não recebem o tratamento regulatório compatível com tais princípios atribuídos ao que diz a CF, no art. 60, §5º. PIMENTEL FILHO, José. Emendas aglutinativas e procedimentos de aprovação de PEC na Câmara Federal: o desconcertante precedente. *Revista Thesis Juris – RTJ*, São Paulo, v. 5, n. 3, p. 682-702, set./dez. 2016, p. 698.

[214] BUSTAMANTE, Thomas da Rosa; BUSTAMANTE; Evanilda Nascimento de Godoi. As Emendas Aglutinativas na Era Cunha: o devido processo legal entre a proteção da segurança jurídica e a da Autonomia Política. *In*: BOLONHA, Carlos; BONIZZATO, Luigi; MAIA, Fabiana (org.). *Teoria institucional e constitucionalismo contemporâneo*. Curitiba: Juruá, 2016, p. 607.

a) o procedimento de controle parlamentar de constitucionalidade da reforma constitucional, tanto na Câmara dos Deputados, quanto no Senado Federal, está situado no início da tramitação legislativa, seja pela possibilidade de devolução ao autor de proposições manifestamente inconstitucionais assim consideradas pela Presidência da Casa, seja pela análise terminativa de admissibilidade pelas comissões de constituição e justiça;

b) em tese, todos os limites formais à reforma constitucional podem ser violados, após os momentos ordinários de controle de constitucionalidade;

c) na prática, as Casas legislativas, em diversos momentos, violam os limites formais à reforma constitucional, ultrapassando a zona de flexibilidade inerente à atuação política em prejuízo da garantia da juridicidade constitucional;

d) a norma regimental deve ser aprimorada quanto ao momento do controle e às regras específicas para tramitação de PECs.

CAPÍTULO 4

REGIME DE COMISSÕES PARLAMENTARES: HISTÓRIA E EVOLUÇÃO NORMATIVA

O professor José Alfredo de Oliveira Baracho denomina *regime de comissões* ou *sistema de comissões* o método de trabalho adotado "pelas Assembléias, através do qual elas se dividem em pequenos corpos, aos quais são enviados todos os projetos de lei para estudos e apreciação técnica. [...] a Comissão examina detidamente o projeto, faz as investigações preparatórias e apresenta informes",[215] a fim de orientar o plenário.

Esse modelo de comissões parlamentares tem sua origem no regime constitucional inglês, no qual membros do legislativo passaram a ser designados para, em conjunto com o autor do projeto, realizarem estudos sobre o tema proposto, antes de sua submissão ao plenário. Posteriormente, essas atribuições prévias foram sendo especializadas e repassadas a comissões,[216] que se tornaram um instrumento de aperfeiçoamento das competências parlamentares, a fim de preparar soluções fora do "tumulto das sessões".[217]

---

[215] BARACHO, José Alfredo de Oliveira. Congresso Nacional: reuniões. Comissões. *Revista da Faculdade de Direito da UFMG*, Belo Horizonte, v. 33, p. 213-240, 1991, p. 230.

[216] "No século XVI encontram-se as primeira provas documentais da atuação comissões temporárias no Parlamento inglês, com o propósito de examinar os textos que, após a chancela da Câmara dos Comuns, seriam remetidos ao rei." CASSEB, Paulo Adib. Controle preventivo de constitucionalidade no Brasil. *Revista do Curso de Mestrado em Direito da UFC*, Fortaleza, v. 29, n. 2, p. 187-196, jul./dez. 2009, p. 33.

[217] BARACHO, José Alfredo de Oliveira. Congresso Nacional: reuniões. Comissões. *Revista da Faculdade de Direito da UFMG*, Belo Horizonte, v. 33, p. 213-240, 1991, p. 230.

Assim como na Inglaterra, a Assembleia Nacional e o Senado franceses,[218] o Congresso dos Estados Unidos, o Parlamento italiano,[219] as Cortes Gerais espanholas,[220] a Assembleia da República portuguesa[221] e as instituições parlamentares, em diversos outros Estados, transferiram a um grupo mais restrito de representantes atribuições que antes eram exclusivas do plenário.[222] São diversos os fatores de conveniência apontados pela doutrina,[223] para adoção de um regime de comissões, entre eles:

---

[218] *Artigo 43* – "Os projetos e propostas de lei são enviados para apreciação a uma das comissões permanentes cujo número é limitado a oito em cada assembleia. A pedido do Governo ou da assembleia que é convocada, os projetos ou propostas de lei são enviados para apreciação a uma comissão especialmente designada para esse efeito." FRANÇA. Constituição. *O Governo da República, em conformidade com a lei constitucional de 3 de junho de 1958, propôs, O povo francês adotou, O Presidente da República promulga a lei constitucional cujo teor segue*: o povo francês proclama solenemente o seu compromisso com os direitos humanos e os princípios da soberania nacional, conforme definido pela Declaração de 1789, confirmada e completada pelo Preâmbulo da Constituição de 1946, bem como com os direitos e deveres definidos na Carta Ambiental de 2004 [...]. Paris: Conseil, 1958.

[219] "Art. 72 Cada desenho de lei, apresentado a uma Câmara é, segundo as normas do seu regulamento, examinado *por uma comissão e de seguida pela própria Câmara*, que o aprova artigo por artigo e com votação final. O regulamento estabelece procedimentos abreviados para os desenhos de leis para os quais é declarada a urgência. Pode também estabelecer *em que casos e formas o exame e aprovação dos desenhos de lei são deferidos às comissões, também permanentes*, compostas de forma a respeitar a proporção dos grupos parlamentares. Também nesses casos, até ao momento da sua aprovação definitiva, o desenho de lei é remetido à Câmara, se o Governo ou um décimo dos membros da Câmara ou um quinto da comissão requerem que seja discutido e votado pela própria Câmara ou então que seja submetido à sua aprovação final, somente com declarações de voto. O regulamento determina as formas de publicidade dos trabalhos das comissões. [...]" ITÁLIA. *Constituição da República Italiana*. Roma: Senato della Repubblica, 2018.

[220] "*Artigo 75* 1. As Câmaras funcionarão em Plenário e por Comissões. 2. As Câmaras poderão delegar nas Comissões Legislativas Permanentes a aprovação de projectos ou propostas de lei. O Plenário poderá, não obstante, retomar em qualquer momento o debate e a votação de qualquer projecto ou proposta de lei que tenha sido objecto desta delegação. 3. Ficam exceptuados do disposto no número anterior a revisão constitucional, as questões internacionais, as leis orgânicas e de bases e o Orçamento Geral do Estado." ESPANHA. *Constituição Espanhola*. Madri: Tribunal Constitucional, 1978.

[221] "Artigo 178.º Comissões 1. A Assembleia da República tem as comissões previstas no Regimento e pode constituir comissões eventuais de inquérito ou para qualquer outro fim determinado.
2. A composição das comissões corresponde à representatividade dos partidos na Assembleia da República. [...]" PORTUGAL. *Constituição da República Portuguesa*. VII Revisão Constitucional [2005]. A 25 de Abril de 1974, o Movimento das Forças Armadas, coroando a longa resistência do povo português e interpretando os seus sentimentos profundos, derrubou o regime fascista [...]." Lisboa: Parlamento, 2005.

[222] Sobre aspectos históricos das comissões parlamentares nesses países ver: CASSEB, Paulo Adib. *Processo legislativo*: atuação das comissões permanentes e temporárias. São Paulo: Revista dos Tribunais, 2008.

[223] Ver: BARACHO, José Alfredo de Oliveira. Congresso Nacional: reuniões. Comissões. *Revista da Faculdade de Direito da UFMG*, Belo Horizonte, v. 33, p. 213-240, 1991; CASSEB, Paulo

a) melhoria técnica do trabalho legislativo, em razão: (*i*) das assunções de funções dentro da área de especialização/conhecimento do parlamentar e (*ii*) da experiência adquirida pela permanência de certos membros nas comissões;

b) maior estabilidade das decisões;

c) melhoria do contato entre os parlamentares e os destinatários finais das providências legislativas;

d) celeridade na tramitação das proposições, especialmente, em razão da divisão do trabalho;

e) maior objetividade das discussões tratadas por temas.

Historicamente, as comissões parlamentares foram sendo estruturadas com diversas formatações e funções. A partir de alguns critérios estabelecidos pela doutrina[224] e com anseios de uma apresentação didática, mas não limitante, sobre o tema, as comissões podem ser assim distribuídas, conforme se apresenta no Quadro 4:

Quadro 4 – Critério de classificação das Comissões Parlamentares

(continua)

CRITÉRIOS	CLASSIFICAÇÃO
Duração	Permanentes ou efetivas
	Temporárias ou especiais
Competência	Legislativas
	Administrativas
	Investigantes
	Fiscalizatórias
Âmbito de atuação	Internas
	Externas[225]

Adib. *Processo legislativo:* atuação das comissões permanentes e temporárias. São Paulo: Revista dos Tribunais, 2008; FERREIRA FILHO, Manoel Gonçalves. *Do processo legislativo.* São Paulo: Saraiva, 1995. (MUNÕZ, 1967)

[224] BARACHO, José Alfredo de Oliveira. Congresso Nacional: reuniões. Comissões. *Revista da Faculdade de Direito da UFMG*, Belo Horizonte, v. 33, p. 213-240, 1991; FERREIRA FILHO, Manoel Gonçalves. *Do processo legislativo.* São Paulo: Saraiva, 1995. (MUNÕZ, 1967)

[225] "Art. 38. As Comissões Externas poderão ser instituídas pelo Presidente da Câmara, de ofício ou a requerimento de qualquer Deputado, para cumprir missão temporária autorizada, sujeitas à deliberação do Plenário quando importarem oₙnus para a Casa.
Parágrafo único. Para os fins deste artigo, considera-se missão autorizada aquela que implicar o afastamento do Parlamentar pelo prazo máximo de oito sessões, se exercida no

Quadro 4 – Critério de classificação das Comissões Parlamentares

(conclusão)

CRITÉRIOS	CLASSIFICAÇÃO
Forma de Integração	Unicamerais;
	Mistas[226]
Origem	Constitucionais
	Legais
	Regimentais

Fonte: Elaborado pela autora.

No Brasil, as *primeiras* Comissões Parlamentares foram criadas durante a *primeira* sessão preparatória da *primeira* Assembleia Constituinte instalada em 1823,[227] e estão dispostas no texto constitucional desde a *primeira* Constituição do Império de 1824, na qual já se previa a análise de proposições apresentadas em nome do Poder Executivo por comissão na Câmara dos Deputados.[228]

Os Regimentos Internos das Casas legislativas (tanto da Câmara, quanto do Senado), datados de 1826, trouxeram uma regulamentação mais detalhada sobre a questão, com disposições, inclusive, sobre a

---

País, e de trinta, se desempenhada no exterior, para representar a Câmara nos atos a que esta tenha sido convidada ou a que tenha de assistir." BRASIL. Câmara dos Deputados. *Resolução nº 17, de 1989*. Aprova o Regimento Interno da Câmara dos Deputados. Brasília, DF: Câmara, 1989.
"Art. 74. As comissões temporárias serão: II – externas – destinadas a representar o Senado em congressos, solenidades e outros atos públicos;" BRASIL. Congresso Nacional. Senado Federal. *Regimento Interno*: normas conexas: volume II. Brasília: Senado Federal, 2019. [Texto editado em conformidade com a Resolução nº 18 de 1989, consolidado com as alterações decorrentes de emendas à Constituição, leis e resoluções, até janeiro de 2019].

[226] As comissões do Congresso Nacional, formadas por deputados e senadores, são denominadas comissões mistas e estão regulamentadas entre os artigos 9º e 21 do Regimento Comum. BRASIL. Congresso Nacional. Câmara dos Deputados. Resolução nº 1 de 1970. Aprova o Regimento Comum do Congresso Nacional. *Diário Oficial* da União – Seção 1, Brasília, 30 jan. 1970.

[227] CASSEB, Paulo Adib. *Processo legislativo*: atuação das comissões permanentes e temporárias. São Paulo: Revista dos Tribunais, 2008.

[228] "Art. 53. O Poder Executivo exerce por qualquer dos Ministros de Estado a proposição, que lhe compete na formação das Leis; e só depois de examinada por uma Comissão da Câmara dos Deputados, aonde deve ter principio, poderá ser convertida em Projecto de Lei. Art. 54. Os Ministros podem assistir, e discutir a Proposta, depois do relatorio da Commissão; mas não poderão votar, nem estarão presentes á votação, salvo se forem Senadores, ou deputados." BRASIL. *Constituição Política do Império do Brazil (de 25 de março de 1824)*. Constituição Política do Império do Brasil, elaborada por um Conselho de Estado e outorgada pelo Imperador D. Pedro I, em 25.03.1824. Manda observar a Constituição Politica do Imperio, oferecida e jurada por Sua Magestade o Imperador. Rio de Janeiro: Presidência da República, [1839].

existência de comissões permanentes e especiais (temporárias), bem como delimitando o número mínimo e máximo de membros permitidos, que (via de regra) variava entre 3 (três) e 7 (sete) parlamentares.[229] Após o silêncio do texto constitucional de 1891 quanto ao tema, a Constituição da República Federativa do Brasil de 1934 passou a orientar a representação proporcional das correntes de opinião da Casa também nas comissões, assim como constitucionalizou outras disposições sobre suas competências.[230] Com o passar dos anos e o aprimoramento da estrutura legislativa, as atribuições foram sendo ampliadas, bem como as formas de integração e a origem das comissões parlamentares, que foram expressamente citadas em todas as Constituições que se seguiram.

A Constituição vigente prevê a criação de comissões parlamentares permanentes ou temporárias pelo Congresso Nacional (mistas), ou pelo Senado Federal e pela Câmara dos Deputados, de forma unicameral (art. 58), atribuindo-lhes, expressamente, competência para:

a) apresentar projeto de lei ordinária ou complementar;

b) discutir e votar projeto de lei em caráter conclusivo, isto é, dispensando, na forma do regimento interno, a apreciação de

---

[229] Regimento Interno da Câmara dos Deputados: art. 36 "haverá na Camara Commissoens Permanentes, e Especiais para expedição dos negócios, que nella se tratem"; art. 42 "Nenhuma Commissão será composta de menos de três Deputados, nem de mais de sette" (BRASIL, 1826). Regimento Interno do Senado Federal: art. 106 "As Commissões serão Geraes, Permanentes, e Especiaes"; art. 108 – "As Commissõos Permanentes durarão toda a Sessão annual, e não terão menos de tres, nem mais de se'e Membros"; art. 109. "As Commisões Especiais serão nomeadas para um determinado objecto, findo o qual cessa a Commissão. O seu numero é variável." BRASIL. Senado Federal. *Regimento Interno de 1826*. Rio de Janeiro: Typ. Nacional, 1883.

[230] "Art. 26. Somente á Camara dos Deputados incumbe elleger a sua Mesa, regular a sua propria policia, organizar a sua Secretaria com observância do art. 39, nº 6, e o seu Regimento Interno, no qual se assegurará, quanto possível, em todas as Commissões, a representação proporcional das correntes de opinião nella definidas. [...].
Art. 36. A Camara dos Deputados creará Commissões de Inquerito sobre factos determinados, sempre que o requerer a terça parte, pelo menos, dos seus membros. Paragrapho unico. Applicam-se a taes inqueritos as normas do processo penal indicadas no Regimento Interno. Art. 37. A Camara dos Deputados pode convocar qualquer Ministro de Estado para, perante ella, prestar informacções sobre questões prévia e expressamente determinadas, atinentes a assuntos do respectivo Ministério. A falta de comparencia do Ministro sem justificação importa crime de responsabilidade. §1.º Igual faculdade, e nos mesmos termos, cabe ás suas Commissões. §2.º A Camara dos Deputados ou as suas Commissões designarão dia e hora para ouvir os Ministros de Estado, que lhes queiram solicitar providencias legislativas ou prestar esclarecimentos. BRASIL. *Constituição da República dos Estados Unidos do Brasil (DE 16 DE JULHO DE 1934)*. Nós, os representantes do povo brasileiro, pondo a nossa confiança em Deus, reunidos em Assembléia Nacional Constituinte para organizar um regime democrático [...]" Rio de Janeiro: Presidência da República, [1936].

determinadas proposições pelo Plenário, ressalvada a possibilidade de recurso por parlamentares que representem um décimo da Casa;

c) convocar Ministros de Estado ou titulares de órgãos diretamente subordinados à Presidência da República para prestarem informações sobre assuntos inerentes às respectivas atribuições, sob pena de crime de responsabilidade (art. 50 da CRFB/88);

d) realizar audiências públicas, receber petições, reclamações, representações ou queixas contra atos ou omissões das autoridades ou entidades públicas;

e) solicitar depoimentos;

f) apreciar programas de obras, planos de desenvolvimento e sobre eles emitir parecer;

g) fiscalizar e investigar.

Além das competências genéricas, que poderão ser distribuídas na forma da legislação infraconstitucional, dos regimentos internos ou do ato de criação às comissões, o texto constitucional previu de maneira expressa os seguintes órgãos:

a) Comissões Parlamentares de Inquérito (CPIs), de caráter temporário e com objeto determinado, conforme atribuições previstas no art. 58, §3º, da CRFB/1988;

b) Comissão Representativa do Congresso Nacional, também temporária, para representação parlamentar no período de recesso, art. 58, §4º, da CRFB/1988;

c) Comissões Mistas de Medidas Provisórias, temporárias e criadas com objetivo específico de examinar e emitir parecer sobre Medidas Provisórias, no §9º do art. 62 da CRFB/1988;

d) Comissão Mista de Planos, Orçamentos Públicos e Fiscalização (CMO), comissão permanente prevista no art. 166, §1º, da CRFB/1988, com competência para tratar de matéria eminentemente financeira.

Especificamente, em relação às Comissões de Constituição e Justiça e suas respectivas atribuições para exercer o controle de constitucionalidade, juridicidade e regimentalidade das proposições, verifica-se que não constam (e nunca constaram), expressamente, no texto constitucional, mas somente em atos normativos *interna corporis*.

Do ponto de vista fático, a primeira comissão "de Constituição" foi instituída em 05 de maio de 1823, ainda durante os trabalhos da assembleia constituinte, e fora encarregada justamente do 'módico' trabalho de apresentar um projeto de Constituição.[231] A Comissão finalizou o trabalho em 16 de agosto do mesmo ano, tendo o projeto sido lido ao plenário da Assembleia em 01 de setembro.[232]

Após dissolução da Assembleia Constituinte por Dom Pedro I (em novembro de 1823), a Comissão de Constituição foi novamente instituída logo após o início do funcionamento da Câmara dos Deputados em 1826. A Casa legislativa adotou, provisoriamente, o Regimento Interno da Assembleia Constituinte, e, em sessão realizada em 09 de maio de 1826,[233] entendeu por bem criar comissão permanente para tratar de assuntos relacionados a possíveis infrações à constituição, com a mesma denominação 'Comissão de Constituição'. O Regimento Interno chegou a nomeá-la Comissão de Guarda da Constituição em 1826, nomenclatura que, contudo, não prevaleceu.[234] Essa Comissão, ao longo dos anos, adotou diversas denominações:

a) Comissão de Constituição e Poderes (1829),

b) Comissão de Constituição, Legislação e Justiça (1891),

c) Comissão de Constituição, Legislação e de Justiça (1893),

---

[231] "*O SR. PEREIRA DA CUNHA:* – Eu julgo que a assembléa deve agora, primeiro que tudo, tratar de nomear a comissão de constituição que ha de apresentar um projecto della; e como o regimento determina que o numero dos membros, seja qual foer a comissão, não possa ser menos de tres nem mais de sete, deverá primeiro a assembléa decidir de quantos membros se comporá esta. (Apoiados.) O Sr. Presidente propoez á decisão da assembléa o numero dos membros de que se comporia a comissão de constituição, e resolveu- se que fosse sete; e tendo-se duvidado se os Srs. secretarios podião ser eleitos para esta ou outra qualquer commissão, venceu-se como artigo additional do regimento, que nunca fossem comprehendidos nestas nomeações. Procedeu-se então á votação, [...]" BRASIL. Senado Imperial. *Anais do Senado*: anno de 1823: livro 1. Rio de Janeiro: Secretaria Especial de Editoração e Publicações – Subsecretaria de Anais do Senado Federal, 1823.

[232] FRANCO, Afonso Arinos de Melo. *Curso de direito constitucional*. Rio de Janeiro: Forense, 1960. v. 2.

[233] BRASIL. Congresso Nacional. Câmara dos Deputados. Senado Imperial. *Annaes do Parlamento Brazileiro* [1826]. Rio de Janeiro, RJ: Typographia Nacional, 1871. t. 1.

[234] BRUSCO, Dilson Emílio. *Histórico das comissões permanentes da Câmara dos Deputados, 1823-2004: síntese histórica*. Brasília: Câmara dos Deputados, Coordenação de Publicações, 2006.

d) Comissão de Constituição e Justiça (1904),[235] sendo que, pela primeira vez, em 1928, a comissão teve suas atribuições delimitadas no Regimento Interno: "Art. 93. A Comissão de Constituição e Justiça compete manifestar-se sobre todos os assumptos quanto ao seu aspecto jurídico, legal ou constitucional".[236]

As atribuições regimentais foram sendo ampliadas nas normas posteriores (RICD de 1934, 1947, 1949, 1955, 1972, sempre mantida a competência para manifestação sobre aspectos jurídicos, legais e constitucionais das matérias que lhe fossem submetidas.

No Senado, entre as primeiras comissões permanentes, não foi criada uma especificamente para questões relacionadas a infrações ao texto constitucional ou dedicada à análise da constitucionalidade de proposições,[237] também os Regimentos Internos de 1826 e 1831 foram silentes sobre o tema.

Em 1903, o RISF trouxe entre o rol de comissões permanentes, previsto no art. 54, a "de Constituição e Diplomacia",[238] que em sua republicação no ano de 1926 passou a ser denominada simplesmente "Comissão de Constituição",[239] separando-a da Comissão de Diplomacia e Tratados.

Em 1935, o Regimento Interno dispôs atribuição específica sobre controle de constitucionalidade para a comissão sob denominação de "Constituição e Justiça":

Art. 47 A' Commissão de Constituição e Justiça compete: (...) II – *Opinar sobre todos os projectos de lei* que não procederem de outras Commissões ou da Câmara dos Deputados, *quanto ao seu aspecto jurídico, constitucional ou legal*, inclusive aquelles a que se refere o art. 94 da Constituição

[235] Em 1989 a Comissão foi renomeada para Comissão de Constituição e Justiça e Redação, posteriormente dando lugar, no mesmo ano, à Comissão de Constituição e Justiça e de Redação e, finalmente em 2004 à atual Comissão de Constituição e Justiça e de Cidadania. BRUSCO, Dilson Emílio. *Histórico das comissões permanentes da Câmara dos Deputados, 1823-2004*: síntese histórica. Brasília: Câmara dos Deputados, Coordenação de Publicações, 2006.
[236] BRASIL. Congresso Nacional. Câmara dos Deputados. *Regimento Interno e Constituição da Republica*. Rio de Janeiro: Imprensa Nacional, 1928, p. 57.
[237] BRASIL. *Annaes do Senado Imperio do Brazil*: ano de 1826. Rio de Janeiro, RJ: Typographia Nacional, 1877. t. 1.
[238] BRASIL. Congresso Federal. *Regimento interno do Senado Federal*. Rio de Janeiro: Imprensa Nacional, 1904.
[239] BRASIL. Congresso Nacional. Senado Federal. [Regimento interno (1903)]. Rio de Janeiro: Imprensa Nacional, 1926.

Federal e exclusive os que digam respeito à attribuições coordenadoras do Senado. (grifo nosso)[240]

Os Regimentos posteriores (1946, 1948, 1952 e 1959) mantiveram a denominação e, em maior ou menor medida, a competência da Comissão para controle de constitucionalidade. A Resolução nº 93, de 1970, que, com suas alterações posteriores, constitui o RISF vigente, trouxe no texto de origem a formatação da Comissão de Constituição, Justiça e Cidadania com a nomenclatura que prevalece até a presente data.[241]

Conforme normas regimentais vigentes, além da competência para exercício do controle legislativo de constitucionalidade (ou juridicidade em sentido amplo) das proposições, verificam-se a multiplicidade e a diversidade de funções que os Regimentos Internos reservaram para as respectivas comissões.

4.1 Sistema de Comissões Parlamentares brasileiro e os reflexos no exercício do controle de constitucionalidade de emendas à Constituição

Partindo do pressuposto de que são pontos positivos da adoção do sistema de comissões parlamentares: (i) a melhoria técnica do trabalho legislativo, notadamente em razão da assunção de funções dentro da área de especialização/conhecimento do parlamentar e da experiência adquirida pelos membros nas próprias comissões;[242] (ii) a maior harmonia das decisões; (iii) a ampliação do contato entre os parlamentares

---

[240] BRASIL. Congresso Nacional. Câmara dos Deputados. *Regimento interno do Senado Federal:* approvado na sessão de 19 de junho de 1935. Rio de Janeiro: Imprensa Nacional, 1936.

[241] BRASIL. Congresso Nacional. Senado Federal. *Regimento Interno:* Resolução nº 93, de 1970: volume I. Dá nova redação ao Regimento Interno do Senado Federal. Brasília, DF: Senado Federal, 22 dez. 2018.

[242] Ao tratar, no contexto da década de 1970, sobre a proficiência desenvolvida pelos legisladores nas comissões, Joseph La Palombra ressalta 4 (quatro) condições necessárias para o desenvolvimento da questão: "Para desenvolver esse tipo de perícia, são necessárias quatro condições. Primeiro, as comissões devem ser pequenas. Os problemas inerentes aos grandes organismos legislativos também se aplicam às comissões. Em segundo lugar, a rotatividade não deve ser muito elevada. A rotatividade de 100 por cento que ocorre na Costa Rica, por causa de uma disposição constitucional que proíbe a reeleição de legisladores, é pouco propícia à formação de peritos legislativos. [...] Em terceiro lugar, as comissões devem dispor de seu próprio corpo de peritos. Em quarto lugar, as nomeações para as comissões, e particularmente a presidência das comissões devem ser feitas com base na antiguidade." LA PALOMBARA, Joseph G. *A política no interior das nações.* Brasília, DF: Ed. Universidade de Brasília, 1982, p. 119.

e os destinatários finais das providências legislativas; (iv) a celeridade na tramitação das proposições, especialmente, em razão da divisão do trabalho; e (v) a maior objetividade das discussões tratadas por temas, faz-se necessária a verificação da adequação do funcionamento das comissões parlamentares diretamente responsáveis pelo controle de constitucionalidade de emendas constitucionais às vantagens da adoção desse sistema.

O regramento constitucional das comissões parlamentares está inserido no Título IV, que trata da Organização dos Poderes, reservando-se seção específica dentro do "Capítulo I – Do Poder Legislativo", para as normas gerais do sistema. Soma-se à Seção VII ("Das Comissões") o art. 47 da CRFB/1988, que estabelece o *quorum* de maioria relativa como regra geral para deliberação das Casas e suas comissões.

Acompanhando a ideia de pluralismo político disposta já em seu art. 1º, V, a Constituição prevê que a composição das comissões deverá observar, na medida do possível, a representação proporcional dos partidos ou dos blocos parlamentares formados na respectiva Casa (art. 58, §1º, da CRFB/1988).

No Brasil, a formação desses blocos (Quadro 5) é regulada pelo art. 12 do RICD[243] e art. 61 do RISF[244] e não se dá por um modelo aberto,

---

[243] "Art. 12. As representações de dois ou mais Partidos, por deliberação das respectivas bancadas, poderão constituir Bloco Parlamentar, sob Liderança comum.
§1º O Bloco Parlamentar terá, no que couber, o tratamento dispensado por este Regimento às organizações partidárias com representação na Casa.
§2º As Lideranças dos Partidos que se coligarem em Bloco Parlamentar perdem suas atribuições e prerrogativas regimentais.
§3º Não será admitida a formação de Bloco Parlamentar composto de menos de três centésimos dos membros da Câmara.
§4º Se o desligamento de uma bancada implicar a perda do *quorum* fixado no parágrafo anterior, extingue-se o Bloco Parlamentar.
§8º A agremiação que integrava Bloco Parlamentar dissolvido, ou a que dele se desvincular, não poderá constituir ou integrar outro na mesma sessão legislativa.
§9º A agremiação integrante de Bloco Parlamentar não poderá fazer parte de outro concomitantemente.
§10. Para efeito do que dispõe o §4º do art. 8º e o art. 26 deste Regimento, a formação do Bloco Parlamentar deverá ser comunicada à Mesa até o dia 1º de fevereiro do 1º (primeiro) ano da legislatura, com relação às Comissões e ao 1º (primeiro) biênio de mandato da Mesa, e até o dia 1º de fevereiro do 3º (terceiro) ano da legislatura, com relação ao 2º (segundo) biênio de mandato da Mesa." BRASIL. Câmara dos Deputados. *Resolução nº 17, de 1989*. Aprova o Regimento Interno da Câmara dos Deputados (RICD). Brasília, DF: Senado Federal, 1989.

[244] "*Art. 61*. As representações partidárias poderão constituir bloco parlamentar. Parágrafo único. Somente será admitida a formação de bloco parlamentar que represente, no mínimo, um décimo da composição do Senado" BRASIL. Congresso Nacional. Senado Federal. *Resolução do Senado Federal nº 93, de 27/11/1970*: volume I. Dá nova redação ao Regimento Interno do Senado Federal. Brasília, DF: Senado Federal, 22 dez. 2018.

no qual é possível a aglutinação por critérios ideológicos, dependendo, para tanto, de lastro partidário.[245]

Quadro 5 – Formação de blocos parlamentares

	Câmara dos Deputados	Senado Federal
Origem do vínculo	As representações de dois ou mais partidos, por deliberação das respectivas bancadas.	As representações partidárias poderão constituir bloco parlamentar
Representatividade mínima	Não será admitida a formação de bloco parlamentar composto de menos de três centésimos dos membros da Câmara.	Somente será admitida a formação de bloco parlamentar que represente, no mínimo, um décimo da composição do Senado.
Liderança	Liderança comum.	O bloco parlamentar terá líder a ser indicado dentre os líderes das representações partidárias que o compõem
		Os demais líderes assumirão, preferencialmente, as funções de vice-líderes do bloco parlamentar, na ordem indicada pelo titular da liderança.
	As lideranças dos partidos que se coligarem em bloco parlamentar perdem suas atribuições e prerrogativas regimentais.	As lideranças dos partidos que se coligarem em bloco parlamentar perdem suas atribuições e prerrogativas regimentais.
Duração	O bloco parlamentar tem existência circunscrita à legislatura, devendo o ato de sua criação e as alterações posteriores serem apresentados à Mesa para registro e publicação.	

Fonte: Elaborado pela autora.

Assim sendo, após a criação dos blocos parlamentares, que ocorre já no início da legislatura, o Presidente da respectiva Casa encaminha ofício solicitando a indicação dos membros titulares e suplentes que

[245] CASSEB, Paulo Adib. *Processo legislativo*: atuação das comissões permanentes e temporárias. São Paulo: Revista dos Tribunais, 2008.

comporão as comissões permanentes. As indicações, tanto na Câmara dos Deputados, quanto no Senado Federal, ficam a cargo dos líderes dos blocos parlamentares ou dos partidos políticos, que, via de regra, podem substituir, *a qualquer momento*, os indicados.

A exceção fica por conta dos presidentes das comissões no Senado Federal, que, por força do art. 81, §2º, do RISF, somente poderão ser substituídos com autorização da maioria da respectiva bancada, salvo na hipótese de desligamento do partido, quando a substituição caberá ao Líder, de forma imediata.

A composição das CCJs – nas sessões legislativas entre os anos de 2015 e 2015 – por blocos é apresentada a seguir.

Quadro 6 – Composição das Comissões de Constituição e Justiça por blocos parlamentares ou partidos

(continua)

SENADO FEDERAL		
Sessão Legislativa	Bloco Parlamanetar ou Partido	Número de Vagas
2019	Bloco Parlamentar Unidos pelo Brasil (MDB, PRB, PP)	7
	Bloco Parlamentar PSDB/PSL (PSDB, PODEMOS, PSL)	6
	Bloco Parlamentar Senado Independente (REDE, PDT, CIDADANIA, PSB)	5
	Bloco Parlamentar da Resistência Democrática (PT, PROS)	3
	PSD	3
	Bloco Parlamentar Vanguarda (DEM, PL, PSC)	3
2018	Maioria	7
	Bloco Parlamentar da Resistência Democrática (PDT, PT)	6
	Bloco Parlamentar Democracia e Cidadania (PV,PSB, PCdoB, REDE, PPS, PODE)	3
	Bloco Parlamentar Democracia Progressista (PP, PSD)	3
	Bloco Social Democrata (PSDB,DEM)	5
	Bloco Moderador (PTC, PTB, PSC, PR, PRB)	3
2017	Bloco Parlamentar da Resistência Democrática (PT, PDT)	8
	Maioria (PMDB)	8
	Bloco Social Democrata (PSDB, DEM)	5
	Bloco Parlamentar Socialismo e Democracia (PSB, PPS, PCdoB, REDE)	3
	Bloco Moderador (PR, PTB, PSC, PRB, PTC)	3
2016	Bloco Parlamentar da Resistência Democrática (PT, PDT)	8
	Maioria (PMDB)	8
	Bloco Social Democrata (PSDB, DEM)	5
	Bloco Parlamentar Socialismo e Democracia (PSB, PPS, PCdoB, REDE)	3
	Bloco Moderador (PR, PTB, PSC, PRB)	3
2015	Bloco de Apoio ao Governo (PT, PDT, PP)	8
	Maioria (PMDB) (PMDB, PSD)	8
	Bloco Parlamentar da Oposição	5
	Bloco Parlamentar Socialismo e Democracia	3
	Bloco Parlamentar União e Força	3

Quadro 6 – Composição das Comissões de Constituição e Justiça por blocos parlamentares ou partidos

(conclusão)

CÂMARA DOS DEPUTADOS		
Sessão Legislativa	**Bloco Parlamentar ou Partido**	**Número de Vagas**
2019	PT/PSB/PSOL/REDE	12
	PSL/PP/PSD/MDB/PL/PRB/DEM/PSDB/PTB/PSC/PMN	39
	PDT/PODE/SOLIDARIEDADE/PCdoB/PATRIOTA/CIDADANIA/PROS/AVANTE/PV/DC	14
	NOVO	1
2018	REDE	1
	MDB/PP/PTB/DEM/PRB/SD/PSC/PHS/PODE/PMN/PRP/PSDC/PATRI/PRTB	29
	PT/PSD/PR/PROS/PCdoB	20
	PSOL	1
	PSDB/PSB/PPS/PV	13
	PDT	2
	Bloco Moderador (PTC, PTB, PSC, PR, PRB)	3
2017	REDE	1
	PT/PSD/PR/PROS/PCdoB	20
	PSOL	1
	PSDB/PSB/PPS/PV	13
	PDT	2
	MDB/PP/PTB/DEM/PRB/SD/PSC/PHS/PODE/PMN/PRP/PSDC/PATRI/PRTB	29
2016	REDE	1
	PT/PSD/PR/PROS/PCdoB	19
	PSOL	1
	PSDB/PSB/PPS/PV	13
	PDT	2
	MDB/PP/PTB/DEM/PRB/SD/PSC/PHS/PODE/PMN/PRP/PSDC/PATRI/PRTB	29
2015	PTC	1
	PT/PSD/PR/PROS/PCdoB	21
	PSOL	1
	PSDB/PSB/PPS/PV	13
	PDT	2
	MDB/PP/PTB/DEM/PRB/SD/PSC/PHS/PODE/PMN/PRP/PSDC/PATRI/PRTB	28

Fonte: ANEXO F.

Como órgãos que surgem também a partir da necessidade de divisão dos trabalhos legislativos, o *número de membros das comissões* é critério relevante para o atendimento de seus propósitos. Se, por um lado, um número escasso de parlamentares pode transformar uma comissão – especialmente aquelas que atuam no início do processo legislativo – em gargalo da atividade parlamentar, por outro, um número excessivo de membros acaba por transmudar o órgão fracionário em uma espécie de 'plenário', com as dificuldades e problemas que lhe são inerentes.

Em que pese ser questão fundamental para o sucesso de suas atividades, "[r]ealmente, parece improvável a possibilidade de precisar, teoricamente, o número de membros que, congregando todos os elementos citados, fosse considerado como o mais adequado para o bom funcionamento das comissões".[246] [247]

---

[246] BRUSCO, Dilson Emílio. *Histórico das comissões permanentes da Câmara dos Deputados, 1823-2004: síntese histórica*. Brasília: Câmara dos Deputados, Coordenação de Publicações, 2006.

A análise dessa questão passa por dois principais motes: um de natureza *quantitativa* e outro de natureza *qualitativa*.

Do ponto de vista *qualitativo*, deve-se perquirir sobre qual é o número de parlamentares necessários para que uma proposição possa ser debatida com níveis adequados de envolvimento e de profundidade.

A esse respeito podem ser considerados alguns fatores/argumentos, com maior ou menor relevância, como se aponta no Quadro 7, a seguir:

Quadro 7 – Composição das comissões – fatores/argumentos

Argumentos que tendem a justificar uma composição numericamente maior	Argumentos que tendem a justificar uma composição numericamente menor
Maior representatividade.	Maior engajamento do votante.[248]
Redução do risco de equívocos ante o número maior de revisores.	Mais interação entre os membros.
	Membros com maior nível de especialização, considerando a base restrita de recrutamento dentre os parlamentares.

Fonte: Elaborado pela autora.

No que tange ao mote de natureza *quantitativa*, a composição de uma comissão deve considerar o volume de trabalho de fato existente[249] (*i.e.*, quantas proposições devem ser distribuídas ao órgão), o que não necessariamente indica que a integralidade dos membros deva estar envolvida em todos os processos de votação atribuídos àquela comissão.

Atualmente, as comissões são compostas por igual número de titulares e suplentes, no caso da Comissão de Constituição e Justiça, são 66 (sessenta e seis) membros na Câmara dos Deputados e 27 (vinte e sete) membros no Senado Federal. A presença e os votos dos suplentes

---

[247] Dada a variedade das funções atribuídas às comissões dentro do procedimento legislativo brasileiro, por certo, cada uma dessas atribuições possui características próprias que demandam uma análise quantitativa específica.

[248] Apesar de escapar aos limites propostos pelo presente trabalho e talvez uma afirmação dessa natureza não obedecer ao necessário 'rigor científico', é intuitivo que quanto maior o peso (proporcional) do voto, maior tende a ser o engajamento do votante.

[249] Uma análise quantitativa apta a calibrar o volume de atribuições do parlamento com o número de parlamentares distribuídos em cada comissão, foge ao recorte aqui proposto, já que demanda uma análise não apenas das PECs em tramitação, mas todas as atribuições legislativas do Congresso Nacional.

somente serão computados, se ausentes os titulares do bloco ou o partido a que pertençam.

Há, contudo, substancial diferença da forma como isso acontece em cada uma das Casas; enquanto na Câmara o voto dos suplentes conta em razão da ordem de chegada na reunião (ex., ausente um titular de seu bloco ou partido, será computada a presença e o voto daquele suplemente que primeiro tiver feito o registro de presença no sistema comissão); no Senado Federal, os suplentes já são indicados em ordem numérica de precedência (1º suplente, 2º...), portanto, havendo mais suplentes do que titulares ausentes na reunião de determinada comissão, a presença e voto serão computados de acordo com a ordem da lista.[250]

Tanto na Câmara dos Deputados como no Senado Federal, as Comissões de Constituição e Justiça observaram a tendência geral de aumento de número de membros, estando entre as maiores comissões em cada uma das Casas. As últimas alterações normativas nos Regimentos Internos, quanto à questão, ocorreram nos anos de 2015 e 2013, respectivamente.[251]

De fato, o aumento do número de membros favorece a representatividade dentro das comissões parlamentares, o que atribui maior legitimidade às deliberações do colegiado, além de facilitar o atendimento da disposição constitucional que prevê proporcionalidade na distribuição de vagas (art. 58, §1º, da CRFB/1988).

Contudo, em um ambiente no qual o pluralismo partidário ultrapassa a representatividade ideológica para atender interesses de outras naturezas, entende-se prescindível a presença de todos os partidos ou blocos dentro das comissões. Aliás, mesmo do ponto de vista macro, e considerando os prejuízos decorrentes do presidencialismo de coalização brasileiro, a tendência é justamente outra: a de se compreender como legítima a formação de cláusulas de barreiras.

Especificamente em relação à Comissão de Constituição e Justiça e sua respetiva atribuição para controle de constitucionalidade das PECs, há que se considerar a necessidade de prevalência, nesta etapa, do viés técnico/jurídico do processo legislativo sobre o político/democrático.

---

[250] Art. 84, do RISF e art. 57, IX-A, do RICD.

[251] Em que pese o número de membro das comissões na Câmara dos Deputados ser definido anualmente por ato da Mesa, tradicionalmente, a Comissão de Constituição e Justiça é composta pelo maior número de membros autorizado pelo Regimento Interno para uma Comissão. Uma amostra, composta pelos dados das 53ª, 54ª e 55ª legislatura, comprova que na última década, essa situação foi observada em todas as sessões legislativas. (ANEXO F)

Uma das consequências de se considerar o caráter preponderantemente técnico dessa atribuição é a desnecessidade de diferenciação do número de membros nas CCJs do Senado Federal e da Câmara dos Deputados. Isso porque, para se executar a função de controle de constitucionalidade de forma satisfatória, mostra-se desnecessária uma proporcionalidade entre a composição do pleno e o colegiado que irá votar o parecer.[252]

Assim, se, por um lado, a presença de 27 (vinte e sete) parlamentares, no Senado, parece suficiente para atender às necessidades qualitativas da deliberação, por outro, o número de 66 (sessenta e seis) parlamentares, conforme ocorre na Câmara, parece, no mínimo, desnecessário, já que organismos inchados "não são precisamente o ideal para lidar com os detalhes técnicos e complexos de qualquer problema".[253]

A *indicação dos membros* dos partidos e blocos que integrarão as comissões, na Câmara dos Deputados, ocorre no início de cada legislatura e das sessões legislativas que a compõe, entretanto, as substituições podem ocorrer a qualquer momento. Veja-se o histórico de substituição da CCJ (Gráfico 2) da Câmara dos Deputados na última legislatura:

Gráfico 2 – Histórico de substituição da CCJ da Câmara dos Deputados

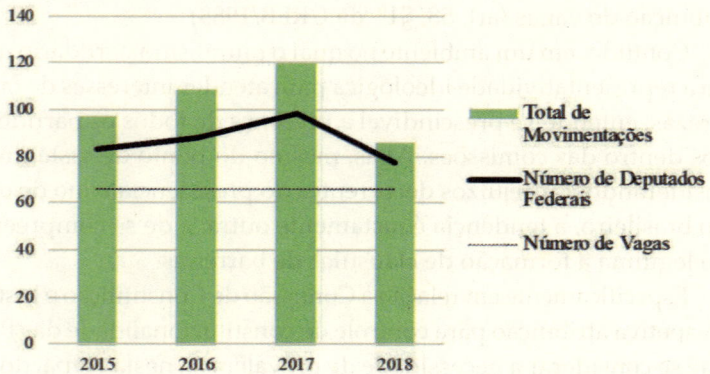

Fonte: Elaborado pela autora com informações extraídas do Anexo F.

---

[252] O raciocínio aqui é semelhante ao utilizado por Joseph La Palombra para tratar do número de comissões em legislaturas com um número menor de membros. (LA PALOMBARA, Joseph G. *A política no interior das nações*. Brasília, DF: Ed. Universidade de Brasília, 1982).

[253] LA PALOMBARA, Joseph G. *A política no interior das nações*. Brasília, DF: Ed. Universidade de Brasília, 1982, p. 118.

Por sua vez, no Senado Federal, a indicação dos membros das comissões permanentes é realizada no início da primeira e da terceira sessões legislativas da legislatura, podendo ocorrer substituições a qualquer tempo.

Entre os aspectos desejáveis para a adoção de um sistema de comissões parlamentares, estão a estabilidade de decisões e a experiência adquirida pela permanência de seus membros, além das vantagens atinentes à especialização do conhecimento. A possibilidade de substituição, a *qualquer momento*, dos parlamentares de *quaisquer comissões* e em *qualquer fase do processo legislativo* pelos líderes acaba por fixar a prevalência de critérios políticos, em momento em que o processo deveria tender à técnica, como é o caso das votações de admissibilidade de propostas de emenda à Constituição.

É bem verdade que, em algumas sessões legislativas, essas substituições não chegam a ser significativas, conforme demonstrado anteriormente, no Gráfico 2. Contudo, do ponto de vista subjetivo, considera-se que a mera possibilidade de substituição discricionária constitui forte fator de influência na posição e nos votos do parlamentar, que, para não perder assento no órgão com enorme reverberação política e midiática (como o é a CCJ), ou mesmo sofrer sanções partidárias, se afasta dos aspectos de juridicidade da proposição.

Uma forma de compatibilizar interesses partidários com a necessária estabilidade nas Comissões de Constituição e Justiça é a adoção, como *regra geral*, do dispositivo regimental do Senado Federal que regulamenta a substituição dos membros que atuem como presidentes nas comissões e *exige autorização da maioria da respectiva bancada*.

Além disso, outro fator que esvazia o debate no funcionamento das comissões parlamentares instaladas é o grande número de comissões e seus horários de funcionamento.

Pela atual formatação dos Regimentos Internos e atos normativos apartados, existem em funcionamento 25 (vinte e cinco) comissões permanentes na Câmara dos Deputados, 14 (catorze) no Senado Federal e 4 (quatro) comissões permanentes mistas, além das comissões temporárias (entre CPIs, comissões mistas para análise de medidas provisórias, comissões especiais, comissões).

Tabela 1 – Comissões temporárias na Câmara dos Deputados por Legislatura

COMISSÕES TEMPORÁRIAS

	52ª Legislatura (2003-2007)	53ª Legislatura (2007-2011)	54ª Legislatura (2011-2015)	55ª Legislatura (2015-2019)	56ª Legislatura (2019-2023)
Especiais, externas e GTs	116	118	130	182	24
CPIs	10	8	4	15	2
TOTAL	126	126	134	197	26

Fonte: BRASIL, 2019.[254]

No Senado Federal, cada parlamentar pode integrar até três comissões permanentes como titular e três como suplente (art. 77, §2º, do RISF), na Câmara dos Deputados, em tese, cada parlamentar pode ocupar somente uma comissão permanente como titular, com exceção das Comissões de Legislação Participativa, de Segurança Pública e Combate ao Crime Organizado, de Cultura, de Defesa dos Direitos das Pessoas com Deficiência, de Direitos Humanos e Minorias, do Esporte, de Meio Ambiente e Desenvolvimento Sustentável, de Relações Exteriores e de Defesa Nacional, de Turismo, de Integração Nacional, Desenvolvimento Regional e da Amazônia, de Defesa dos Direitos da Mulher e de Defesa dos Direitos da Pessoa Idosa'.[255]

Na prática, computadas as comissões permanentes, temporárias (unicamerais ou mistas) e grupos parlamentares, alguns parlamentares participam de mais de uma dezena de órgãos colegiados, simultaneamente:

Tabela 2 – Participação dos senadores mineiros em comissões

PARLAMENTAR	AGOSTO DE 2019	
SENADO	Titular	Suplente
Antônio Anastasia	16	2
Carlos Viana	11	13
Rodrigo Pacheco	18	6

Fonte: Elaborada pela autora com dados extraídos do Senado Federal.[256]

---

[254] BRASIL. Câmara dos Deputados. *Comissões Temporárias*. Brasília, DF: Câmara dos Deputados, 2019.

[255] BRASIL. Câmara dos Deputados. *Resolução nº 17, de 1989*. Aprova o Regimento Interno da Câmara dos Deputados (RICD). Brasília, DF: Câmara, 1989.

[256] BRASIL. Senado Federal. Brasília: Senado Federal, 2019.

Várias das reuniões desses órgãos são realizadas no mesmo horário, e os parlamentares, muitas vezes, querendo atuar de forma onipresente, transformam os corredores das casas legislativas em um verdadeiro caos. Marcam presença em uma reunião, saem para falar em outra comissão da qual nem sequer é membro – mas na qual há interesses de suas bases ou um projeto de sua autoria em votação –, e vão para o plenário, entram em uma audiência pública, saem, voltam...

Ordinariamente, as sessões deliberativas das casas legislativas acontecem de terça a quinta-feira, o que, na prática, reduz os dias úteis, no Congresso Nacional, a 3 (três).

As reuniões ordinárias das Comissões de Constituição e Justiça acontecem às quartas-feiras pela manhã em ambas as Casas Legislativas, sendo que, na Câmara dos Deputados, há também reuniões ordinárias às terças-feiras, na parte da tarde, e às quintas, no turno da manhã. No mesmo horário de funcionamento da CCJ acontecem diversas outras atividades parlamentares.

Os Quadros 8 e 9, a seguir, elaborados a partir de informações disponíveis nas páginas eletrônicas da Câmara dos Deputados e do Senado Federal, exemplificam o número de atividades parlamentares desenvolvidas no mês de maio de 2019, no mesmo horário das reuniões ordinárias da CCJs. Foram consideradas como atividades simultâneas aquelas agendadas com até 1 (uma) hora da diferença para o horário das reuniões da Comissão:

Quadro 8 – Reuniões ordinárias da CCJ na
Câmara dos Deputados – maio/2019

Data	Horário	Outras atividades parlamentares
terça-feira, 7	14h30	16
quarta-feira, 8	10h	20
terça-feira, 14	14h30	19
quarta-feira, 15	10h	17
terça-feira, 21	14h30	20
quarta-feira, 22	10h	25
quinta-feira, 23	09h	15
terça-feira, 28	14h30	15

Fonte: Elaborado pela autora.

Quadro 9 – Reuniões ordinárias da CCJ no Senado Federal – maio/2019

Data	Horário	Outras atividades parlamentares
quarta-feira, 8	10h	4
quarta-feira, 15	10h	5
quarta-feira, 22	10h	6
quarta-feira, 29	10h	5

Fonte: Elaborado pela autora.

Diante de tantas atividades simultâneas, é ainda mais surpreendente o fato de alguns parlamentares registrarem presença em até 10 (dez) atividades em um intervalo de 2 (duas) horas.

Joseph La Palombara, ao analisar comparativamente a situação de diversas legislaturas, chega a apontar justamente o *calendário legislativo* (sob uma perspectiva de número de leis aprovadas, número de legisladores e sessões) como a *única causa do declínio legislativo*, em sua função de elaborar regras.

> Considerando-se qualquer país, em qualquer ano e dividindo o número de dias de sessão legislativa pelo número de leis aprovadas, obtém-se uma medida aproximada do tempo dedicado a cada item de legislação. Dividindo então este tempo médio por lei pelo número total de legisladores, obtêm-se um índice de quanto tempo cada legislador teria dedicado à média das leis, caso todos os legisladores estivessem envolvidos. *A cifra seria baixíssima, não mais que alguns minutos por legislador por lei, na melhor das hipóteses.*[257]

A adoção de um sistema de comissões visa justamente minimizar esse problema da agenda legislativa, a partir de ajustes e reequilíbrio na divisão do trabalho parlamentar, o que, na prática, não vem acontecendo da maneira mais adequada, como ilustra a tabela anterior.

Embaraços dessa natureza não são privilégio do Poder Legislativo, mas uma consequência natural do aumento populacional e do incremento de complexidade nas relações sociais, a partir da ideia de globalização, dos avanços tecnológicos, do reconhecimento e da

---

[257] LA PALOMBARA, Joseph G. *A política no interior das nações*. Brasília, DF: Ed. Universidade de Brasília, 1982, p. 130.

interiorização de direitos, entre outros fatores. Executivo e Judiciário também lidam, dia a dia, com esses problemas decorrentes de um volume gigantesco, muitas vezes sobre-humano, de demandas. Aos interessados no *design* institucional compete a formatação de ideias para aprimoramento institucional.

Em síntese, do ponto de vista operacional, é possível concluir que há falhas no desenho do sistema de comissões parlamentares brasileiro, que geram distorções na atividade parlamentar e são passíveis de aprimoramento para melhorar a qualidade do trabalho, especialmente do controle de constitucionalidade de emendas à Constituição nas Comissões de Constituição e Justiça.

4.2 Consultoria legislativa: a necessária especialização

Outra vantagem da adoção do sistema de comissões é justamente a especialização da atividade parlamentar, a fim de possibilitar que o Deputado e/ou o Senador atuem com mais proximidade às áreas onde possui maior domínio ou aptidão ou, eventualmente, que adquira conhecimento, a partir da experiência vinda da atuação periódica na própria comissão.

Entretanto, dada a amplitude das atribuições do legislativo e, especialmente, as práticas estabelecidas nos corredores do parlamento para indicação e substituição de membros em seus órgãos, a mera criação de comissões mostrou-se insuficiente para resolver o que Manuel Gonçalves Ferreira Filho[258] denominou "problema do conhecimento especializado" necessário para que o parlamentar exerça a tempo e modo suas atribuições, sem que dependa de informações vindas de fontes externas, não necessariamente desinteressadas ou bem-intencionadas.

Assim, para assessorar e dar maior independência aos parlamentares, no exercício de suas funções constitucionais e regimentais que envolvem uma variedade de assuntos, existem as Consultorias Legislativas do Senado Federal e da Câmara dos Deputados.

A ideia de se instituírem órgãos de tal natureza não é inovação brasileira e possui antecedentes nos Estados Unidos, primeiro em âmbito estadual e depois, na esfera federal, na qual, no ano de 1916, foi criado junto à Biblioteca do Congresso o Serviço de Referência Legislativa

---

[258] FERREIRA FILHO, Manoel Gonçalves. *Do processo legislativo*. São Paulo: Saraiva, 2012.

(*Legislative Reference Service*) responsável por reunir e resumir trabalhos sobre os mais diversos temas para apreciação dos congressistas.[259]

Posteriormente, já na segunda metade da década de 1940, o órgão responsável por coletar informações foi associado ao Serviço de Informação Legislativa que tinha como atribuição prestar conselho e assistência, por meio de profissionais especializados em diversas áreas de conhecimento, a qualquer parlamentar ou comissão. Contudo, mesmo diante da existência dos serviços unificados, Ricardo José Pereira Rodrigues afirma que o modelo estadunidense é preponderantemente "realizado de forma descentralizada e altamente partidarizada",[260] além de ser bem mais limitado do que aquele adotado em territórios brasileiro, ao menos em nível federal.

No Brasil, a história do assessoramento legislativo por meio de departamento formal, permanente e institucional,[261] inicia-se no Senado Federal com a criação de uma Seção de Assessoria Legislativa, dentro da Diretoria das Comissões, ainda na década de 1950 (Resolução nº 4, de 1955), posteriormente substituída pela Diretoria de Assessoria Legislativa instituída na Resolução nº 60/1960.[262] Em 1972, a Resolução nº 58 define a Assessoria como um dos órgãos de Assessoramento Superior, com competência para assessorar a Mesa, as Comissões Permanentes e Temporárias, os Senadores e as Lideranças nas suas funções legislativa, parlamentar e fiscalizadora. Em 1994, a Resolução nº 73 altera o nome do órgão para Consultoria Legislativa.

Atualmente, compete ao Regulamento Administrativo do Senado Federal (RASF) estabelecer a estrutura organizacional e disciplinar do funcionamento da Casa, na qual se incluem as atribuições das Consultorias Legislativa e de Orçamentos, Fiscalização e Controle,[263] órgãos de assessoramento superior às atividades legislativas, bem como de seus servidores.

---

[259] FERREIRA FILHO, Manoel Gonçalves. *Do processo legislativo*. São Paulo: Saraiva, 2012.

[260] RODRIGUES, Ricardo José Pereira. A Consultoria Legislativa e a difusão de seu modelo institucional do Poder Legislativo. *In*: 40 ANOS de Consultoria Legislativa: consultores legislativos e consultores de orçamento. Brasília: Câmara dos Deputados, Edições Câmara, 2011, p. 87. (Série obras comemorativas. Homenagem; nº 1).

[261] Sobre tipos de assessoramento parlamentar. HORTA, Anderson Braga. Breve memória sobre o assessoramento legislativo na Câmara dos Deputados. *In*: 40 ANOS de Consultoria Legislativa: consultores legislativos e consultores de orçamento. Brasília: Câmara dos Deputados, Edições Câmara, 2011. (Série obras comemorativas. Homenagem; nº 1)

[262] BRASILEIRO, Ana Maria. *O assessoramento legislativo*. Rio de Janeiro, Fundação Getúlio Vargas, 1968.

[263] Art. 227 do RASF.

Na Câmara dos Deputados, por sua vez, a Resolução nº 20, de 1971, criou a Assessoria Parlamentar e a Assessoria Técnica Especializada vinculadas, respectivamente, ao Centro de Documentação e Informação e ao Departamento de Comissões, e posteriormente reunidas em uma estrutura única (Resolução nº 52, de 1973). Em 1979, foi criada na Casa a Assessoria de Orçamento e Fiscalização Financeira, dedicada à consultoria de caráter orçamentário e com corpo próprio. A Resolução nº 28, de 1998, passa a denominar as estruturas como Consultoria, respectivamente, Legislativa e de Orçamento e Fiscalização Financeira.[264]

Atualmente, a Consultoria Legislativa da Câmara dos Deputados possui 177 (cento e setenta e sete) consultores[265] e está dividida em 22 (vinte e duas) áreas de conhecimento, que podem atuar de forma isolada ou multidisciplinar, a depender da demanda recebida. O Senado Federal conta com 190 (cento e noventa) consultores legislativos e a Consultoria Legislativa está dividida em 23 (vinte e três) áreas de conhecimento.

O assessoramento parlamentar possui substancial importância no rebalanceamento da natural assimetria de informação entre a produção de conhecimento especializado nos ambientes externos e as hercúleas atribuições parlamentares. Os membros do Congresso Nacional têm de legislar, fiscalizar, julgar contas e crimes de responsabilidade, administrar as Casas, os respectivos gabinetes, as comissões e os órgãos internos onde possuem assento, negociar com o Executivo, dialogar com suas bases, representar a sociedade perante o parlamento e o próprio parlamento ou o partido político ao qual estão vinculados, formalmente ou informalmente, em eventos das mais diversas naturezas, entre outras atividades. Para lidar com todas essas atribuições e fazer frente ao conhecimento produzido pela iniciativa privada e pelo Poder Executivo (e suas dezenas de ministérios, secretárias, agências reguladoras e outras autarquias), as Consultorias Legislativas atuam fornecendo subsídios às decisões parlamentares de maneira institucional.

Há, contudo, evidente dificuldade nessa institucionalização do conhecimento no processo legislativo (e na formulação de políticas públicas em sentido mais amplo), de maneira que o viés técnico não destitua as propostas governamentais de legitimidade. Estudo realizado

---

[264] AZEVEDO, Luiz Henrique Cascelli. Consultoria legislativa e assessoramento institucional: 40 anos. *In*: 40 ANOS de Consultoria Legislativa: consultores legislativos e consultores de orçamento. Brasília: Câmara dos Deputados, Edições Câmara, 2011. (Série obras comemorativas. Homenagem; nº 1).

[265] Informações de julho de 2019 (ANEXO F).

pelo Banco Interamericano de Desenvolvimento, em parceria com o *David Rockfeller Center for Latin Studies*, da Universidade de Havard,[266] com foco no progresso social e econômico da América Latina, ressalta a necessidade de equilíbrio entre as racionalidades técnica e política, pois, decisões baseadas em critérios meramente ideológicos e em acordos políticos podem não atender às demandas reais da sociedade, enquanto a opção por acolher critérios técnico-científicos de maneira isolada pode criar normas sem eficácia social ou que dificultem etapas posteriores de expansão.[267] O caso brasileiro é citado como exemplo de sucesso do acoplamento entre técnica e política.

> Um exemplo da vinculação construtiva entre os enfoques técnico e político da formulação de políticas encontra-se, no Brasil, na mudança progressiva das relações entre os poderes Executivo e Legislativo com base no desenvolvimento da transparência no processo decisório e das competências técnicas do Congresso por meio do fortalecimento das assessorias parlamentares.[268]

Vale a esta altura uma observação de caráter metodológico: não obstante os resultados apresentados pelo BID advirem de uma análise mais ampla do papel do conhecimento e de seus atores na formulação de políticas públicas, no Brasil – onde o texto constitucional é especialmente analítico –, a consolidação desses projetos tangencia quase sempre a reforma constitucional, aplicando-se ao legislativo os argumentos

---

[266] DAVID ROCKEFELLER CENTER FOR LATIN AMERICAN STUDIES FOR HARVAD UNIVERSITY. Tradução do Banco Interamericano de Desenvolvimento. *Relatório 2006:* a política das políticas públicas: progresso econômico e social na América Latina. Rio de Janeiro, Elsevier. Washington DC: BID, 2007.

[267] O estudo do BID cita como exemplo de desequilíbrio em favor da racionalidade técnica as políticas econômicas adotadas por diversos países, na década de 1990, onde a delegação da tomada de decisões a tecnocratas "comprometeu sua sustentabilidade e, em alguns casos, limitou a possibilidade de expansão do processo de reformas a novas áreas. Os resultados das presidências de Carlos Menem, na Argentina, e de Alberto Fujimori, no Peru, ressaltam os custos em potencial desse enfoque. De modo semelhante, o descrédito da privatização aos olhos do público, a despeito de evidências empíricas de seus resultados positivos, constitui outro exemplo dos custos decorrentes da ausência de um consenso político em apoio às reformas." DAVID ROCKEFELLER CENTER FOR LATIN AMERICAN STUDIES FOR HARVAD UNIVERSITY. Tradução do Banco Interamericano de Desenvolvimento. *Relatório 2006:* a política das políticas públicas: progresso econômico e social na América Latina. Rio de Janeiro, Elsevier. Washington DC: BID, 2007, p. 123.

[268] DAVID ROCKEFELLER CENTER FOR LATIN AMERICAN STUDIES FOR HARVAD UNIVERSITY. Tradução do Banco Interamericano de Desenvolvimento. *Relatório 2006:* a política das políticas públicas: progresso econômico e social na América Latina. Rio de Janeiro, Elsevier. Washington DC: BID, 2007, p. 124.

sobre o equilíbrio entre a racionalidade técnica *versus* racionalidade política, e não apenas (ou preponderantemente) ao Executivo. Aliás, como explicitado, é preocupação recorrente dentro da temática do assessoramento, a independência informacional do Legislativo em relação ao próprio Poder Executivo, estando na raiz da opção por um assessoramento próprio e permanente "a necessidade, vivamente sentida pelos parlamentares, de independência na obtenção e no tratamento da informação, relativamente ao 'todo- poderoso' Executivo".[269]

Um exemplo da interferência do conhecimento técnico na formulação de políticas públicas que passam pelo processo legislativo e da importância da simetria de informações aconteceu na tramitação da mais recente Reforma da Previdência, PEC nº 06/2019, quando o Ministério da Economia, responsável pela formulação da proposta apresentada pelo Presidente da República, decidiu não divulgar imediatamente estudos e dados técnicos que embasaram o texto da proposição.[270] [271]

O atrito se iniciou quando a proposição tramitava ainda na CCJ, onde o objeto da deliberação deveria ser a admissibilidade jurídica da proposta e não o seu mérito, e teve considerável reverberação política,[272]

---

[269] HORTA, Anderson Braga. Breve memória sobre o assessoramento legislativo na Câmara dos Deputados. *In*: 40 ANOS de Consultoria Legislativa: consultores legislativos e consultores de orçamento. Brasília : Câmara dos Deputados, Edições Câmara, 2011, p. 35. (Série obras comemorativas. Homenagem; nº 1)

[270] *"Governo decreta sigilo sobre estudos que embasam reforma da Previdência Cidadão não tem acesso a dados econômicos e sociais que sustentam a mudança na Constituição.* O Ministério da Economia decretou sigilo sobre estudos e pareceres técnicos que embasaram a PEC (Proposta de Emenda à Constituição) da Previdência. Assim, não é possível ao cidadão comum, afetado diretamente pelas mudanças em pensões e aposentadorias, ter acesso a argumentos, estatísticas, dados econômicos e sociais que sustentam o texto em tramitação. A decisão de blindar os documentos consta de resposta da pasta a um pedido da Folha para consultá-los, formulado com base na Lei de Acesso à Informação após o envio da PEC ao Congresso. [...]" FABRINI, Fábio; CARAM, Bernardo. Governo decreta sigilo sobre estudos que embasam reforma da Previdência. *Folha de S. Paulo*, São Paulo, 21 abr. 2019.

[271] *"Rogério Marinho diz que não há decretação de sigilo sobre dados da reforma* O secretário especial afirmou que nenhum outro governo que apresentou uma proposta de reforma da previdência desagregou os dados do projeto [...] "O secretário especial de Previdência e Trabalho, Rogério Marinho, negou hoje que há decretação de sigilo sobre o detalhamento dos dados da reforma da Previdência. À Rádio Globo, o secretário disse que a equipe econômica refina os números para levá-los à comissão especial de mérito e ressaltou que os dados que embasaram apresentação da proposta são públicos e estão no Congresso desde 2017." NASCIMENTO, Bárbara. Rogério Marinho diz que não há decretação de sigilo sobre dados da reforma. *Estadão*, 22 abr. 2019. Economia.

[272] *"Sigilo sobre dados que embasam proposta sobre Previdência pode gerar dificuldades na CCJ.* A votação da reforma da Previdência (PEC 6/19) pela Comissão de Constituição e Justiça nesta tarde pode ser complicada pelo debate envolvendo o sigilo decretado pelo Ministério da Economia aos dados que embasam a proposta. [...]" BITTAR, Paula. *Sigilo sobre dados que*

jurídica[273] e social, tendo se tornado argumento para tentativa de obstrução[274] [275] pelos parlamentares contrários à proposta (que tinham assento na comissão) e para a judicialização[276] da questão.

As assessorias parlamentares, sobretudo quando organizadas em um departamento do próprio parlamento, possuem enorme poder de influência nos trabalhos legislativos, e, a depender da postura adotada por seus integrantes, podem gerar tumulto na atividade política.

A influência de um departamento assim organizado, sobre o trabalho legislativo, é, como é fácil de prever, extremamente grande. Essa influência, todavia, pode não ser benéfica se os técnicos a ele pertencentes forem além de sua tarefa específica. Tal, porém, não sucedeu nos Estados Unidos, segundo assinala Finer, já que o Serviço tem procurado pautar sua atitude, em função de quatro princípios básicos. Em primeiro lugar, nenhuma opinião é emitida, nenhuma recomendação é feita, sem prévia solicitação. Segundo, o nível das informações e dos pareceres fornecidos deve ser tal que nem o Executivo nem organização alguma possa contar com membros. Terceiro, o Serviço não deve contentar-se com as recomendações vindas da assessoria do Executivo mas deve procurar analisar-lhes as falhas e levar em conta a contribuição trazida pelas entidades interessadas. Enfim, nas questões politicamente controversas,

---

embasam proposta sobre Previdência pode gerar dificuldades na CCJ. Brasília: Agência Câmara Notícias, 23 abr. 2019.

[273] *"Sigilo de dados pode levar reforma da Previdência para uma batalha judicial*
Oposição quer adiamento da votação de hoje na Comissão de Constituição e Justiça até que seja retirado o sigilo sobre a Previdência determinado pela equipe econômica do governo. Às vésperas da decisão sobre a admissibilidade da reforma da Previdência, parlamentares de oposição querem suspender a votação prevista para hoje na Comissão de Constituição e Justiça (CCJ) da Câmara dos Deputados.
Os deputados pediram o adiamento até que seja retirado o sigilo determinado pelo governo sobre estudos que embasam a proposta. [...]" FONSECA, Marcelo da. Sigilo de dados pode levar reforma da Previdência para uma batalha judicial. *Estado de Minas*, Belo Horizonte, 23 abr. 2019.

[274] "Partidos como PT, PCdoB, PDT e PSOL recolheram assinaturas para tentar travar a tramitação da PEC (Proposta de Emenda à Constituição) da Previdência até que dados de impacto da reforma que foram considerados sigilosos sejam liberados." BOLDRINI, Angela; RESENDE, Thiago. Oposição tenta suspender tramitação da reforma da Previdência: Foram reunidas 103 assinaturas para sustar a análise do tema por 20 dias. *Folha de São Paulo*, São Paulo, 29 abr. 2019. Previdência.

[275] WETERMAN, Daniel; TURTELLI, Camila. Oposição quer barrar votação da Previdência na CCJ exigindo divulgação de dados. *Estadão*, 22 abr. 2019. Economia & Negócio.

[276] "O deputado federal Aliel Machado (PSB-PR) pediu para que o Supremo Tribunal Federal (STF) suspenda, em caráter provisório, a votação do parecer da reforma da Previdência na Comissão de Constituição e Justiça (CCJ) da Câmara dos Deputados, prevista para esta semana. MUNIZ, Mariana. Deputado quer que STF suspenda discussão da reforma até fim do sigilo. *Valor Econômico*, 22 abr. 2019.

as recomendações devem ser imparciais, não escamoteando as razões de nenhuma das partes.[277]

No Brasil, a situação não é diferente: o modelo adotado prioriza a instituição e os Parlamentares, sendo um elemento de continuidade técnica[278] estruturado de forma apartidária e sem vinculação ideológica.[279] Na prática, há uma relação de confiança que subjaz as atividades realizadas pelas Consultorias Legislativas, que atuam sob determinação de sigilo,[280] cabendo unicamente ao Parlamentar a decisão de (e como) divulgar os trabalhos. Não cabe ao Consultor o protagonismo da atividade legislativa.

A Resolução da Câmara dos Deputados que disciplina sobre competência, estrutura e funcionamento da Consultoria Legislativa, à época ainda denominada Assessoria Legislativa, tem previsão específica sobre o tema:

> Art. 13. A consultoria e o assessoramento revestem-se de caráter sigiloso, não expressando a produção documental necessariamente posição do Órgão ou de seus integrantes, desobrigados estes, em qualquer caso, de compromisso institucional ou pessoal em razão da orientação ou da destinação dada ao trabalho pelo solicitante.
> Parágrafo único. As obras intelectuais produzidas na Assessoria Legislativa são da titularidade e uso público dos que as encomendaram, ressalvadas as informações técnicas que, por seu caráter científico ou geral, possam servir de base à execução de outros trabalhos, bem como os estudos ou relatórios de cunho pessoal do Consultor ou Assessor. [....][281]

O que pode parecer para muitos uma vedação indevida, já que os trabalhos são realizados pelos consultores – que nada mais são que

---

[277] FERREIRA FILHO, Manoel Gonçalves. *Do processo legislativo*. São Paulo: Saraiva, 2012.

[278] RODRIGUES, Ricardo José Pereira. A Consultoria Legislativa e a difusão de seu modelo institucional do Poder Legislativo. *In*: 40 ANOS de Consultoria Legislativa: consultores legislativos e consultores de orçamento. Brasília: Câmara dos Deputados, Edições Câmara, 2011. (Série obras comemorativas. Homenagem; nº 1).

[279] Não se quer aqui dizer que os consultores não tenham opções ideológicas ou políticas que, como seres humanos que são, influenciem na redação de seu trabalho, mas que há uma opção estrutural pela imparcialidade partidária do órgão.

[280] Uma fração pequena dos estudos legislativos que se ressalvam ao sigilo é divulgada nas páginas eletrônicas das Consultorias: BRASIL. Câmara dos Deputados. *Estudos e notas técnicas*. Brasília, DF: Câmara dos Deputados, 2019; BRASIL. Câmara dos Deputados. *Estudos Legislativos*. Brasília, DF: Câmara dos Deputados, 2019.

[281] BRASIL. Congresso Nacional. Câmara dos Deputados. Resolução nº 48 de 1993. Dispõe sobre a Assessoria Legislativa. *Diário da Câmara dos Deputados*, Brasília, 27 ago. 1993.

servidores públicos, atuando dentro do contexto de produção legislativa, em um Estado Democrático –, é justificado pela necessidade de confiança entre a consultoria e o parlamentar, de modo que a atuação técnica não interfira na atuação política.

Em geral, os próprios consultores veem com bons olhos a reserva de seus trabalhos, entendendo que possuem mais a contribuir, em uma relação quase confessional com o parlamentar, do que a partir da adoção de uma postura adversarial e contundente. Célio de Souza vê, justamente neste ponto, o equilíbrio entre a orientação política e a orientação técnica.

> Sem embargo de se poder discutir a prevalência da orientação política sobre a orientação técnica, a questão crucial do justo equilíbrio entre a orientação técnica desenvolvida pelo profissional e a orientação política desejada pelo demandante do trabalho encontrou disciplinamento razoável, seja pela confidencialidade da produção intelectual, que afasta a exposição do profissional, seja pela ressalva de respeito ao entendimento técnico-científico quando o pronunciamento pessoal do consultor ou assessor legislativo é solicitado.[282]

Assim, mesmo quando se está diante de um pedido teratológico, cabe ao Consultor fazer o que lhe for demandado. É bem verdade que a própria Resolução nº 48/1993 define como competência do consultor informar ao parlamentar sobre eventual inviabilidade constitucional, jurídica, legal ou regimental, técnica, financeira ou orçamentária de proposição que lhes tenha sido distribuída para relatar ou elaborar (art. 6º, IV, da Resolução nº 48, de 1993). Considere-se, contudo, que as referidas manifestações, também revestidas de sigilo, não possuem qualquer efeito vinculante e não obstam a obrigação do servidor de prosseguir com o trabalho que lhe foi solicitado, caso assim entenda o parlamentar.

Interessante passagem narrada na obra elaborada por Marcos Nardon, em comemoração aos *40 anos de consultoria legislativa*, ilustra bem o papel da assessoria:

> Determinado dia, o Presidente da República, perguntado por uma criança como procederia se recebesse salário mínimo, saiu-se com a

---

[282] SOUZA, Célio de. A Resolução nº 48, de 1993, e a consolidação do assessoramento legislativo institucional da Câmara dos Deputados. *In:* 40 ANOS de Consultoria Legislativa: consultores legislativos e consultores de orçamento. Brasília: Câmara dos Deputados, Edições Câmara, 2011, p. 63. (Série obras comemorativas. Homenagem; nº 1).

infelicíssima resposta: "Eu dava um tiro no coco!". Pois bem, num ambiente político de normalidade democrática, uma tal declaração já seria capaz de deflagrar críticas acerbas ao chefe da nação. Mais ainda num ambiente de um presidente eleito indiretamente por um colégio eleitoral, de bipartidarismo e de compreensível polarização das vertentes governista e oposicionista. Um parlamentar da oposição solicitou à Assessoria Legislativa a redação de um discurso de pequeno expediente condenando a atitude do Presidente da República, ao dar o triste exemplo para uma criança. Assim foi feito. Terminado o trabalho, já hora do almoço e poucos assessores presentes, adentra o recinto um outro deputado, desta feita da situação, para pedir exatamente o contrário, ou seja, um texto defendendo o chefe da nação, o mesmo a ter declarado preferir o cheiro de cavalo ao cheiro de povo...
Mais uma vez, assim foi feito, e o mesmo assessor teve de praticamente apagar de sua memória o escrito daquela manhã para, durante o horário de almoço, discorrer sobre os mal-entendidos nas declarações do Presidente da República, sobre o verdadeiro sentido de suas afirmações "não absolutamente desastradas", mas espelhando uma "profunda preocupação social" com relação à política de fixação dos valores do salário mínimo – na época, ainda, regionalizado e de responsabilidade de seu poderoso ministro da Fazenda.[283]

No Senado Federal, as solicitações de trabalhos à Consultoria Legislativa são feitas pelo parlamentar (ou por seus assessores), por meio do Sistema de Acompanhamento das Consultorias (SAC), enquanto, na Câmara dos Deputados, as solicitações são realizadas pelo Sistema de Solicitações e Acompanhamento de Trabalhos da Consultoria Legislativa (SisConle).

---

footnote[283] NARDON, Marcos. Fatia do tempo. *In*: 40 ANOS de Consultoria Legislativa: consultores legislativos e consultores de orçamento. Brasília: Câmara dos Deputados, Edições Câmara, 2011, p. 105. (Série obras comemorativas. Homenagem; nº 1).

Figura 8 – Sistema de Solicitações e Acompanhamento
de Trabalhos da Consultoria Legislativa (SisConle)

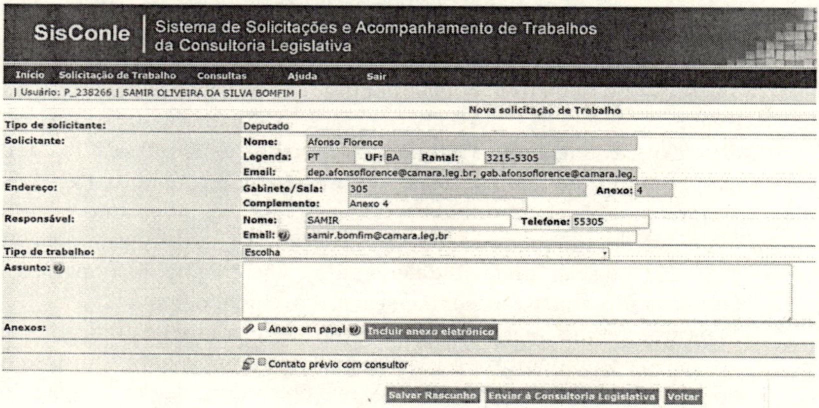

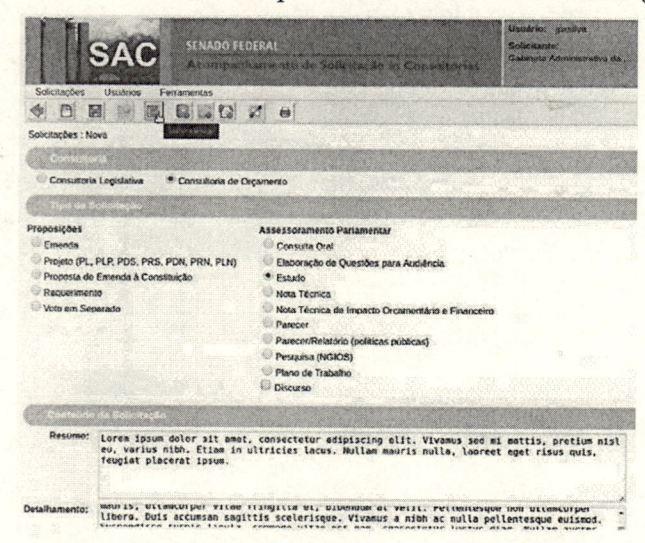

Fonte: BRASIL, 2019.[284]

Figura 9 – Sistema de Acompanhamento das Consultorias (SAC)

Fonte: SISTEMA DE INFORMAÇÃO AO CIDADÃO, 2019.[285]

---

[284] BRASIL. Câmara dos Deputados. *Manual do novo Sistema de Solicitações e Acompanhamento de trabalhos da Consultoria Legislativa – SIsCONLE*. Brasília, DF: Câmara dos Deputados, 2019.

[285] SISTEMA DE INFORMAÇÃO AO CIDADÃO. *Conect nº 19792*. Destinatário: Bárbara Brum Nery. Brasília, 5 ago. 2019. 1 mensagem eletrônica. (ANEXO H).

As Consultorias Legislativas não disponibilizam cópia das solicitações dos parlamentares, nem mesmo dos trabalhos elaborados a partir dessas solicitações, não sendo possível, portanto, que um pesquisador externo mensure quando e quanto a atuação do órgão contribuiu, de forma substancial, para a alteração da posição do parlamentar, no processo de admissibilidade de uma proposta de reforma constitucional, ou mesmo quantas solicitações foram feitas já com a indicação do resultado pretendido, seja pela aprovação, seja pela rejeição da PEC.

Com base na lei de acesso à informação, solicitou-se à Câmara dos Deputados a seguinte informação de caráter quantitativo:

> [...] qual é a peça adicional que o consultor deve enviar ao parlamentar para atender o disposto no artigo 6º, IV da Resolução nº 48, de 1993 (informar, preliminarmente, o solicitante, quando for o caso, da inviabilidade constitucional, jurídica, legal ou regimental, técnica, financeira ou orçamentária de proposição que lhes tenha sido distribuída para relatar ou elaborar)? Quantos pareceres sobre emenda constitucional direcionados à CCJ, produzidos pela Consultoria Legislativa foram acompanhados dessa peça adicional?[286]

A Consultoria Legislativa da Câmara prestou as seguintes informações, tendo como referência o período compreendido entre 15 de maio de 2005 e 4 de abril de 2019:

> [...] Em atenção ao demandado pela senhora Bárbara Brum Nery, informamos que a Consultoria Legislativa tem a Informação Técnica como instrumento precípuo para a função de informar, preliminarmente, o solicitante, quando for ocaso, da inviabilidade constitucional, jurídica, legal ou regimental, técnica, financeira ou orçamentária de proposição que lhes tenha sido distribuída para relatar ou elaborar.
> Nesse sentido, informamos que desde 15/5/2005 até o dia 4 de abril de 2019 foram 1.393 minutas de parecer à Proposta de Emenda à Constituição no âmbito da Comissão de Constituição e Justiça e de Cidadania, das quais 102 foram acompanhadas de Informação Técnica.[287]

---

[286] CÂMARA DOS DEPUTADOS. *Resposta a Solicitação de Informação – LAI*. Assunto: Número de minutas de parecer à PEC elaborados pela Consultoria Legislativa e acompanhados de Informação Técnica. Destinatário: Bárbara Brum Nery. Brasília, 2019. 1 mensagem eletrônica. (ANEXO H).

[287] CÂMARA DOS DEPUTADOS. *Resposta a Solicitação de Informação – LAI*. Assunto: Número de minutas de parecer à PEC elaborados pela Consultoria Legislativa e acompanhados de Informação Técnica. Destinatário: Bárbara Brum Nery. Brasília, 2019. 1 mensagem eletrônica. (ANEXO H).

Em síntese, entre os trabalhos elaborados pela Consultoria Legislativa da Câmara dos Deputados, para instruir parecer sobre emenda à Constituição em tramitação na CCJ, há registro de 102 (cento e dois) pareceres terem sido acompanhados de Informação Técnica, não sendo possível, contudo, precisar quais dessas informações tinham como finalidade informar ao parlamentar sobre alguma impropriedade jurídica em seu pedido. Ademais, é possível que as referidas considerações de caráter técnico tenham sido remetidas por outros meios ao Deputado solicitante.

Solicitação análoga foi encaminhada ao Sistema de Informação ao Cidadão do Senado Federal, que não atendeu ao pleito, sob o seguinte fundamento:

> Em relação ao item 2, cabe informar que o atendimento do pedido demandaria a leitura de todas as Notas Técnicas elaboradas em conjunto com as minutas de pareceres em questão para verificar quais delas contém 'alguma ressalva de entendimento ou de inconstitucionalidade.' Por essa razão, o pedido se enquadra no inciso III do art. 13 do Decreto nº 7.724, de 16 de maio de 2012:
>
> Art. 13. Não serão atendidos pedidos de acesso à informação:
>
> ....
>
> III – que exijam trabalhos adicionais de análise, interpretação ou consolidação de dados e informações, ou serviço de produção ou tratamento de dados que não seja de competência do órgão ou entidade. Ademais, os trabalhos produzidos no âmbito da Consultoria Legislativa com objetivo de consultoria e assessoramento parlamentar são considerados, nos termos do art. 258 do Regulamento Administrativo do Senado Federal, consolidado pela Resolução nº 13, de 2018, como "informação prestada em razão do exercício do mandato, mantendo-se a salvaguarda do §6º do art. 53 da Constituição Federal.[288]

Em que pese a impossibilidade de uma análise qualitativa do papel das consultorias legislativas na formação da posição jurídica do parlamentar (especialmente em razão do caráter sigiloso atribuído aos trabalhos do órgão), os pontos considerados nesta subseção indicam uma atuação positiva e comprometida dos órgãos de assessoramento parlamentar com a garantia da juridicidade constitucional.

---

[288] SISTEMA DE INFORMAÇÃO AO CIDADÃO. Conect nº 19792. Destinatário: Bárbara Brum Nery. Brasília, 5 ago. 2019. 1 mensagem eletrônica. ANEXO H.

4.3 A interpretação da lei e o ambiente político

Este capítulo e o anterior objetivaram, primordialmente, uma análise normativa e empírica da atividade parlamentar, com foco no controle de constitucionalidade de propostas de emendas à Constituição. Nesse contexto, foi possível delinear a existência de etapas dentro da tramitação de uma PEC em que a fixação de critérios e de formas com foco na juridicidade é necessária para a garantia da rigidez constitucional.

Por certo, na contemporaneidade, não mais se sustenta uma concepção como a de Emmanuel Joseph Sieyés[289] sobre o caráter ilimitado do poder constituinte originário; também não prevalece a ingenuidade da noção de 'legislador' como uma figura quase mítica. Em relação à atividade subsequente de aplicação das normas politicamente estabelecidas, também não há mais ambiente para a ideia positivista exegética de aplicação do direito como uma atividade de subsunção (quase) mecânica de premissas jurídicas a situações de fato, na qual o juiz atuaria de forma neutra como um terceiro não afetado pela lide.

Reconhece-se, contudo, que *atividade de aplicação normativa*, seja de uma lei em sentido ordinário, seja de uma norma constitucional, *é substancialmente diversa da atividade política de elaboração legislativa*, esta muito menos limitada.

> Em primeiro lugar, enquanto a política é vista como uma questão de livre escolha ou arbítrio, e lei é entendida como contendo um componente objetivo que obriga e limita. Em política, um legislador é livre para agir conforme entende ser melhor. A lei, em contraste, é mais limitada e limitante. A interpretação da lei, ao contrário do legislador, não é uma questão de mera vontade e preferência, mas de certo modo, é formalmente limitada pelos resultados da política.[290]

A partir dessa distinção entre o viés político de criação legislativa e o viés jurídico de aplicação da norma, o *devido processo legislativo* pode ser entendido com um procedimento complexo que *envolve* esse viés em suas *diferentes fases*, da iniciativa à promulgação da norma.

---

[289] SIEYÈS, Emmanuel Joseph. *A Constituição burguesa*: qu'est-ce que le Tiers État? Tradução de Norma Azevedo. Rio de Janeiro: Lumen Juris, 2001.

[290] KRAMER, Larry. Democracia deliberativa e constitucionalismo popular: James Madison e o "Interesse do Homem". *In*: BIGONHA, Antônio Carlos Alpino; MOREIRA, Luiz (org.). *Limites do controle de constitucionalidade*. Rio de Janeiro: Lumen Juris, 2009.

Em *algumas dessas etapas,* diante da alocação de competências estabelecidas por critérios de *institutional choice* – especialmente da responsabilidade deixada para o legislativo quanto aos limites formais de emenda à Constituição –, *os parlamentares devem atuar mais próximos da ideia de intérpretes e garantidores da Constituição* e menos como políticos. Os momentos ordinários de controle de constitucionalidade são exemplos dessas etapas.

Novamente, não se trata de retirar do parlamento a zona de ductibilidade própria da atividade política-legislativa, mas entender que, em alguns momentos da tramitação de uma proposição cujo objeto envolve reforma constitucional, transigir com aspectos jurídicos-normativos afeta a própria ideia de supremacia da Constituição.

Há, de fato, um *descompasso* entre o que se espera do parlamento na garantia do procedimento e alguns aspectos do desenho institucional vigente que cria distorções e dificulta a prevalência do jurídico sobre o político.

Nesse sentido, merecem especial atenção os seguintes pontos: a ampla discricionariedade político-partidária na indicação e na substituição de membros para as vagas das Comissões de Constituição e Justiça; o excessivo número de membros participantes do juízo de admissibilidade das PECs na CCJ da Câmara; o número reduzido de 'dias úteis' no Congresso Nacional, com a realização de reuniões 'encavaladas'; e, por fim, a participação dos parlamentares em muitas comissões e reuniões simultâneas sem qualquer grau de coerência quanto aos assuntos debatidos.

CAPÍTULO 5

O CONTROLE DE CONSTITUCIONALIDADE COMO FILTRO NO PROCESSO LEGISLATIVO: CONSEQUÊNCIAS DO MODELO VIGENTE

Em 30 (trinta) anos de vigência,[291] a CRFB/1988 foi reformada formalmente em *107* (cento e sete) diferentes oportunidades: *6* (seis) *emendas de revisão, 2* (dois) *tratados sobre direitos humanos* (art. 5º, §3º, da CRFB/1988)[292] e *99* (noventa e nove) *emendas constitucionais* (art. 60, da CRFB/1988).

Se o número de alterações no texto confirma a constatação de James Bryce,[293]no sentido de que rigidez e estabilidade constitucionais não se confundem, os bastidores do parlamento evidenciam a importância dos limites formais e materiais à reforma constitucional para a garantia de sua juridicidade.

Até dezembro de 2018, tramitaram nas casas legislativas milhares de propostas de reforma ao texto constitucional na forma do seu art. 60, mais precisamente *3.516* (três mil quinhentas e dezesseis) na Câmara dos Deputados e *1.694* (mil seiscentos e noventa e quatro) no Senado Federal.

---

[291] Entre 1988 e 2018.

[292] Convenção Internacional sobre os Direitos das Pessoas com Deficiência e seu Protocolo Facultativo, assinados em Nova York, em 30 de março de 2007, aprovados pelo Decreto Legislativo nº 186/2008 e promulgados pelo Decreto nº 6.949/2009 e a Tratado de Marraqueche para Facilitar o Acesso a Obras Publicadas às Pessoas Cegas, com Deficiência Visual ou com outras Dificuldades para Ter Acesso ao Texto Impresso, aprovado pelo Decreto Legislativo nº 261/2015 e promulgado pelo Decreto nº 9.522/2018.

[293] BRYCE, James. *Constituiciones flexibles y Constituciones rígidas.* 2. ed. Madrid: Instituto de Estudios Políticos, 1962.

Gráfico 3 – Propostas de reforma ao texto constitucional

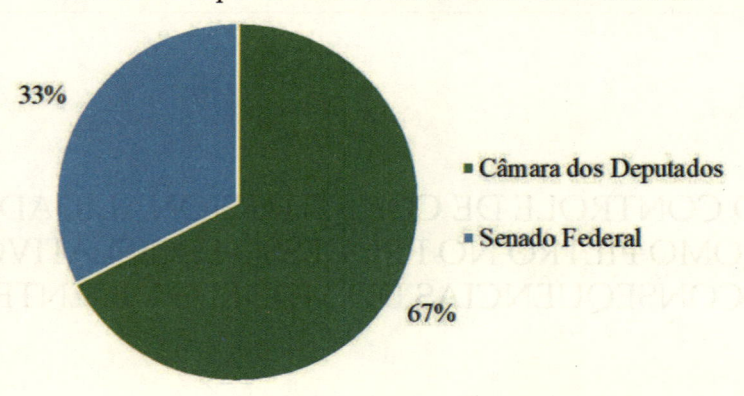

Fonte: Elaborado pela autora.

Historicamente, tanto na Câmara dos Deputados quanto no Senado Federal, a apresentação de proposições sobre reforma constitucional atinge seu ápice no primeiro ano das legislaturas e, o ponto mínimo, no último ano, quando as questões eleitorais ganham mais espaço fora dos corredores do Congresso Nacional e a atividade legislativa é substancialmente reduzida, o que é possível visualizar no gráfico a seguir.

Gráfico 4 – PECs distribuídas por sessão legislativa

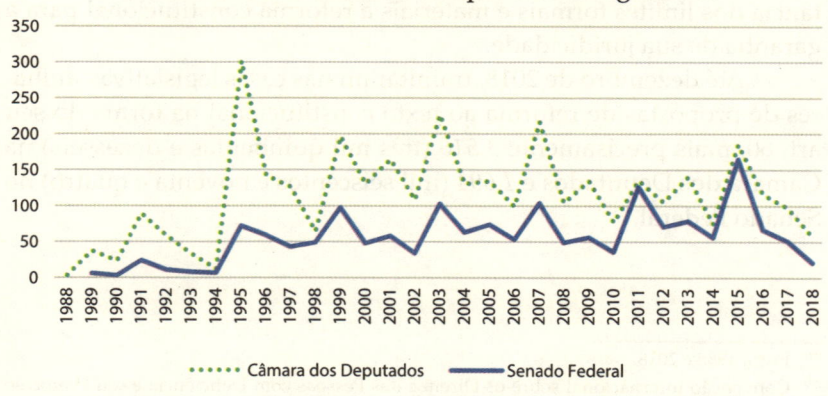

Fonte: Elaborado pela autora.

A (ir)responsabilidade de alguns parlamentares no momento de subscrição das proposição legislativas – corroborada, no caso das PECs, por uma análise do próprios avulsos ou pelos relatórios de conferência de assinaturas, que indicam que uma mesma pessoa chega a assinar duas (ou mesmo três vezes) a mesmíssima proposta de emenda à Constituição[294] –, tem como consequência a tramitação simultânea de um (enorme) número de proposições, sobre os mais diversos e (in) constitucionais temas.

Com isso, por um lado, a garantia da rigidez do texto constitucional e sua juridicidade ficam sob constante 'risco'; por outro, propostas de reformas necessárias ou desejáveis acabam se perdendo em meio ao emaranhado de proposições, aumentando o ônus do interesse político necessário para sua tramitação ou aprovação. Gastam-se 'energia', tempo e recursos financeiros para retroalimentação do próprio sistema interno, sem necessária correspondência no desenvolvimento social, econômico, tecnológico, etc.

O caminho da maior parte das proposições é interrompido (bem) antes da fase plenária de deliberação.

a) Senado Federal

O Senado Federal recebeu um total de *1.694* (mil seiscentos e noventa e quatro) proposta de emenda à Constituição de 3 (três) diferentes origens: *1* (uma) das *Assembleias Legislativas* dos estados na forma do art. 60, III, da CRFB/1988,[295] *1616* (mil seiscentos e dezesseis) subscritas por *Senadores* e *77* (setenta e sete) vindas da *Câmara dos Deputados*, sendo que *23* (vinte e três) destas de iniciativa do *Presidente da República*.

Do total de proposições, *187* (cento e oitenta e sete) estavam *em tramitação* no início da *56ª* (atual) legislatura, *65* (sessenta e cinco) foram *retiradas pelo autor* (consideradas também aquelas retiradas pelo primeiro subscritor ou cuja retirada de assinaturas por outros parlamentares inviabilizou a iniciativa), *1* (uma) foi *convertida em Projeto de Lei* do Senado e *1.047* (mil e quarenta e sete) foram *arquivadas* nas mais

---

[294] Exemplificativamente, dentre as PECs distribuídas na CD no ano de 2018 e analisadas, TODAS possuíam alguma assinatura repetida (ao menos uma), sendo que alguns relatórios de conferência de assinaturas indicam que, em alguns casos, o número chega a mais de 4 (quatro) dezenas (*i.e*: PECs nº 447/2018, 441/2018 e 431/2018). No Senado Federal, onde o menor número de subscrições necessárias faz com que as assinaturas fiquem concentradas muitas vezes em duas ou três folhas, somente, a situação é bem mais incomum, apesar de também acontecer (*i.e.* PECs nº 2/2018 e 13/2018).

[295] PEC nº 47/2012, subscrita pela Câmara Legislativa do Distrito Federal e pelas Assembleias Legislativas dos estados do Amapá, Ceará, Espírito Santo, Goiás, Maranhão, Minas Gerais, Paraná, Pará, Piauí, Rio de Janeiro, Rondônia, Roraima, Santa Catarina e São Paulo, cujo objeto é a alteração de algumas competências legislativas previstas na CRFB/1988.

diversas fases da tramitação legislativa (sem definição meritória), em razão do *encerramento da legislatura*, nos termos do art. 332, do RISF:

Art. 332. Ao final da legislatura serão arquivadas todas as proposições em tramitação no Senado, exceto:
I – as originárias da Câmara ou por ela revisadas;
II – as de autoria de Senadores que permaneçam no exercício de mandato ou que tenham sido reeleitos;
III – as apresentadas por Senadores no último ano de mandato;
IV – as com parecer favorável das comissões;
V – as que tratem de matéria de competência exclusiva do Congresso Nacional (Const., art. 49); VI – as que tratem de matéria de competência privativa do Senado Federal (Const., art. 52);
VII – pedido de sustação de processo contra Senador em andamento no Supremo Tribunal Federal (Const., art. 53, §§3º e 4º, EC nº 35/2001).
§1º Em qualquer das hipóteses dos incisos do caput, será automaticamente arquivada a proposição que se encontre em tramitação há duas legislaturas, salvo se requerida a continuidade de sua tramitação por 1/3 (um terço) dos Senadores, até 60 (sessenta) dias após o início da primeira sessão legislativa da legislatura seguinte ao arquivamento, e aprovado o seu desarquivamento pelo Plenário do Senado.
§2º Na hipótese do §1º, se a proposição desarquivada não tiver a sua tramitação concluída, nessa legislatura, será, ao final dela, arquivada definitivamente.[296]

Entre aquelas proposições que tiverem um desfecho meritório, *121* (cento e vinte uma) foram declaradas *prejudicadas*, *192* (cento e noventa e duas) foram aprovadas pelo Plenário e *81* (oitenta e uma) foram rejeitadas ou inadmitidas.

O controle de constitucionalidade parlamentar, conforme já delineado nos capítulos anteriores, tanto na Câmara dos Deputados, quanto no Senado Federal, ocorre ordinariamente em dois principais momentos:

a) no despacho inicial pelo Presidente da Casa Legislativa e
b) na CCJ, estando, via de regra, as respectivas decisões sujeitas a recurso para o plenário.

[296] BRASIL. Congresso Nacional. Senado Federal. *Resolução do Senado Federal nº 93, de 27/11/1970*: volume I. Dá nova redação ao Regimento Interno do Senado Federal. Brasília, DF: Senado Federal, 22 dez. 2018.

No Senado Federal, apenas *1* (uma) proposição foi arquivada após decisão inicial da Presidência por vício de inconstitucionalidade material;[297] os demais casos (Gráfico 5) de rejeição podem ser divididos da seguinte forma:

Gráfico 5 – Senado Federal – PECs rejeitadas

Inadmitida pela CCJ em decisão recorrível (art. 254 do RISF)	Inadmitida pela CCJ em decisão não recorrível (art. 101, § 1°, do RISF)	Rejeitada pelo Plenário
49	8	23

Fonte: Elaborado pela autora.

a) Câmara dos Deputados

A Câmara dos Deputados recebeu um total de *3.516* (três mil quinhentas e dezesseis) propostas de emenda à Constituição de 3 (três) diferentes origens: *71* (setenta e uma) do *Poder Executivo*, *3.326* (três mil trezentas e vinte e seis) subscritas por *Deputados Federais* e *119* (cento e dezenove) vindas do *Senado Federal*.

Do total de proposições, *848* (oitocentas e quarenta e oito) estavam *em tramitação* no início da *56ª* legislatura, *20* (vinte) foram *retiradas pelo autor* (sendo que destas, três tinham origem no Poder Executivo) e *1.612* (mil seiscentas e doze) foram *arquivadas* nas mais diversas fases da tramitação legislativa (sem definição meritória) em razão do *encerramento da legislatura* nos termos do art. 105, do RICD:

> Art. 105. Finda a legislatura, arquivar-se-ão todas as proposições que no seu decurso tenham sido submetidas à deliberação da Câmara e

---

[297] SUASSUNA, Ney. *Proposta de Emenda Constitucional nº 22 de 2003*. Altera o inciso XLVII do artigo 5º da Constituição Federal, para suprimir a letra "b" instituindo a pena de caráter perpétuo. Brasília, DF: Senado Federal, 2003.

ainda se encontrem em tramitação, bem como as que abram crédito suplementar, com pareceres ou sem eles, salvo as: .
I – com pareceres favoráveis de todas as Comissões;
II – já aprovadas em turno único, em primeiro ou segundo turno;
III – que tenham tramitado pelo Senado, ou dele originárias; IV – de iniciativa popular; V – de iniciativa de outro Poder ou do Procurador-Geral da República.
Parágrafo único. A proposição poderá ser desarquivada mediante requerimento do Autor, ou Autores, dentro dos primeiros cento e oitenta dias da primeira sessão legislativa ordinária da legislatura subsequente, retomando a tramitação desde o estágio em que se encontrava.[298]

Entre aquelas proposições que tiveram um desfecho, ainda que indireto, sobre o mérito, *605* (seiscentas e cinco) foram declaradas *prejudicadas, 114* (cento e quatorze) foram aprovadas pelo Plenário e *318* (trezentos e dezoito) *rejeitadas, inadmitidas* ou *devolvidas ao autor por algum vício formal ou material.*

Os casos de rejeição das proposições na Câmara dos Deputados podem ser divididos da seguinte forma:

Gráfico 6 – Câmara dos Deputados – PECs rejeitadas

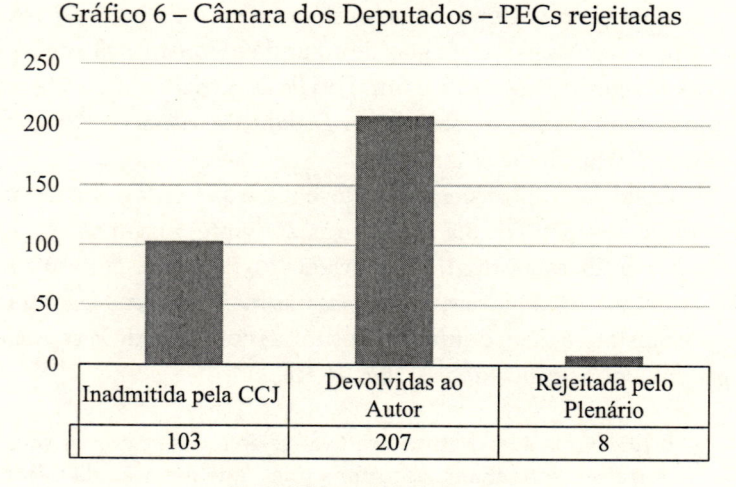

Inadmitida pela CCJ	Devolvidas ao Autor	Rejeitada pelo Plenário
103	207	8

Fonte: Elaborado pela autora.

---

[298] BRASIL. Câmara dos Deputados. *Resolução nº 17, de 1989.* Aprova o Regimento Interno da Câmara dos Deputados (RICD). Brasília, DF: Senado Federal, 1989.

Registre-se que, além dos casos de devolução ao autor por vício de inconstitucionalidade formal, nos termos já explicitados no Capítulo 3, uma PEC foi devolvida na forma do art. 137, §1º, inciso II, alínea "b", do RICD, por inconstitucionalidade material.

Figura 10 – PEC nº 311/2017

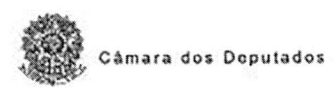 Câmara dos Deputados

PEC 311/2017

Autor: Aelton Freitas

Data da Apresentação: 10/04/2017

Ementa: Altera o Art 5º, alínea C, Inciso XLVII da Constituição Federal, suprimindo a expressão "trabalhos forçados" e dá outras providências.

Forma de Apreciação: Proposição Sujeita à Apreciação do Plenário

Texto Despacho: Devolva-se a proposição, por contrariar o disposto no art. 60, § 4º, inciso IV, da Constituição Federal e com base no artigo 137, § 1º, inciso II, alínea "b", do RICD. Oficie-se ao Autor e, após, publique-se.

Regime de Tramitação

Em 04/05/2017

Fonte: BRASIL, 2017.[299]

Das proposições rejeitadas pelo plenário, 3 (três) foram decorrentes da confirmação de recursos interpostos contra decisão da Presidência da Casa ou da CCJ que reconheceram aspectos de inconstitucionalidade da PEC.

5.1 As razões no controle parlamentar de constitucionalidade

Talvez, um dos *pontos* (mais) *positivos da revisão judicial* – mesmo com todas as críticas possíveis à forma como isso vem se desdobrando

---

[299] BRASIL. Câmara dos Deputados. *Proposta de Emenda à Constituição nº 311/2017*. Altera o Art 5º, alínea C, Inciso XLVII da Constituição Federal, suprimindo a expressão "trabalhos forçados" e dá outras providências. Brasília, Câmara, 2017.

na prática – decorra da *obrigatoriedade de fundamentação das decisões*, tal como previsto no art. 93, IX, da CRFB/88.[300]

O dispositivo constitucional estabelece a necessidade de o julgador narrar a *ratio decidendi* em cada caso submetido à sua apreciação.[301] A partir disso, não só o resultado final, mas também a fundamentação passam a ser expostos à crítica e ao debate público, com maior ou menor engajamento, a depender do caso concreto. Ademais, ao transpor para o 'papel' o que seria a justificação do dispositivo daquela decisão, o próprio julgador – ao menos em tese – submete-se a um juízo de reflexão e de coerência.

Do ponto de vista dogmático, nosso ordenamento jurídico, inclusive no que se refere à revisão judicial, afasta a possibilidade de decisões sem a narrativa de seus fundamentos e privilegia o mérito em detrimento da forma, deixando para o julgador um espaço muito restrito (senão inexistente) para o minimalismo e suas metadecisões (decidir sobre como decidir).

---

[300] Prevê a Constituição da República Federativa do Brasil que [Art. 93] IX – todos os julgamentos dos órgãos do Poder Judiciário serão públicos, e *fundamentadas todas as decisões, sob pena de nulidade*, podendo a lei limitar a presença, em determinados atos, às próprias partes e a seus advogados, ou somente a estes, em casos nos quais a preservação do direito à intimidade do interessado no sigilo não prejudique o interesse público à informação. BRASIL. [Constituição (1988) – grifos nossos]. *Constituição da República Federativa do Brasil de 1988*: Nós, representantes do povo brasileiro, reunidos em Assembléia Nacional Constituinte para instituir um Estado Democrático, destinado a assegurar o exercício dos direitos sociais e individuais, [...]. Brasília, DF: Planalto, [2018].

[301] A fim de evitar uma perigosa ingenuidade cumpre, nos mesmos termos já ressalvado em trabalho anterior, endossar as ideias expostas por Álvaro Ricardo Souza Cruz e Ana Carolina Caram sobre os limites daquilo que é transportado para o papel como fundamento de uma decisão judicial: "Os autores, caminhando para além da ontologia a partir da obra de Emmanuel Levinas e objetivando agregar complexidade ao debate teórico do direito, apresentam uma distinção entre justificação descritiva e narrativa no âmbito da fundamentação das decisões judiciais. Nessa perspectiva, o julgador, ao fundamentar sua escolha, diante da impossibilidade de tão-somente descrever a decisão previamente tomada, como se perfizesse em um ato de razão pura, sempre realiza uma construção narrativa. Ou seja, o próprio sujeito desconhece a totalidade dos fatores que o conduziram àquela decisão, logo mostra-se insuficiente às complexidades sociais formulações que, com raízes ainda no paradigma filosófico da consciência, pretendem supor como possível a transcrição racional dos fundamentos que conduziram à determinada decisão. 'Decidimos com e a partir de emoções e valores. Justificamos nossas decisões com e a partir de emoções e valores. E, finalmente, criticamos tais justificativas a partir de nossas emoções e valores. Mais ainda: nosso consciente jamais poderá reconstruir "perfeitamente" a decisão, pois parte dela foi tomada por nosso inconsciente, elemento incógnito que domina grandemente qualquer de nossas ações." (CARAM; CRUZ, 2015, p. 132 *apud* NERY, Barbara Brum. *Rigidez constitucional no estado democrático de direito*: um debate acerca dos limites formais e materiais à reforma constitucional. 2015. 201 f. Dissertação (Mestrado em Direito) – Programa de Pós-Graduação em Direito, Pontifícia Universidade Católica de Minas Gerais, Belo Horizonte, 2015, p. 39.

Aprimorando a norma constitucional, o CPC de 2015, Lei nº 13.105, foi ainda mais específico, estabelecendo o dever de manifestação do juiz sobre todos os argumentos apresentados pelas partes capazes de, em tese, invalidar a conclusão adotada na decisão (art. 489, II, e §1º, IV).

Na prática, as questões sobre teoria da decisão judicial que circundam o controle de constitucionalidade realizado pelo STF são bastante complexas e envolvem, entre outros aspectos: (i) críticas ao modelo de decisão colegiada adotado pela corte diante dos formatos possíveis (*per curiam, seriatim* e outros modelos intermediários); (ii) a dissociação entre ação e pensamento na construção de consensos; a falta de diálogo intrainstitucional; (iii) a TV Justiça e suas consequências, especialmente no tocante ao individualismo decisionista de alguns ministros, que acaba por inviabilizar a formação de uma maioria real (substituída por uma agregação matemática dos dispositivos dos votos), ou conduz à produção de votos muito grandes para endossar os mesmos argumentos e chegar às mesmas conclusões de outros magistrados. Mas tudo isso foge ao escopo deste trabalho.

Certo é que, diferentemente do que ocorre no parlamento, em um julgamento judicial, o que resta às partes e à comunidade envolvida (diante da ausência de *accountability* por meio de eleições periódicas) é a crítica e, com ela, a possibilidade de debate e aprimoramento dos argumentos e das soluções viáveis, sendo, para tanto, a narrativa da fundamentação das decisões condição *sine qua non.*

Contudo, o fato de os parlamentares serem eleitos e passarem pelo filtro das eleições, nem de longe afasta os ganhos que um regime político possa ter a partir da consolidação de uma *cultura do argumento* que ultrapasse a mera agregação de 'sins', 'nãos' e 'obstruções' como retrato de uma democracia majoritarista.

O dever/direito de fundamentação no processo legislativo pode ser trabalhado sob diferentes perspectivas. Ana Paula de Barcellos, por exemplo, defende a existência do chamado *direito constitucional a um Devido Procedimento na Elaboração Normativa* (DPEN), "por força do qual quem apresenta proposições normativas está obrigado a apresentar, com elas, uma *justificativa* correspondente [...] relativamente a três conteúdos básicos (dentre outros possíveis)".[302]

---

[302] BARCELLOS, Ana Paula de. *Direitos fundamentais e direito à justificativa*: devido Procedimento na Elaboração Normativa. Rio de Janeiro: Renovar, 2017, p. 263.

a) o problema que norma pretende enfrentar;

b) os resultados pretendidos com a edição e execução da norma;

c) e os custos e impactos antecipados na medida proposta.

O eventual descumprimento do DPEN, nos termos delineados pela autora, macularia o procedimento legislativo e a norma dele decorrente, autorizando, por consequência, a exigência da justificativa omitida ou o reconhecimento da inconstitucionalidade formal, respectivamente.

Ana Paula de Barcellos sugere, ainda, a implementação do que denomina "dois procedimentos adicionais", caracterizados pela abertura formal de prazo para a manifestação de interessados ou especialistas na matéria tratada em dois momentos distintos, um após a apresentação da justificativa pelo autor da norma e o outro justamente para contraditar essas razões e informações.

De fato, a consolidação de um modelo de justificativa mais encorpado do que o atualmente vigente e a formalização de momentos ordinários para manifestação de interessado possui perspectivas positivas de incremento do debate público. Contudo, a forma proposta por Barcellos para o DPEN possui um viés muito abstrato focado na democratização do processo legislativo, sendo insuficiente para lhe atribuir maior tecnicidade ou juridicidade.

5.2 A necessária cultura da justificação jurídica na reforma constitucional: como se veem os legisladores e o que esperar deles

Tal como estruturado na atualidade, o *modelo parlamentar brasileiro se desvincula de uma cultura de justificação* apta a contribuir para o aprimoramento do debate institucional. Se, por um lado, os congressistas, ao menos em tese, estão sujeitos à fiscalização por meio de eleições periódicas, por outro, pouco se conhece das razões de suas decisões, especialmente sobre a relevância dada aos aspectos de juridicidade envolvidos.

Nessa perspectiva, ao se analisar a atuação parlamentar com foco na garantia da juridicidade constitucional, deve-se também considerar que o poder dos parlamentares no controle de constitucionalidade, especialmente no Brasil, que adota um pluripartidarismo extremado e pouco ideológico, é muito mais dissolvido do que o dos juízes, sendo, por esse critério, a atuação na Câmara dos Deputados ainda mais pulverizada do que no Senado Federal. Portanto, a formatação de um ambiente mais argumentativo e menos adversarial, é ainda mais desafiadora e necessária.

a) Brainstorming *como ponto de partida*

O fenômeno da judicialização da política e o arranjo institucional dele decorrente conduzem os parlamentares à crença de que não é obrigação do legislativo se preocupar com a juridicidade da Constituição, mas somente – e quando muito bem intencionados – com os interesses circunstanciais de seus representados. *Não há, entre os legisladores, um senso legítimo de responsabilidade sobre a necessidade de exposição dos fundamentos que os conduziram a entender pela adequação (ou inadequação) de uma proposição sobre reforma constitucional (ou qualquer outro projeto) ao sistema normativo constitucional vigente.*

De fato, uma afirmação dessa natureza pode ser interpretada de duas formas: como *óbvia*, já que perpassa o *mainstream* mesmo (e especialmente), considerando um auditório especializado, ou como *leviana,* já que de difícil (ou quase impossível) atestação empírica.

Entre as possíveis abordagens comportamentais das legislaturas,[303] a que, em tese, poderia auxiliar no estabelecimento de parâmetros para confirmar ou afastar a veracidade dessa afirmação seria aquela focada no *comportamento individual,* que parte especialmente de entrevistas ou questionários, buscando "informações não só factuais, como também perceptivas, avaliativas, emocionais e outras de natureza psicodinâmica".[304]

Contudo, conforme registrado nas considerações metodológicas iniciais, essa forma de abordagem, mesmo quando atrelada aos cuidados que uma pesquisa com elementos humanos deve ter, traz enorme déficit informacional, quando determinado aspecto envolve custos políticos aos parlamentares e a todos que estão diretamente envolvidos nas atividades correlatas.

Não é de se esperar que significativa parcela dos parlamentares, quando questionados, em um ambiente ordinário, sobre a relevância da exposição de fundamentos no controle parlamentar de constitucionalidade, afirme que consideram esse aspecto pouco importante ou mesmo dispensável.

---

[303] LA PALOMBARA, Joseph G. *A política no interior das nações.* Brasília, DF: Ed. Universidade de Brasília, 1982.

[304] LA PALOMBARA, Joseph G. *A política no interior das nações.* Brasília, DF: Ed. Universidade de Brasília, 1982, p. 164.

Os pareceres submetidos à votação nas Comissões de Constituição e Justiça produzidos pelos próprios parlamentares, por suas assessorias (em sentido amplo) e pelas Consultorias Legislativas (em sentido mais restrito) constituem peças nesse jogo e são também indicadores do sentido atribuído pelo próprio Poder Legislativo à Constituição.

É bem verdade que a qualidade material da produção técnica objeto das votações nas Comissões de Constituição e Justiça muitas vezes não corresponde às posições dos votantes, que, em alguns momentos, nem sequer sabem o que está realmente sendo deliberado, ao menos não do ponto de vista de técnica legislativa e juridicidade.

5.3 Análise de pareceres sobre (in)admissibilidade de propostas de emendas à Constituição na CCJ do Senado Federal

Ao longo do período de vigência da Constituição de 1988, 57 (cinquenta e sete) propostas de emenda à Constituição foram rejeitadas pela CCJ do Senado Federal.

Enquanto na Câmara dos Deputados as atribuições da Comissão de Constituição e Justiça e de Cidadania são bem delineadas quanto à sua competência restrita para um juízo de admissibilidade quanto aos aspectos de constitucionalidade, juridicidade e regimentalidade das PECs – já que eventual parecer sobre o mérito ficará a cargo de comissão especial criada para essa finalidade –, no Senado Federal, propostas de reforma constitucional tramitam apenas em uma comissão, que, portanto, acaba incluindo em seu parecer tanto aspectos de juridicidade (em sentido amplo), quanto de mérito.

O último parecer aprovado na CCJc que concluía pela rejeição de uma proposição sobre reforma constitucional data da sessão legislativa de 2014. O Gráfico 7 a seguir ilustra o histórico dessas decisões a partir da data de apresentação da PEC e da data da votação na Comissão:

Gráfico 7 – Histórico de PECs rejeitadas pela CCJ do SF

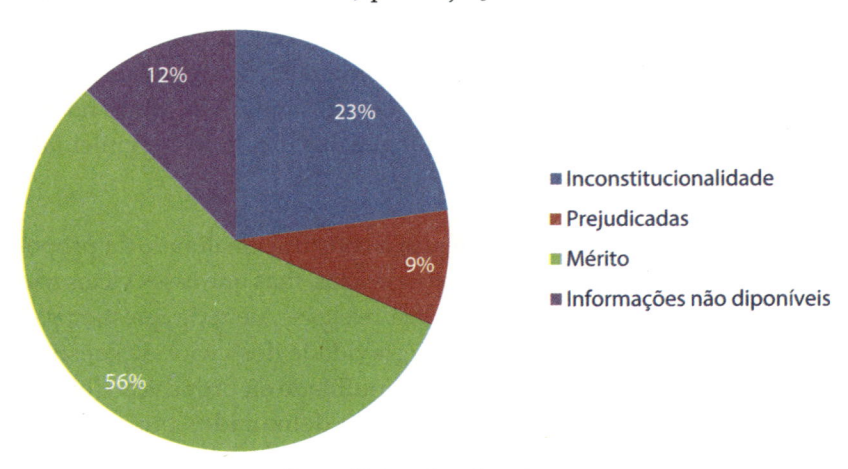

	1991	1995	1996	1997	1999	2000	2001	2002	2003	2004	2005	2006	2007	2008	2009	2010	2011	2011	2014
Apresentação	1	4	1	0	4	1	0	5	8	6	8	3	9	4	1	0	2	0	0
Decisão	0	0	0	6	0	1	3	0	5	0	0	0	1	1	22	14	3	0	1

Fonte: Elaborado pela autora.

Se o número de decisões pela rejeição de PECs (Gráfico 7) nas comissões é proporcionalmente baixíssimo, quando comparado com o total de proposições da mesma natureza que tramitaram na Casa, a questão fica ainda menos equilibrada se levarmos em conta o teor dos pareceres apresentados. Isso porque a esmagadora maioria deles tinha como fundamento para rejeição da respectiva proposição questões de mérito e não pontos afetos à constitucionalidade (material ou formal).

Gráfico 8 – Pareceres da CCJ pela rejeição das PECs – Fundamentos

12%
23%
9%
56%

■ Inconstitucionalidade
■ Prejudicadas
■ Mérito
■ Informações não diponíveis

Fonte: Elaborado pela autora.

Em síntese, desde o início da vigência da Constituição em 1988, dentre os pareceres sobre propostas de emenda à Constituição votados na CCJ e disponíveis na página eletrônica do Senado Federal, somente

13 (treze) possuem como fundamento para rejeição de uma PEC a inconstitucionalidade da proposição.

São duas as principais hipóteses aptas a justificar o reduzido número de PECs entendidas como inconstitucionais: (*i*) o excessivo rigor constitucional das proposições apresentadas ou (*ii*) a falta de atenção atribuída às questões afetas à juridicidade da PEC na redação dos pareceres. O inteiro teor dos documentos (pareceres) e algumas práticas adotadas no Senado Federal ao longo dos anos sugerem a prevalência da segunda hipótese, já que desqualificam o debate quanto à juridicidade das proposições.

Inicialmente, merece especial atenção a ausência de comprometimento com rigidez constitucional a partir da repetição em pareceres de modelos *pro forma* e de frases (evasivas e genéricas) que poderiam ser utilizadas para justificar quase qualquer coisa.

Por certo, não se está sugerindo a definição ou a existência de um método apriorístico para abordagem das questões de juridicidade da PEC, mas do respeito a um conteúdo mínimo e fundamentado apto a subsidiar o debate. Vejam-se alguns casos concretos de situações que ultrapassam inclusive o padrão do nível abstenção/interesse:

a) O *Parecer nº 1.891*, de 2009, sobre a PEC nº 87 de 2007 contém um único parágrafo sobre a constitucionalidade da proposição cujo conteúdo, de caráter enigmático, deixa espaço para imaginação do leitor: "*Não* identificamos *vícios graves* no que concerne à constitucionalidade, juridicidade e regimentalidade" (grifo nosso).[305]

Em síntese, da única referência à constitucionalidade da proposição, extrai-se que há (ou pode haver) vícios, mas que esses vícios não teriam gravidade apta a justificar sua rejeição. Além da questionável referência à existência de 'graus' de gravidade dos vícios de constitucionalidade, alguns aptos a justificar a nulidade da proposição (outros não), entende-se que tais critérios foram delimitados por um juízo interno (não narrado) do redator, o que interdita o debate sobre (eventuais) proposições.

---

[305] BRASIL. Senado Federal. *Parecer nº 1.891, de 2009*. Relator Min. Aloizio Mercadante. Da Comissão de Constituição, Justiça e Cidadania, sobre a Proposta de Emenda à Constituição nº 87, de 2007 [...]. Brasília: Senado Federal, 2009.

a) O *Parecer 1.438*, de 2010, sobre a PEC nº 8 de 2003, por sua vez, compõe-se (dentre outras), de duas afirmações, que, no mínimo, deveriam ter sua compatibilidade justificada expressamente.

Por um lado, adota uma afirmação padronizada no sentido de que a proposição "satisfaz todos os requisitos de admissibilidade determinados pelo art. 60 da Constituição".[306]

II – ANÁLISE

A PEC nº 8, de 2003, satisfaz todos os requisitos de admissibilidade determinados pelo art. 60 da Constituição.

Com efeito, está subscrita por mais de um terço dos membros do Senado Federal, e não se vislumbra em seu conteúdo nenhuma proposta tendente a abolir a forma federativa de Estado, o voto direto, secreto, universal e periódico, a separação dos Poderes nem qualquer direito ou garantia individual.[307]

Por outro lado, denomina-se *radical* a proposição por estar "centrada na imediata e completa eliminação de todos tributos da União".

Está centrada e imediata e completa eliminação de praticamente todos os tributos da União (mantidos apenas os incidentes sobre o comércio exterior), inclusive aqueles destinados ao financiamento da seguridade social, e sua substituição pelo imposto sobre movimentação ou transmissão de valores e de créditos e direitos de natureza financeira.[308]

Diante da existência de uma vedação material expressa à reforma constitucional, quando a proposição for tendente a abolir a forma federativa de Estado (art. 60, §4º), cumpre indagar se uma eliminação (imediata e completa) dos tributos da União, tal como constante do parecer, não infringiria a norma constitucional. Verifica-se, contudo,

---

[306] BRASIL. Senado Federal. *Parecer nº 1.438, de 2010*. Relator Min. Francisco Dornelles. Relator *Ad Hoc:* Niura Demarchi. Da Comissão de Constituição, Justiça e Cidadania, sobre a Proposta de Emenda à Constituição nº 8, de 2003 [...]. Brasília: Senado Federal, 2010.

[307] BRASIL. Senado Federal. *Parecer nº 1.438, de 2010*. Relator Min. Francisco Dornelles. Relator *Ad Hoc:* Niura Demarchi. Da Comissão de Constituição, Justiça e Cidadania, sobre a Proposta de Emenda à Constituição nº 8, de 2003 [...]. Brasília: Senado Federal, 2010.

[308] BRASIL. Senado Federal. *Parecer nº 1.438, de 2010*. Relator Min. Francisco Dornelles. Relator *Ad Hoc:* Niura Demarchi. Da Comissão de Constituição, Justiça e Cidadania, sobre a Proposta de Emenda à Constituição nº 8, de 2003 [...].

que a (in)constitucionalidade material nem sequer foi objeto de fundamentação específica.

Outra prática que indica a ausência de preocupação de se instituir uma cultura argumentativa focada nas razões que subjazem às deliberações parlamentares é a possibilidade de reformulação oral do dispositivo do parecer, sem que exista uma correspondente narrativa de fundamentação.

Subscrita primeiramente pelo Senador Paulo Paim, a PEC nº 22 *de 2008* objetivava acrescentar dispositivo no texto constitucional para "determinar a vedação da cobrança de taxa para emissão de segunda via de documentos pessoais que tenham sido objeto de roubo ou furto".[309]

Distribuída na CCJ sob a relatoria do Senador Marcelo Crivella, foi apresentado relatório em 4 (quatro) páginas, nas quais constavam referências expressas aos limites de reforma constitucional – merecendo especial destaque uma presumível ofensa à forma federativa de estado – e, ao final, uma sucinta conclusão sugerindo a aprovação da proposição.[310]

Inserido na pauta da reunião do dia 17 de outubro de 2010, foi nomeado como relator *ad hoc* o Senador Antônio Carlos Júnior, que após dar como lido o parecer, manifestou-se nos seguintes termos: "*Embora o voto seja favorável, sou contrário ao projeto*" (grifos nossos).[311] E, em uma votação simbólica, foi aprovado o parecer nestes termos:

---

[309] PAIM, Paulo. *Proposta de Emenda à Constituição nº 22, de 2008*. Acrescenta o art. 152-A à Constituição Federal, para determinar a vedação da cobrança de taxa para emissão de segunda via de documentos pessoais que tenham sido objeto de roubo ou furto. Brasília: Senado Federal, 2008.

[310] BRASIL. Senado Federal. *Parecer nº 1.533, de 2010*. Relator Min. Marcelo Crivella. Relator *Ad Hoc*: Antônio Carlos Júnior. Da Comissão de Constituição, Justiça e Cidadania, sobre a Proposta de Emenda à Constituição nº 22, de 2008 [...]. Brasília: Senado Federal, 2010.

[311] BRASIL. Senado Federal. *Parecer nº 1.533, de 2010*. Relator Min. Marcelo Crivella. Relator *Ad Hoc*: Antônio Carlos Júnior. Da Comissão de Constituição, Justiça e Cidadania, sobre a Proposta de Emenda à Constituição nº 22, de 2008 [...]. Brasília: Senado Federal, 2010.

Figura 11 – Parecer da CCJ – PEC nº 22, de 2008

FRAGMENTO DAS NOTAS TAQUIGRÁFICAS DA 47ª REUNIÃO
ORDINÁRIA DA COMISSÃO DE CONSTITUIÇÃO, JUSTIÇA E CIDADANIA,
DA 4ª SESSÃO LEGISLATIVA ORDINÁRIA, DA 53ª LEGISLATURA.

REALIZADA NO DIA 17 DE NOVEMBRO DE 2010,
ÀS 10 HORAS E 58 MINUTOS,

O SR. PRESIDENTE (Demóstenes Torres. DEM – GO) - Aliás, eu nomeio o relator ad
hoc o Senador Antonio Carlos Júnior. V. Exª dá como lido?
E vista coletiva. Tudo certo.

ITEM 79
- Não Terminativo -
PROPOSTA DE EMENDA À CONSTITUIÇÃO Nº 22, DE 2008
Acrescenta o art. 152-A à Constituição Federal, para determinar a vedação da
cobrança de taxa para emissão de segunda via de documentos pessoais que
tenham sido objeto de roubo ou furto.
Autoria: Senador Paulo Paim e outros
Relatoria: Senador Marcelo Crivella
Relatoria ad hoc: Senador Antonio Carlos Júnior

A essa matéria, acho que poderíamos dar parecer contrário também, não é?
O SR. ANTONIO CARLOS JÚNIOR (DEM – BA) - Embora o voto seja favorável, eu
sou contrário ao projeto.
O SR. PRESIDENTE (Demóstenes Torres. DEM – GO) - Em discussão. (Pausa.)
Não havendo quem queira discutir, encerro a discussão.
Em votação.
As Srªs e os Srs. Senadores que concordam...
O SR. ANTONIO CARLOS JÚNIOR (DEM – BA) - O parecer do Relator ad hoc é
contrário.
O SR. PRESIDENTE (Demóstenes Torres. DEM – GO) - ...com o parecer reformulado
pelo Senador Antonio Carlos Magalhães Júnior, contrário à proposta, permaneçam
como se encontram. (Pausa.)
Aprovado o parecer reformulado pelo Senador Antonio Carlos Júnior, contrário à
proposta.
A matéria vai ao plenário.

Publicado no DSF, de 26/11/2010.

Secretaria Especial de Editoração e Publicações do Senado Federal – Brasília – DF

OS: 15499/2010

Fonte: BRASIL, 2010.[312]

De fato, a matéria objeto da PEC, apesar de aparentemente não ferir qualquer dos limites previstos no art. 60 da CRFB/1988 – ao menos em um juízo perfunctório –, possui duvidosa conveniência e não é materialmente constitucional.

Mesmo assim, nada disso justifica que uma proposição sobre reforma constitucional, que tenha observado as regras de iniciativa,[313]

---

[312] BRASIL. Senado Federal. *Parecer nº 1.533, de 2010*. Relator Min. Marcelo Crivella. Relator *Ad Hoc*: Antônio Carlos Júnior. Da Comissão de Constituição, Justiça e Cidadania, sobre a Proposta de Emenda à Constituição nº 22, de 2008 [...]. Brasília: Senado Federal, 2010.

[313] A relevância dada pelos parlamentares brasileiros ao ato de subscrição de uma proposição e a maneira como essa coleta de assinaturas foi conduzida ao longo da história (e é hoje) é tema central para a efetividade da rigidez constitucional, ao menos neste ponto. O que em um juízo superficial pode parecer algo irrelevante, as fichas de conferência de assinatura

seja considerada suficientemente debatida a partir da aprovação simbólica de um parecer reformulado em 54 (cinquenta e quatro) caracteres.
Ademais, o parecer aprovado pela Comissão fica contaminado por
manifesta contradição em seu conteúdo, já que a fundamentação desenvolvida ao longo do relatório (que compõe o parecer) é diametralmente
oposto ao dispositivo.

Foi esse também o caso do Parecer nº 1.532/2010, que tratava sobre
a PEC nº 55/2005, de autoria do Senador José Maranhão.[314]

Registre-se que, a partir dessas afirmações, não se está sugerindo
a existência de um método apriorístico para abordagem das questões de
juridicidade de todas as PECs, mas do respeito a um conteúdo mínimo
e fundamentado apto a subsidiar o debate.

5.4 Análise de pareceres sobre (in)admissibilidade de propostas de emendas à Constituição na CCJC da Câmara dos Deputados

Na Câmara dos Deputados, a Comissão de Constituição e Justiça
e de Cidadania faz uma análise específica sobre a admissibilidade da
proposição, não envolvendo (ao menos em tese) questões afetas ao seu
mérito – que são oportunamente debatidas em comissão especial criada
para tal finalidade. Talvez por isso, os pareceres aprovados pela inadmissibilidade da PEC, analisados neste tópico, demonstrem uma maior
profundidade nas deliberações sobre constitucionalidade das proposições na Câmara dos Deputados em comparação ao Senado.

Entre 1988 e 2017, *103* (cento e três) propostas de emenda à
Constituição foram inadmitidas pela Comissão de Constituição e Justiça
da Câmara dos Deputados. O Gráfico 9 a seguir ilustra o histórico das
deliberações a partir da indicação do ano de apresentação da PEC e da
respectiva votação na Comissão:

---

e o engajamento (ou sua falta) dos subscritores na tramitação das proposições sugerem se
tratar de fator considerável para o volume de proposições em tramitação.
[314] BRASIL. Senado Federal. *Parecer nº 1.532, de 2010*. Da Comissão de Constituição, Justiça e
Cidadania, sobre a Proposta de Emenda à Constituição nº 55, de 2005 [...]. Brasília: Senado,
2010.

Gráfico 9 – Histórico de PECs inadmitidas pela CCJ da CD

	1988	1989	1990	1991	1992	1993	1994	1995	1996	1997	1998	1999	2000	2001	2002	2003	2004	2005	2006	2007	2008	2009	2010	2011	2012	2013	2014	2015	2016	2017
Apresentação	1	0	0	7	9	2	1	19	3	6	4	8	7	3	1	9	2	1	4	3	2	4	0	0	1	2	2	1	1	0
Decisão	0	0	0	0	9	8	2	6	3	7	2	8	2	6	1	7	4	1	3	4	9	8	0	5	0	0	0	4	0	4

Fonte: Elaborado pela autora.

Em relação aos fundamentos constantes dos pareceres aprovados, cujos dispositivos indicam a inadmissibilidade das proposições sob análise, verifica-se que os vícios de ordem material são os mais recorrentes. Conforme gráfico a seguir:

Gráfico 10 – Fundamento da inadmissibilidade das PECs na CD

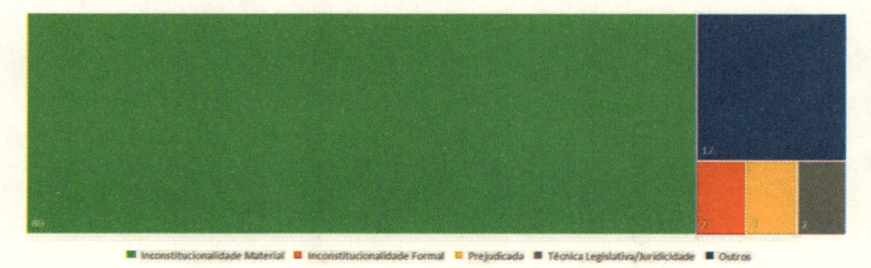

Fonte: Elaborado pela autora.

Além dos limites materiais explícitos, indicados no art. 60, §4º, da CRFB/1988, que fundamentam a inadmissibilidade de 70 (setenta) propostas de emenda à Constituição, há ao menos 4 (quatro) casos de PECs inadmitidas com embasamento em limites implícitos atrelados (i) à ideia de vedação a denominada 'dupla revisão', que proíbe a alteração dos dispositivos que estabelecem as próprias regras da reforma constitucional (PECs nº 134/1992,[315] nº 158/1993[316] e 437/2005[317]) ou (ii) à rigidez do princípio republicano (PEC nº 373/2009[318]).

Entre as Cláusulas Pétreas, os direitos e garantias [fundamentais] são o fundamento mais recorrentemente invocado para inadmissibilidade das proposições (art. 60, §4º, IV da CRFB), citado expressamente em 37 (trinta e sete) pareceres.[319]

---

[315] SERRA, Jose. *PEC 134/1992 – Proposta de Emenda à Constituição*. Altera o prazo da revisão constitucional de que trata o artigo terceiro do ato das disposições constitucionais transitórias da constituição federal. Brasília, DF: Câmara, 1989.

[316] CURVO, Elisio. *PEC 158/1993 – Proposta de Emenda à Constituição*. Dispõe sobre a revisão constitucional prevista no artigo terceiro do ato das disposições constitucionais transitórias. Brasília, DF: Câmara, 1993.

[317] QUEIROZ, Romeu. *PEC 437/2005 – Proposta de Emenda à Constituição*. Acrescenta inciso ao artigo 60 da Constituição da República. Brasília, DF: Câmara, 2005.

[318] BARRETO, Jackson. *PEC 373/2009 – Proposta de Emenda à Constituição*. Altera o §5º do art. 14 da Constituição Federal e dá outras providências. Brasília, DF: Câmara, 2009.

[319] Registre-se que um mesmo parecer pode citar como fundamentos mais de um dispositivo.

É o caso, por exemplo, do Parecer do Dep. José Eduardo Cardozo[320] referente à PEC nº 191, de 2000,[321] [322] no qual a inadmissibilidade da proposição é justificada pela vedação ao retrocesso social (ou violação à cláusula de desenvolvimento progressivo).

A ofensa à forma federativa de Estado, por sua vez, foi citada expressamente como fundamento da inadmissibilidade no caso de 16 (dezesseis) PECs, seguida da garantia ao voto secreto, direto, universal e periódico, que figura como fundamento de inconstitucionalidade em 12 (doze) proposições, e da Separação de Poderes, em 10 (dez).

Há ainda alguns pareceres mais genéricos que usam terminologias vagas, como 'constitucionalidade duvidosa', 'dificuldade de apreciação da matéria', 'ausência de mérito' ou 'inadequação'. Mais comuns no Senado Federal, os pareceres sem fundamentos claros são exceção entre os casos de inadmissibilidade na CD.

5.5 Considerações

De fato, a diversidade das formas adotadas para elaboração dos pareceres inviabiliza a construção de uma linha sobre quais critérios devem nortear seu conteúdo. Verifica-se que os aspectos procedimentais/operacionais – relacionados especialmente à coleta de assinaturas em uma proposição, à maneira com que as indicações para composição das CCJs são realizadas, a forma como os debates e as votações são conduzidos, o controle da pauta, entre outros – influenciam muito mais a reforma constitucional, inclusive no tratamento de sua juridicidade, do que o teor da matéria.

[320] CARDOZO, José Eduardo. *Parecer sobre a Proposta de Emenda à Constituição nº 191, de 2000 (Apensos: PEC nº 271, de 2000, PEC nº 152, de 2003, PEC nº 268, de 2008 e PEC nº 363, de 2009).* Dá nova redação ao inciso XXXIII do art. 7º da Constituição Federal. Brasília, DF: Câmara, 2009.

[321] COLLARES, Alceu. *PEC 191/2000 – Proposta de Emenda à Constituição.* Dá nova redação ao inciso XXXIII do art. 7º da Constituição Federal. Brasília, DF: Câmara, 2000.

[322] Assim como as PECs com igual (ou semelhante) teor a ela apensadas, notadamente: PEC nº 271/2000, 152/2003, 268/2008 e PEC nº 363/2009. SALUSTIANO, Wagner. *PEC 271/2000 Inteiro teor – Proposta de Emenda à Constituição.* Dá nova redação ao inciso XXXIII do art. 7º da Constituição Federal. Brasília, DF: Câmara, 2000; CARDIAS, Milton. *PEC 152/2003 – Proposta de Emenda à Constituição.* Dá nova redação ao inciso XXXIII do art.7 º da Constituição Federal, a fim de permitir o trabalho a partir de quatorze anos para o caso de o adolescente necessitar custear seus estudos. Brasília, DF: Câmara, 2003; RUSSOMANNO, Celso. *PEC 268/2008 – Proposta de Emenda à Constituição.* Dá nova redação ao art. 7º, inciso XXXIII, da Constituição Federal. Brasília, DF: Câmara, 2008; CANZIANI, Alex. *PEC 363/2009 – Proposta de Emenda à Constituição.* Dá nova redação ao art. 7º, inciso XXXIII, da Constituição Federal. Brasília, DF: Câmara, 2009.

CAPÍTULO 6

CONCLUSÃO

Neste trabalho, procurou-se compreender quais fatores influenciam o exercício da função legiferante com foco na garantida juridicidade da CRFB/1988 e em qual medida o arranjo adotado pelo Congresso Nacional favorece ou prejudica o controle de constitucionalidade no curso do processo legislativo, especialmente no caso de propostas de emendas à Constituição.

Foram traçados os sentidos de *escolha institucional* e *design institucional* como objetos distintos de estudo pelo Direito Constitucional. Nessa perspectiva, enquanto uma análise sobre escolha institucional visa responder quais tarefas sociais devem ser atribuídas a quais Poderes; questões a respeito do *design* institucional pretendem abordar qual estrutura interna e quais regras de decisão um Poder deve ter para executar as tarefas que lhe foram alocadas.[323]

O caminho percorrido está inserido no âmbito do desenho institucional, porquanto objetiva compreender e propor contribuições ao microssistema de controle de constitucionalidade dentro do processo legislativo.

Sob esse enfoque, foram estabelecidos os seguintes pressupostos teóricos e fáticos quanto à distribuição de competências institucionais para interpretação e reforma da CRFB/1988:

a) do ponto de vista normativo, a reforma constitucional brasileira é tarefa afeta ao Poder Legislativo. Contudo, a opção constitucional brasileira por um controle de constitucionalidade

---

[323] Essas acepções serão adotadas como padrão terminológico.

judicial abrangente atribuiu a última palavra na definição do sistema normativo a juízes e cortes;

b) a alocação de competências quanto aos aspectos e limites materiais da reforma constitucional foi então rearranjada a partir de um processo histórico de expansão da atuação do Poder Judiciário (judicialização da política) e descrença na lisura da atividade parlamentar;

c) entretanto, quanto aos aspectos procedimentais, as definições sobre reforma constitucional não seguem a regra geral da judicialização;

d) os limites formais para alteração do texto da CRFB/1988 são operacionalizados por meio de definições contidas nas normas regimentais; e,

e) o STF, apesar de admitir a possibilidade de controle judicial do devido processo legislativo, somente o faz quando verifica ofensa direta a dispositivo expresso do texto constitucional; na hipótese de inobservância de normas contidas no Regimento Interno, o tribunal vem adotando uma postura passivista.

Verifica-se, com isso, que a garantia da regularidade da tramitação de proposições legislativas nas casas do Congresso Nacional depende (quase que exclusivamente) das normas e dos costumes parlamentares.

Por sua vez, quanto ao desenho institucional, é possível constatar que há, de fato, um descompasso entre: (i) o que se espera do parlamento na garantia do devido procedimento legislativo e (ii) o arranjo vigente, que cria distorções e dificulta a prevalência do jurídico sobre o político, especialmente porque:

a) o procedimento de controle parlamentar de constitucionalidade, no caso das PECs – tanto na Câmara dos Deputados, quanto no Senado Federal – está situado no início da tramitação legislativa, em dois momentos ordinários: (*i*) no despacho inicial da proposição pelo Presidente da Casa Legislativa; e (*ii*) na CCJ;

b) parte relevante das PECs (especialmente na CD) é apresentada com um enorme número de assinaturas repetidas, ilegíveis e desorganizadas, o que demonstra a fragilidade do sistema (sujeito a fraudes) e sugere o descaso de alguns parlamentares;

c) em tese, todos os limites formais à reforma constitucional podem vir a ser violados após esses momentos ordinários de controle de constitucionalidade;

d) na prática, o parlamento rotineiramente viola o devido processo legislativo, ultrapassando a zona de flexibilidade inerente à atuação política em prejuízo da garantia da juridicidade constitucional;

e) o funcionamento do sistema de comissões parlamentares adotado pelo Congresso Nacional, do ponto de vista operacional, possui falhas passíveis de aprimoramento, especialmente no que tange ao controle de constitucionalidade de PECs nas Comissões de Constituição e Justiça;

f) nesse sentido, merecem especial atenção: a ampla discricionariedade político-partidária na indicação e na substituição de membros para as vagas das Comissões de Constituição e Justiça; o excessivo número de membros participantes do juízo de admissibilidade das PECs na CCJ da Câmara; o número reduzido de 'dias úteis' no Congresso Nacional, com a realização de reuniões superpostas e a participação dos parlamentares em muitas comissões e reuniões simultâneas, sem qualquer grau de coerência quanto aos assuntos debatidos; a pouca relevância dada por parlamentares ao limite formal de iniciativa, assinando tudo quanto lhes é apresentado (inclusive, mais de uma vez).

Diante de diversos elementos apurados no curso da pesquisa, que sugeriam a existência de dificuldades de ordem prática no sistema de controle parlamentar de constitucionalidade, o projeto inicial deste trabalho, cujo recorte pretendido tinha como foco a análise das razões que subsidiam os pareceres pela (in)admissibilidade de propostas de emenda à Constituição nas Comissões de Constituição e Justiça, transmudou-se em uma análise mais ampla e operacional do processo legislativo sob perspectiva de garantia da juridicidade.

Ao final da pesquisa, constatou-se a existência de graves e recorrentes falhas na tramitação legislativa da reforma constitucional – tanto de natureza normativa, quanto e especialmente, de natureza prática – desde o momento da coleta de assinaturas dos subscritores das proposições até as derradeiras votações da proposição no plenário.

Com efeito, a análise das PECs apresentadas nos primeiros 30 (trinta) anos de vigência da CRFB/1988 revela um impraticável volume de proposições tramitando simultaneamente nas Casas legislativas, várias delas com o mesmíssimo conteúdo, o que demanda uma custosa movimentação das engrenagens estruturais do Poder Legislativo, para, ao final, restarem arquivadas sem nem sequer serem objeto de uma análise mais aprofundada.

Conclui-se, portanto, que as práticas parlamentares, muitas vezes sob fundamento de democratização do processo legislativo, criam com um grande número de atividades e demandas que tornam o sistema inchado, ineficiente e incapaz de atribuir substancial qualidade ao debate. Em verdade, boa parte dos recursos financeiros e humanos despendidos durante a tramitação de propostas de reforma constitucional serve para retroalimentar a estrutura e não refletem no aprimoramento ou atualização da Constituição.

Nesse contexto, alterações regimentais e 'culturais' são necessárias e impositivas para a garantia da juridicidade constitucional com especial atenção aos seguintes temas: (i) observância do limite de iniciativa, a fim de reduzir o número de proposições em trâmite; (ii) volume de atribuições dos parlamentares, a fim de que sejam efetivas e não meramente formais; e, por fim, (iii) sistema de substituição e indicação de membros para a CCJ, a fim de que a comissão atenda os pressupostos de especialização de sua atividade.

REFERÊNCIAS

ALEXY, Robert. *Teoria dos direitos fundamentais*. Tradução de Virgílio Afonso da Silva. São Paulo: Malheiros, 2012.

ANDRADE, Aparecida de Moura; COUTINHO, Robson Luiz Fialho. *Processo legislativo nas comissões da Câmara dos Deputados*. 2. ed. Brasília: Câmara dos Deputados, Edições Câmara, 2019.

ARAÚJO, Edinho *et al*. *Projeto de Lei 4470/2012*. Altera as Leis nºs 9.096, de 19 de setembro de 1995, e 9.504, de 30 de setembro de 1997, nos termos que especifica. Brasília: Câmara dos Deputados, 2012. Disponível em: https://www.camara.leg.br/proposicoesWeb/fich adetramitacao?idProposicao=556261. Acesso em: 15 ago. 2019.

AZEVEDO, Luiz Henrique Cascelli. Consultoria legislativa e assessoramento institucional: 40 anos. *In*: 40 ANOS de Consultoria Legislativa: consultores legislativos e consultores de orçamento. Brasília: Câmara dos Deputados, Edições Câmara, 2011. (Série obras comemorativas. Homenagem; n. 1). Disponível em: http://observatory-elites.org/wp-content/uploads/2011/11/40_anos_consultoria.pdf. Acesso em: 30 ago. 2019.

AZEVEDO, Luiz Henrique Cascelli. *O controle legislativo de constitucionalidade*. Porto Alegre: Sérgio Antônio Fabris, 2001.

BACHOF, Otto. *Normas constitucionais inconstitucionais?* Coimbra: Almedina, 2008.

BARACHO, José Alfredo de Oliveira. Congresso Nacional: reuniões. comissões. *Revista da Faculdade de Direito da UFMG*, Belo Horizonte, v. 33, p. 213-240, 1991.

BARCELLOS, Ana Paula de. *Direitos fundamentais e direito à justificativa*: devido Procedimento na Elaboração Normativa. Rio de Janeiro: Renovar, 2017.

BARRETO, Jackson. *PEC 373/2009 – Proposta de Emenda à Constituição*. Altera o §5º do art. 14 da Constituição Federal e dá outras providências. Brasília, DF: Câmara, 2009. Disponível em: https://www.camara.leg.br/proposicoesWeb/fichadetramitacao?idProp osicao=437574. Acesso em: 20 nov. 2019.

BEZERRA FILHO, José Mendonça. *Proposta de Emenda à Constituição PEC 344/2013*. Altera o art. 17 da Constituição Federal, condicionando o acesso dos partidos políticos ao fundo partidário e ao uso gratuito do rádio e da televisão a prévia disputa eleitoral e à eleição de representante para a Câmara dos Deputados ou o Senado Federal. Brasília: Câmara, 2013. Disponível em: https://www.camara.leg.br/proposicoesWeb/fichadetramitacao?id Proposicao=599229. Acesso em: 27 ago. 2019.

BISCAIA, Antonio Carlos. *Voto vencedor do Dep. Biscaia na PEC 437, de 2005*. Brasília, DF: Câmara, 2005. Disponível em: https://www.camara.leg.br/proposicoesWeb/prop_mostra rintegra?codteor=393912&filename=Tramitacao-PEC+437/2005. Acesso em: 20 nov. 2019.

BITTAR, Paula. *Sigilo sobre dados que embasam proposta sobre Previdência pode gerar dificuldades na CCJ*. Brasília: Agência Câmara Notícias, 23 abr. 2019. Disponível em: https://www2. camara.leg.br/camaranoticias/noticias/trabalho-e-previdencia/575289-sigilo-sobre-dados-que-embasam-proposta-sobre-previdencia-pode-gerar-dificuldades-na-ccj.html. Acesso em: 15 ago. 2019.

BOLDRINI, Angela; RESENDE, Thiago. Oposição tenta suspender tramitação da reforma da Previdência: Foram reunidas 103 assinaturas para sustar a análise do tema por 20 dias. *Folha de São Paulo*, São Paulo, 29 abr. 2019. Previdência. Disponível em: https://www1. folha.uol.com.br/mercado/2019/04/oposicao-tenta-suspender-tramitacao-da-reforma-da-previdencia.shtml. Acesso em: 15 ago. 2019.

BOLSONARO, Jair. *Recurso Nº 257, DE 2002 (apenso Recurso nº 258, de 2002)*. Relator: Deputado José Eduardo Cardozo. Brasília: Comissão de Constituição e Justiça e de Redação, 2003. Disponível em: https://www.camara.leg.br/proposicoesWeb/prop_mostra rintegra?codteor=209823&filename=Tramitacao-REC+257/2002+%3D%3E+PEC+559/2002. Acesso em: 26 ago. 2019.

BORGES, Bianca Araújo. *A inconstitucionalidade da supressão de prazo regimental na tramitação de proposta de emenda à Constituição no Senado Federal*. Brasília: Senado Federal, 2017.

BRANCO, Paulo Gustavo Gonet; MENDES, Gilmar Ferreira. *Curso de direito constitucional*. 7. ed. São Paulo: Saraiva, 2012

BRANDÃO, Rodrigo. A judicialização da política: teorias condições e o caso brasileiro. *In*: BOLONHA, Carlos; BONIZZATO, Luigi, MAIA, Fabiana (coord.). *Teoria institucional e constitucionalismo contemporâneo*. Curitiba: Juruá, 2016.

BRANDÃO, Rodrigo. Rigidez Constitucional e Pluralismo Político. In: BINENBOJM, Gustavo; SARMENTO, Daniel; SOUZA NETO, Cláudio Pereira de (coord.). *Vinte anos da Constituição Federal de 1988*. Rio de Janeiro: Lumen Juris, 2009.

BRANDÃO, Rodrigo. *Direitos fundamentais, cláusulas pétreas e democracia*. Rio de Janeiro: Renovar, 2008.

BRASIL. Advocacia-Geral da União. Consultoria Jurídica/Ministério da Saúde. *Intervenção judicial na saúde*: panorama no âmbito da Justiça Federal e apontamentos na seara das Justiças Estaduais. Brasília: Portal, 2014. Disponível em: http://portalarquivos.saude. gov.br/images/pdf/2014/maio/29/Panorama-da-judicializa----o---2012---modificado-em-junho-de-2013.pdf. Acesso em: 15 ago. 2019.

BRASIL. Assembléa Geral. Senado. *Regimento Interno de 1826*. Rio de Janeiro: Typ. Nacional, 1826. Disponível em: https://www12.senado.leg.br/institucional/arquivo/outras-publicacoes/regimentos-internos-do-senado-federal. Acesso em: 24 ago. 2019.

BRASIL. Câmara dos Deputados. *Comissões Temporárias*. Brasília, DF: Câmara dos Deputados, 2019. Disponível em: https://www2.camara.leg.br/atividade-legislativa/comissoes/comissoes-temporarias. Acesso em: 30 ago. 2019.

BRASIL. Câmara dos Deputados. *Estudos e notas técnicas*. Brasília, DF: Câmara dos Deputados, 2019. Disponível em: https://www2.camara.leg.br/atividade-legislativa/estudos-e-notas-tecnicas/publicacoes-da-consultoria-legislativa/Estudos-e-notas-tecnicas. Acesso em: 30 ago. 2019.

BRASIL. Câmara dos Deputados. *Estudos Legislativos*. Brasília, DF: Câmara dos Deputados, 2019. Disponível em: https://www12.senado.leg.br/publicacoes/estudos-legislativos/homeestudoslegislativos. Acesso em: 30 ago. 2019.

BRASIL. Câmara dos Deputados. *Manual do novo Sistema de Solicitações e Acompanhamento de trabalhos da Consultoria Legislativa – SIsCONLE*. Brasília, DF: Câmara dos Deputados, 2019. Disponível em: https://www2.camara.leg.br/a-camara/estruturaadm/diretorias/diretoria-legislativa/estrutura-1/conle/servicos-1/manual-do-usuario. Acesso em: 30 ago. 2019.

BRASIL. Senado Federal. *Parecer nº 1.532, de 2010*. Da Comissão de Constituição, Justiça e Cidadania, sobre a Proposta de Emenda à Constituição nº 55, de 2005 [...]. Brasília: Senado, 2010. Disponível em: https://legis.senado.leg.br/sdleg-getter/documento?dm=4591136&ts=1567532152411&disposition=inline. Acesso em: 20 nov. 2019.

BRASIL. Câmara dos Deputados. *Proposta de Emenda à Constituição n. 6 de 2019*. Modifica o sistema de previdência social, estabelece regras de transição e disposições transitórias, e dá outras providências. Brasília, Câmara, 2019. Disponível em: https://www.camara.leg.br/proposicoesWeb/fichadetramitacao?idProposicao=2192459. Acesso em: 15 ago. 2019.

BRASIL. Câmara dos Deputados. *Proposta de Emenda à Constituição nº 33, de 1995*. Altera o artigo 178 da Constituição Federal e dispõe sobre a adoção de Medidas Provisórias. Brasília, Câmara, 1995. Disponível em: https://www25.senado.leg.br/web/atividade/materias/-/materia/18493. Acesso em: 27 ago. 2019.

BRASIL. Câmara dos Deputados. *Proposta de Emenda à Constituição nº 311/2017*. Altera o Art. 5º, alínea C, Inciso XLVII da Constituição Federal, suprimindo a expressão "trabalhos forçados" e dá outras providências. Brasília, Câmara, 2017. Disponível em: https://www.camara.leg.br/proposicoesWeb/prop_mostrarintegra?codteor=1553097&filename=Despacho-PEC+311/2017-08/05/2017. Acesso em: 1 set. 2019.

BRASIL. Câmara dos Deputados. *Resolução nº 17, de 1989*. Aprova o Regimento Interno da Câmara dos Deputados. Brasília, DF: Câmara, 1989. Disponível em: https://www2.camara.leg.br/atividade-legislativa/legislacao/regimento-interno-da-camara-dos-deputados/arquivos-1/RICD%20atualizado%20ate%20RCD%206-2019.pdf. Acesso em: 15 ago. 2019.

BRASIL. Câmara dos Deputados. *Resolução nº 10, de 1991*. Altera dispositivos do Regimento Interno. Brasília, DF: Câmara, 1991. Disponível em: https://www2.camara.leg.br/legin/fed/rescad/1991/resolucaodacamaradosdeputados-10-3-outubro-1991-320701-publicacaooriginal-1-pl.html. Acesso em: 26 ago. 2019.

BRASIL. Câmara dos Deputados. *Substitutivo adotado pela Comissão à PEC 171-A, de 1993*. Altera a redação dos arts. 228 e 227 da Constituição Federal. Brasília, Câmara, 2015. Disponível em: https://www.camara.leg.br/proposicoesWeb/propmostrarintegra?codt eor=1350322. Acesso em: 27 ago. 2019.

BRASIL. *Decreto nº 6.949, de 25 de Agosto de 2009*. Promulga a Convenção Internacional sobre os Direitos das Pessoas com Deficiência e seu Protocolo Facultativo, assinados em Nova York, em 30 de março de 2007. Brasília, Presidência da República, 2009. Disponível em: http://legislacao.planalto.gov.br/legisla/legislacao.nsf/Viw_Identificacao/DEC%20 6.949-2009?OpenDocument. Acesso em: 31 ago. 2019.

BRASIL. Congresso. Câmara dos Deputados. *Annaes do Parlamento Brazileiro*. Rio de Janeiro: Typographia do Imperial Instituto Artistico, 1826.

BRASIL. *Constituição da República dos Estados Unidos do Brasil (De 24 de Fevereiro de 1891)*. Nós, os representantes do povo brasileiro, reunidos em Congresso Constituinte, para organizar um regime livre e democrático, estabelecemos, decretamos e promulgamos a seguinte. Rio de Janeiro: Presidência da República, [1931]. Disponível em: http://www. planalto. gov.br/ccivil_03/constituicao/constituicao91 .htm. Acesso em: 15 ago. 2019.

BRASIL. *Constituição Política do Império do Brazil (de 25 de março de 1824)*. Constituição Política do Império do Brasil, elaborada por um Conselho de Estado e outorgada pelo Imperador D. Pedro I, em 25.03.1824. Manda observar a Constituição Politica do Imperio, oferecida e jurada por Sua Magestade o Imperador. Rio de Janeiro: Presidência da República, [1839]. Disponível em: http://www.planalto.gov.br/ccivil_03/Constituicao/ Constituicao24.htm. Acesso em: 15 ago. 2019.

BRASIL. *Constituição da República dos Estados Unidos do Brasil (DE 16 DE JULHO DE 1934)*. Nós, os representantes do povo brasileiro, pondo a nossa confiança em Deus, reunidos em Assembléia Nacional Constituinte para organizar um regime democrático [...]. Rio de Janeiro: Presidência da República, [1936]. Disponível em: http://www.planalto. gov. br/ccivil_03/constituicao/constituicao34.htm. Acesso em: 15 ago. 2019.

BRASIL. *Constituição da República Federativa do Brasil de 1967*. Rio de Janeiro: Presidência da República, [1969]. Disponível em: http://www.planalto.gov.br/ccivil03/constituicao/ constituicao67.htm. Acesso em: 15 ago. 2019.

BRASIL. *Constituição dos Estados Unidos do Brasil (DE 10 DE NOVEMBRO DE 1937)*. *Leis Constitucionais*. Rio de Janeiro: Presidência da República, [1945]. Disponível em: http:// www.planalto.gov.br/ccivil_03/Constituicao/Constituicao.htm. Acesso em: 15 ago. 2019.

BRASIL. *Constituição dos Estados Unidos do Brasil (DE 18 DE SETEMBRO DE 1946)*. A Mesa da Assembléia Constituinte promulga a Constituição dos Estados Unidos do Brasil e o Ato das Disposições Constitucionais Transitórias, nos termos dos seus arts. 218 e 36, respectivamente [...]. Rio de Janeiro: Presidência da República, [1966]. Disponível em: http:// www.planalto.gov.br/ccivil_03/constituicao/constituicao46.htm. Acesso em: 15 ago. 2019.

BRASIL. [Constituição (1988)]. *Constituição da República Federativa do Brasil de 1988*: Nós, representantes do povo brasileiro, reunidos em Assembléia Nacional Constituinte para instituir um Estado Democrático, destinado a assegurar o exercício dos direitos sociais e individuais, [...]. Brasília, DF: Presidência da República, [2018]. Disponível em: http://www.planalto.gov.br/ccivil_03/Constituicao/Constituicao.htm. Acesso em: 15 ago. 2019.

BRASIL. *Emenda Constitucional nº 3, de 17 de março de 1993*. Altera os arts. 40, 42, 102, 103, 155, 156, 160, 167 da Constituição Federal. Brasília, DF: Presidência da República, 2003. Disponível em: http://www.planalto.gov.br/ccivil_03/constituicao/Emendas/Emc/emc 03.htm. Acesso em: 15 ago. 2019.

BRASIL. *Emenda Constitucional nº 19, de 4 de junho de 1998*. Modifica o regime e dispõe sobre princípios e normas da Administração Pública, servidores e agentes políticos, controle de despesas e finanças públicas e custeio de atividades a cargo do Distrito Federal, e dá outras providências. Brasília, DF: Presidência da República, 1998. Disponível em: http://www.planalto.gov.br/ccivil_03/Constituicao/Emendas/Emc/emc19.htm. Acesso em: 23 ago. 2019.

BRASIL. *Emenda Constitucional n. 20, de 15 de dezembro de 1998*. Modifica o sistema de previdência social, estabelece normas de transição e dá outras providências. Brasília, DF: Presidência da República, 1998. Disponível em: http://www.planalto.gov.br/ccivil_03/constituicao/emendas/emc/emc20.htm. Acesso em: 24 ago. 2019.

BRASIL. *Emenda Constitucional n. 21, de 18 de março de 1999*. Prorroga, alterando a alíquota, a contribuição provisória sobre movimentação ou transmissão de valores e de créditos e de direitos de natureza financeira, a que se refere o art. 74 do Ato das Disposições Constitucionais Transitórias. Brasília, DF: Presidência da República, 1999. Disponível em: http://www.planalto.gov.br/ccivil_03/Constituicao/Emendas/Emc/emc21.htm. Acesso em: 24 ago. 2019.

BRASIL. *Emenda Constitucional n. 30 de de 13 de setembro de 2000*. Altera a redação do art. 100 da Constituição Federal e acrescenta o art. 78 no Ato das Disposições Constitucionais Transitórias, referente ao pagamento de precatórios judiciários. Brasília, DF: Presidência da República, 2000. Disponível em: http://www.planalto.gov.br/ccivil_03/constituicao/Emendas/Emc/emc30.htm. Acesso em: 25 ago. 2019.

BRASIL. *Emenda Constitucional n. 39 de 19 de dezembro de 2002*. Acrescenta o art. 149-A à Constituição Federal (Instituindo contribuição para custeio do serviço de iluminação pública nos Municípios e no Distrito Federal). Brasília, DF: Presidência da República, 2002. Disponível em: http://www.planalto.gov.br/ccivil_03/constituicao/Emendas/Emc/emc39.htm. Acesso em: 25 ago. 2019.

BRASIL. *Emenda Constitucional n. 41, 19 de dezembro de 2003*. Modifica os arts. 37, 40, 42, 48, 96, 149 e 201 da Constituição Federal, revoga o inciso IX do §3 do art. 142 da Constituição Federal e dispositivos da Emenda Constitucional nº 20, de 15 de dezembro de 1998, e dá outras providências. Brasília, DF: Presidência da República, 2003. Disponível em: http://www.planalto.gov.br/ccivil_03/constituicao/Emendas/Emc/emc41.htm. Acesso em: 24 ago. 2019.

BRASIL. *Emenda Constitucional n. 88 de 7 de maio de 2015*. Altera o art. 40 da Constituição Federal, relativamente ao limite de idade para a aposentadoria compulsória do servidor público em geral, e acrescenta dispositivo ao Ato das Disposições Constitucionais Transitórias. Brasília, DF: Presidência da República, 2015. Disponível em: http://www.planalto.gov.br/ccivil_03/constituicao/Emendas/Emc/emc88.htm Acesso em: 25 ago. 2019.

BRASIL. *Emenda Constitucional n. 45 de 30 de dezembro de 2004*. Altera dispositivos dos arts. 5º, 36, 52, 92, 93, 95, 98, 99, 102, 103, 104, 105, 107, 109, 111, 112, 114, 115, 125, 126, 127, 128, 129, 134 e 168 da Constituição Federal, e acrescenta os arts. 103-A, 103B, 111-A e 130-A, e dá outras providências. Brasília, DF: Presidência da República, 2004. Disponível em: http://www.planalto.gov.br/ccivil_03/Constituicao/Emendas/Emc/emc45.htm. Acesso em: 23 ago. 2019.

BRASIL. *Emenda Constitucional n. 52, de 8 de março de 2006*. Dá nova redação ao §1º do art. 17 da Constituição Federal para disciplinar as coligações eleitorais. Brasília, DF: Presidência da República, 2006. Disponível em: http://www.planalto.gov.br/ccivil03/constituicao/Emendas/Emc/emc52.htm. Acesso em: 24 ago. 2019.

BRASIL. *Emenda Constitucional n. 58, de 23 de setembro de 2009*. Altera a redação do inciso IV do caput do art. 29 e do art. 29-A da Constituição Federal, tratando das disposições relativas à recomposição das Câmaras Municipais. Brasília, DF: Presidência da República, 2009. Disponível em: http://www.planalto.gov.br/ccivil_03/constituicao/Emendas/Emc/emc58.htm. Acesso em: 24 ago. 2019.

BRASIL. *Emenda Constitucional n. 62, de 9 de dezembro de 2009*. Altera o art. 100 da Constituição Federal e acrescenta o art. 97 ao Ato das Disposições Constitucionais Transitórias, instituindo regime especial de pagamento de precatórios pelos Estados, Distrito Federal e Municípios. Brasília, DF: Presidência da República, 2009. Disponível em: http://www.planalto.gov.br/ccivil_03/constituicao/Emendas/Emc/emc62.htm. Acesso em: 24 ago. 2019.

BRASIL. *Emenda Constitucional n. 73 de 6 de junho de 2013*. Cria os Tribunais Regionais Federais da 6ª, 7ª, 8ª e 9ª Regiões. Brasília, DF: Presidência da República, 2013. Disponível em: http://www.planalto.gov.br/ccivil_03/Constituicao/Emendas/Emc/emc73.htm. Acesso em: 23 ago. 2019.

BRASIL. *Emenda Constitucional nº 95 de 15 de dezembro de 2016*. Altera o Ato das Disposições Constitucionais Transitórias, para instituir o Novo Regime Fiscal, e dá outras providências. Brasília, DF: Presidência da República, 2016. Disponível em: http://www.planalto.gov.br/ccivil_03/constituicao/emendas/emc/emc95.htm. Acesso em: 15 ago. 2019.

BRASIL. Congresso Nacional. Câmara dos Deputados. *Regimento interno da Câmara dos Deputados*. Determina a reedição do Regimento Interno da Câmara dos Deputados e a republicação no Diário da Câmara dos Deputados. 15. ed. Brasília: Câmara dos Deputados, Edições Câmara, 2015. (Série textos básicos; n. 103) Disponível em: http://bd.camara.leg.br/bd/bitstream/handle/bdcamara/18847/regimento_interno_15ed.pdf?sequence=40. Acesso em: 15 ago. 2019.

BRASIL. Congresso Nacional. Senado Federal. *Parecer nº 1004 de 2004*. Comissão de Constituição e Justiça. Relator: Sérgio Zambiasi. Brasília, DF: Senado Federal, 2004. Disponível em: https://legis.senado.leg.br/diarios/BuscaPaginas Diario?codDiario=986 &seqPaginaInicial=201&seqPaginaFinal=210. Acesso em: 15 ago. 2019.

BRASIL. Congresso Nacional. Senado Federal. *Regimento Interno* – Resolução nº 1, de 1946. Rio de Janeiro: Senado, 1946. Disponível em: http://legis.senado.leg.br/norma/589233/ publicacao/15717098. Acesso em: 15 ago. 2019.

BRASIL. Congresso Nacional. Senado Federal. *Regimento Interno* – Resolução nº 2, de 1959. Rio de Janeiro: Senado, 1959. Disponível em: http://legis.senado.leg.br/norma/589317/ publicacao/15759555. Acesso em: 15 ago. 2019.

BRASIL. Congresso Nacional. Senado Federal. *Regimento Interno* – Resolução nº 3, de 1948. Rio de Janeiro: Senado, 1948. Disponível em: http://legis.senado.leg.br/norma/561237/ publicacao/15759100. Acesso em: 15 ago. 2019.

BRASIL. Congresso Nacional. Senado Federal. *Regimento Interno* – Resolução nº 9, de 1952. Rio de Janeiro: Senado, 1952. Disponível em: http://legis.senado.leg.br/norma/589977/ publicacao/15747844. Acesso em: 15 ago. 2019.

BRASIL. Congresso Nacional. Senado Federal. *Resolução nº 18, de 1989*. Adapta o Regimento Interno do Senado Federal às disposições da Constituição da República Federativa do Brasil, e dá outras providências. Brasília, DF: Senado Federal, 1989. Disponível em: http://legis.senado.leg.br/norma/578738/publicacao/15717109. Acesso em: 15 ago. 2019.

BRASIL. Congresso Nacional. Senado Federal. *Resolução do Senado Federal n. 93, de 27/11/1970*: volume I. Dá nova redação ao Regimento Interno do Senado Federal. Brasília, DF: Senado Federal, 22 dez. 2018. Disponível em: https://legis.senado.leg.br/norma/563958/ publicacao/15718783. Acesso em: 15 ago. 2019.

BRASIL. Congresso Nacional. Senado Federal. *Regimento Interno de 1826*. Primeira Sessão da Primeira Legislatura de 1826. Rio de Janeiro: Imprensa Nacional, 1826. Disponível em: https://www2.senado.leg.br/bdsf/bitstream/handle/id/174483/000006280. pdf?sequence=1&isAllowed=y. Acesso em: 15 ago. 2019.

BRASIL. Congresso Nacional. Senado Federal. *Regimento Interno de 1831*. Rio de Janeiro: Imprensa Nacional, 1831. Disponível em: https://www2.senado.leg.br/bdsf/bitstream/ handle/id/242849/000923300.pdf?sequence=1&isallowed=y. Acesso em: 15 ago. 2019.

BRASIL. Congresso Nacional. Senado Federal. [Regimento interno (1903)]. Rio de Janeiro: Imprensa Nacional, 1926. Disponível em: https://www2.senado.leg.br/bdsf/handle/ id/174419. Acesso em: 28 ago. 2019.

BRASIL. Congresso Nacional. Senado Federal. *Regimento Interno de 1903*. Rio de Janeiro: Imprensa Nacional, 1904. Disponível em: https://www2.senado.leg.br/bdsf/bitstream/ handle/id/174420/000006292.pdf?sequence=1. Acesso em 15 ago. 2019.

BRASIL. Congresso Nacional. Senado Federal. *Regimento Interno de 1926*. Rio de Janeiro: Imprensa Nacional, 1926. Disponível em: https://www2.senado.leg.br/bdsf/bitstream/handle/id/174419/000006291.pdf?sequence=9&isAllowed=y. Acesso em 15 ago. 2019.

BRASIL. Congresso Nacional. Senado Federal. *Regimento Interno de 19 de junho de 1935*. Rio de Janeiro: Senado, 1935. Disponível em: https://www2.senado.leg.br/bdsf/bitstream/handle/id/174424/000006439.pdf?sequence=9&isAllowed=y. Acesso em 15 ago. 2019.

BRASIL. Congresso Nacional. Senado Federal. *Regimento interno do Senado Federal*. Rio de Janeiro: Imprensa Nacional, 1904. Disponível em: hhttps://www2.senado.leg.br/bdsf/bitstream/handle/id/174420/000006292.pdf?sequence=1. Acesso em: 28 ago. 2019.

BRASIL. Congresso Nacional. Câmara dos Deputados. *Regimento Interno e Constituição da Republica*. Rio de Janeiro : Imprensa Nacional, 1928. Disponível em: http://bd.camara.gov.br/bd/handle/bdcamara/13982#. Acesso em: 28 ago. 2019.

BRASIL. Congresso Nacional. Câmara dos Deputados. *Regimento interno do Senado Federal*: aprovado na sessão de 19 de junho de 1935. Rio de Janeiro : Imprensa Nacional, 1936. Disponível em: https://www2.senado.leg.br/bdsf/handle/id/174424. Acesso em: 28 ago. 2019.

BRASIL. Congresso Nacional. Câmara dos Deputados. Resolução nº 1 de 1970. Aprova o Regimento Comum do Congresso Nacional. *Diário Oficial da União* – Seção 1, Brasília, 30 jan. 1970. Disponível em: https://www2.camara.leg.br/legin/fed/rescon/1970-1979/resolucao-1-11-agosto-1970-497934-republicacaoatualizada-1-pl.html. Acesso em: 15 ago. 2019.

BRASIL. Congresso Nacional. Câmara dos Deputados. *Resolução nº 1, de 18 de novembro 1993*. Dispõe sobre o funcionamento dos trabalhos de revisão constitucional e estabelece normas complementares específicas. Brasília: Lex, 1993. Disponível em http://www.lex.com.br/doc236140resolucaon1de18denovembro1993.aspx. Acesso em: 26 ago. 2019.

BRASIL. Congresso Nacional. Câmara dos Deputados. Resolução nº 20 de 2004. Dá nova redação aos artigos 25, 26, 29, 32 e 39 do Regimento Interno da Câmara dos Deputados. *Diário da Câmara dos Deputados*, Brasília, 17 mar. 2004. Disponível em: https://www2.camara.leg.br/legin/fed/rescad/2004/resolucaodacamaradosdeputados-20-17-marco-2004-783666-norma-pl.html. Acesso em: 15 ago. 2019.

BRASIL. Congresso Nacional. Câmara dos Deputados. Resolução nº 48 de 1993. Dispõe sobre a Assessoria Legislativa. *Diário da Câmara dos Deputados*, Brasília, 27 ago. 1993. Disponível em: http://imagem.camara.gov.br/Imagem/d/pdf/DCD27AGO1993SUP.pdf#page=2. Acesso em: 15 ago. 2019.

BRASIL. Congresso Nacional. Câmara dos Deputados. *Resolução nº 52 de 1973*. Dispõe sobre a Assessoria Legislativa e determina outras providências. Brasília, DF: Câmara dos Deputados, 1973. Disponível em: https://www2.camara.leg.br/legin/fed/rescad/1970-1979/resolucaodacamaradosdeputados-52-3-dezembro-1973-318926-publicacaooriginal-1-pl.html. Acesso em: 15 ago. 2019.

BRASIL. Congresso Nacional. Senado Federal. *Resolução n. 53, de 1996*. Que autoriza a Prefeitura Municipal de Campo Grande (MS) a contratar operação de crédito junto a Financiadora de Estudos e Projetos – FINEP, no valor de R$ 1.329.620,07 (um milhão, trezentos e vinte e nove mil, seiscentos e vinte reais e sete centavos). *Diário do Senado Federal n° 126 de 1996*, Brasília, 12 jul. 1996, p. 11867. Disponível em: https://legis.senado. leg.br/diarios/BuscaDiario?codDiario=19631#diario. Acesso em: 15 ago. 2019.

BRASIL. Congresso Nacional. Senado Federal. *O legislativo brasileiro*: funcionamento, composição e opinião pública. Organização de Raquel Meneguello. Brasília: Senado Federal, Secretaria Especial de Comunicação Social, 2012. Disponível em: https://www12. senado.leg.br/institucional/datasenado/pdf/e-book-legislativo. Acesso em: 15 ago. 2019.

BRASIL. Congresso Nacional. Câmara dos Deputados. *Substitutivo adotado pela comissão à PEC 171-A de 1993*. Altera a redação dos arts. 228 e 227 da Constituição Federal. Brasília, DF: Câmara dos Deputados, 1993. Disponível em: https://www.camara.leg.br/proposicoesWeb/prop_mostrarintegra?codteor=1350322&filename=SBT-A+1+PEC17193+%3D%3E+PEC+171/1993. Acesso em: 15 ago. 2019.

BRASIL. Secretaria-Geral da Mesa. Secretaria de Informação Legislativa. *Resolução do Senado Federal n° 11 de 16/04/2013*. Altera o Regimento Interno do Senado Federal para aumentar o número de Membros da Comissão de Constituição, Justiça e Cidadania para 27 (vinte e sete). Brasília: Senado, 2013. Disponível em: https://legis.senado.leg.br/norma/561585. Acesso em: 2 set. 2019.

BRASIL. *Lei n° 9.868, de 10 de novembro de 1999*. Dispõe sobre o processo e julgamento da ação direta de inconstitucionalidade e da ação declaratória de constitucionalidade perante o Supremo Tribunal Federal. Brasília, DF: Presidência da República, [2009]. Disponível em: http://www.planalto.gov.br/ccivil_03/LEIS/L9868.htm. Acesso em: 15 ago. 2019.

BRASIL. *Lei n° 13.105, de 16 de março de 2015*. Código de Processo Civil. Brasília, DF: Presidência da República, [2019]. Disponível em: http://www.planalto.gov.br/ccivil_03/_Ato2015-2018/2015/Lei/L13105.htm. Acesso em: 15 ago. 2019.

BRASIL. *Lei n° 13.300, de 23 de junho de 2016*. Disciplina o processo e o julgamento dos mandados de injunção individual e coletivo e dá outras providências. Brasília, DF: Presidência da República, 2016. Disponível em: http://www.planalto.gov.br/ccivil_03/_ato2015-2018/2016/lei/L13300.htm. Acesso em: 24 ago. 2019.

BRASIL. *Lei n° 11.343, de 23 de agosto de 2006*. Institui o Sistema Nacional de Políticas Públicas sobre Drogas – Sisnad; prescreve medidas para prevenção do uso indevido, atenção e reinserção social de usuários e dependentes de drogas; estabelece normas para repressão à produção não autorizada e ao tráfico ilícito de drogas; define crimes e dá outras providências. Brasília, DF: Presidência da República, [2019]. Disponível em: http://www.planalto.gov.br/ccivil_03/_ato2004-2006/2006/lei/l11343.htm. Acesso em: 24 ago. 2019.

BRASIL. Ministério da Saúde. *Ministério lança projeto de apoio ao judiciário para as ações em saúde*. Brasília: Portal Saúde, 17 nov. 2016. Disponível em: http://portalsaude.saude.gov.br/index.php/o-ministerio/principal/secretarias/se/se-desid/desid-destaques/26258-ministerio-lanca-projeto-de-apoio-ao-judiciario-para-as-acoes-em-saude. Acesso em: 15 ago. 2019.

BRASIL. República Federativa do Brasil. Congresso Nacional. *Diário da Câmara dos Deputados*, Brasília, ano LXIV, n. 123, 15 jul. 2009. Disponível em: http://imagem.camara. gov.br/Imagem/d/pdf/DCD15JUL2009.pdf#page=237. Acesso em: 20 nov. 2019.

BRASIL. Senado Federal. Decreto nº 510 de 22 de junho de 1890. Publica a Constituição dos Estados Unidos do Brasil. *Coleção de Leis do Brasil*, Rio de Janeiro, 31 dez. 1890, v. 6, p. 1365. Disponível em: http://legis.senado.gov.br/norma/388004/publicacao/15722625. Acesso em: 15 ago. 2019.

BRASIL. Senado Federal. Brasília: Senado Federal, 2019. Disponível em: https://www12. senado.leg.br/hpsenado. Acesso em: 2 set. 2019.

BRASIL. Senado Federal. *Parecer nº 1.438, de 2010*. Relator Min. Francisco Dornelles. Relator *Ad Hoc*: Niura Demarchi. Da Comissão de Constituição, Justiça e Cidadania, sobre a Proposta de Emenda à Constituição n. 8, de 2003 [...]. Brasília: Senado Federal, 2010. Disponível em: https://legis.senado.leg.br/sdleg-getter/documento?dm=4428314&ts= 1559269648077&disposition=inline. Acesso em: 2 set. 2019.

BRASIL. Senado Federal. *Parecer nº 1.533, de 2010*. Relator Min. Marcelo Crivella. Relator *Ad Hoc*: Antônio Carlos Júnior. Da Comissão de Constituição, Justiça e Cidadania, sobre a Proposta de Emenda à Constituição n. 22, de 2008 [...]. Brasília: Senado Federal, 2010. Disponível em: https://legis.senado.leg.br/sdleg-getter/documento?dm=4806997&ts=155924 0395815&disposition=inline. Acesso em: 2 set. 2019.

BRASIL. Senado Federal. *Parecer nº 1.891, de 2009*. Relator Min. Aloizio Mercadante. Da Comissão de Constituição, Justiça e Cidadania, sobre a Proposta de Emenda à Constituição n. 87, de 2007 [...]. Brasília: Senado Federal, 2009. Disponível em: https://legis.senado. leg.br/sdleg-getter/documento?dm=3492343&ts=155927920947 6&disposition=inline. Acesso em: 2 set. 2019.

BRASIL. Senado Federal. PEC 351/2009 – Proposta de Emenda à Constituição. Altera o art. 100 da Constituição Federal e acrescenta o art. 97 ao Ato das Disposições Constitucionais Transitórias, instituindo regime especial de pagamento de precatórios pelos Estados, Distrito Federal e Municípios. Brasília, DF: Câmara, 2006. Disponível em: https://www. camara.leg.br/proposicoesWeb/fichadetramitacao?idProposicao=430472. Acesso em: 20 nov. 2019.

BRASIL. Senado Imperial. *Anais do Senado*: anno de 1823: livro 1. Rio de Janeiro: Secretaria Especial de Editoração e Publicações – Subsecretaria de Anais do Senado Federal, 1823. Disponível em: https://www.senado.leg.br/publicacoes/anais/pdf/ AnaisImperio/1823/1823%20Livro%201.pdf. Acesso em: 15 ago. 2019.

BRASIL. Senado Imperial. *Annaes do Senado*: anno de 1823: livro 5. Rio de Janeiro: Secretaria Especial de Editoração e Publicações – Subsecretaria de Anais do Senado Federal, 1823. [Annaes do Parlamento Brazileiro – Assembléa Constituinte do Império do Brazil.]. Disponível em: https://www.senado.leg.br/publicacoes/anais/pdf/Anais_ Imperio/1823/1823%20Livro%201.pdf. Acesso em: 15 ago. 2019.

BRASIL. Senado Imperial. *Annaes do Senado Imperio do Brazil*: ano de 1826. Rio de Janeiro, RJ: Typographia Nacional, 1877. t. 1. Disponível em: https://www.senado.leg. br/publicacoes/anais/pdf-digitalizado/Anais_Imperio/1826/1826%20Livro%201.pdf. Acesso em: 15 ago. 2019.

BRASIL. Senado Imperial. *Annaes do Parlamento Brazileiro* [1826]. Rio de Janeiro, RJ: Typographia Nacional, 1871. t. 1. Disponível em: http://bd.camara.gov.br/bd/handle/ bdcamara/28859. Acesso em: 28 ago. 2019.

BRASIL. Supremo Tribunal Federal. Ação Declaratória de Constitucionalidade nº 43. Relator: Min. Marco Aurélio, 1 ago. 2018. *Diário de Justiça Eletrônico*, Brasília, DF, n. 206, 28 set. 2018. Disponível em: http://portal.stf.jus.br/processos/downloadPeca. asp?id=314929880&ext=.pdf. Acesso em: 15 ago. 2019.

BRASIL. Supremo Tribunal Federal. Ação Declaratória de Constitucionalidade nº 44. Relator: Min. Marco Aurélio, 25 set. 2018. *Diário de Justiça Eletrônico*, Brasília, DF, n. 77, 5 abr. 2019. Disponível em: http://stf.jus.br/portal/diarioJustica/verDiario Processo.asp?n umDj=77&dataPublicacaoDj=15/04/2019&incidente=4986729&codCapitulo=6&numMat eria=50&codMateria=2. Acesso em 15 ago. 2019.

BRASIL. Supremo Tribunal Federal. Ação Direta de Inconstitucionalidade nº 829-3 de 1993. Relator: Min. Moreira Alves, 14 mar. 1993. *Diário de Justiça*, Brasília, DF, 16 set. 1994, p. 24278. Disponível em: http://redir.stf.jus.br/paginadorpub/paginador. jsp?docTP=AC&docID=266553. Acesso em: 15 ago. 2019.

BRASIL. Supremo Tribunal Federal. Ação Direta de Inconstitucionalidade nº 939-7 de 1993. Relator: Min. Sydney Sanches, 15 dez. 1993. *Diário de Justiça*, Brasília, DF, 18 mar. 1994. Disponível em: http://redir.stf.jus.br/paginadorpub/paginador. jsp?docTP=AC&docID=266590. Acesso em: 15 ago. 2019.

BRASIL. Supremo Tribunal Federal. Ação Direta de Inconstitucionalidade nº 2.031 de 2002. Relatora: Min. Ellen Gracie, 03 out. 2002. Brasília, DF: Supremo Tribunal Federal, 3 out. 2010. Disponível em: http://redir.stf.jus.br/paginadorpub/paginador. jsp?docTP=AC&docID=375306. Acesso em: 15 ago. 2019.

BRASIL. Supremo Tribunal Federal. Ação Direta de Inconstitucionalidade nº 2.135 de 2000. Relator: Min. Cármen Lúcia, 27 jan. 2000. *Diário de Justiça*, Brasília, DF, 17 jun. 2019. Disponível em: http://portal.stf.jus.br/processos/detalhe.asp?incidente=11299. Acesso em: 28 ago. 2019.

BRASIL. Supremo Tribunal Federal. Mandado de Segurança nº 26.441/DF. Relator: Min. Celso de Melo, 17 dez. 2009. *Diário de Justiça Eletrônico*, Brasília, DF, 18 dez. 2009. Disponível em: htt://redir.stf.jus.br/paginadorpub/paginador.jsp?TP=AC&docID=86198. Acesso em: 15 ago. 2019.

BRASIL. Supremo Tribunal Federal. Mandado de Segurança nº 24.831-9. Relator: Min. Celso de Melo. *Diário de Justiça*, Brasília, DF, 22 jun. 2005. Disponível em: htt://redir.stf. jus.br/paginadorpub/paginador.jsp?TP=AC&docID=606848. Acesso em: 15 ago. 2019.

BRASIL. Supremo Tribunal Federal. Ação Direta de Inconstitucionalidade nº 2.356 de 2010. Relator: Min. Ayres Britto, 25 nov. 2010. *Diário de Justiça*, Brasília, DF, 18 maio 2011. Disponível em: http://redir.stf.jus.br/paginadorpub/paginador.jsp?docTP=AC&docID=623127. Acesso em: 28 ago. 2019.

BRASIL. Supremo Tribunal Federal. Ação Direta de Inconstitucionalidade nº 2.362 de 2014. Relator: Min. Celso de Mello, 1 ago. 2014. *Diário de Justiça*, Brasília, DF, 1 set. 2014. Disponível em: https://stf.jusbrasil.com.br/jurisprudencia/25260236/agreg-na-acao-direta-de-inconstitucionalidade-adi-2362-df-stf/inteiro-teor-137914885. Acesso em: 28 ago. 2019.

BRASIL. Supremo Tribunal Federal. Ação Direta de Inconstitucionalidade nº 3.854 de 2007. Relator: Min. Gilmar Mendes, 7 fev. 2007. *Diário de Justiça*, Brasília, DF, 7 fev. 2007. Disponível em: http://www.stf.jus.br/portal/peticaoInicial/verPeticaoInicial.asp?base=ADIN&s1=3854&processo=3854. Acesso em: 28 ago. 2019.

BRASIL. Supremo Tribunal Federal. Ação Direta de Inconstitucionalidade nº 3.395 de 2005. Relator: Min. Cezar Peluso, 25 jan. 2005. *Diário de Justiça*, Brasília, DF, 10 nov. 2006. Disponível em: http://www.stf.jus.br/portal/peticaoInicial/verPeticaoInicial.asp?base=ADIN&s1=3395%20&processo=3395. Acesso em: 28 ago. 2019.

BRASIL. Supremo Tribunal Federal. Ação Direta de Inconstitucionalidade nº 3.684 de 2006. Relator: Min. Gilmar Mendes, 8 mar. 2003. *Diário de Justiça*, Brasília, DF, 3 ago. 2007. Disponível em: http://www.stf.jus.br/portal/peticaoInicial/verPeticaoInicial.asp?base=ADIN&s1=3395%20&processo=3684. Acesso em: 28 ago. 2019.

BRASIL. Supremo Tribunal Federal. Ação Direta de Inconstitucionalidade nº 4.425 de 2015. Relator: Min. Luiz Fux, 25 mar. 2015. *Diário de Justiça Eletrônico*, Brasília, DF, 3 ago. 2015. Disponível em: http://www.stf.jus.br/portal/jurisprudencia/listarJurisprudencia.asp?s1 =%284425%2ENUME%2E+OU+4425%2EACMS%2E%29&base=baseAcordaos&url=http://tinyurl.com/y2ry8f2e. Acesso em: 28 ago. 2019.

BRASIL. Supremo Tribunal Federal. Ação Direta de Inconstitucionalidade nº 4.357 de 2015. Relator: Min. Luiz Fux, 9 dez. 2015. *Diário de Justiça Eletrônico*, Brasília, DF, 3 ago. 2018. Disponível em: http://www.stf.jus.br/portal/jurisprudencia/listarJurisprudencia.asp?s1=%284357%2ENUME%2E+OU+4357%2EACMS%2E%29&base=baseAcordaos&url=http://tinyurl.com/y5zf2nmg. Acesso em: 28 ago. 2019.

BRASIL. Supremo Tribunal Federal. Ação Direta de Inconstitucionalidade nº 5.017 de 2013. Relator: Min. Luiz Fux, 17 jul. 2013. *Diário de Justiça*, Brasília, DF, 22 maio 2018. Disponível em: http://portal.stf.jus.br/processos/detalhe.asp?incidente=4437805. Acesso em: 28 ago. 2019.

BRASIL. Supremo Tribunal Federal. Ação Direta de Inconstitucionalidade nº 5.316 de 2015. Relator: Min. Luiz Fux, 21 maio 2015. *Diário de Justiça*, Brasília, DF, 2015. Disponível em: http://redir.stf.jus.br/paginadorpub/paginador.jsp?docTP=TP&docID=9058651. Acesso em: 28 ago. 2019.

BRASIL. Supremo Tribunal Federal. Ação Direta de Inconstitucionalidade por Omissão nº 26 de 2013. Direito Administrativo e outras matérias de Direito Público. Controle de Constitucionalidade. Efeitos da Declaração de Inconstitucionalidade. Relator: Min. Celso de Mello, 13 jun., 2019. *Diário de Justiça Eletrônico*, Brasília, DF, n. 142, 1 jul. 2019. Disponível em: http://stf.jus.br/portal/diarioJustica/verDiarioProcesso.asp?numDj=142& dataPublicacaoDj=01/07/2019&incidente=4515053&codCapitulo=2&numMateria=22&co dMateria=4. Acesso: 15 ago. 2019.

BRASIL. Supremo Tribunal Federal. Arguição de Descumprimento de Preceito Fundamental nº 347. Direito Administrativo e outras matérias de direito público. Garantias Constitucionais. Direito processual penal Prisão Preventiva. Prisão em flagrante. Ação Penal. Prisão Decorrente de Sentença Condenatória. Relator: Min. Marco Aurélio, 27 maio 2015. *Diário de Justiça Eletrônico*, Brasília, DF, 14 ago. 2019. Disponível em: http://portal. stf.jus.br/processos/detalhe.asp?incidente=4783560. Acesso em: 26 ago. 2019.

BRASIL. Supremo Tribunal Federal. *Arguição de Descumprimento de Preceito Fundamental nº 45*. Relator: Min. Celso de Mello. *Informativo*, Brasília, n. 345, 2011. Disponível em: http://www.stf.jus.br/arquivo/informativo/documento/informativo345.htm. Acesso em: 15 ago. 2019.

BRASIL. Supremo Tribunal Federal. *Arguição de Descumprimento de Preceito Fundamental nº 54-8*. Atuação individual – artigos 21, incisos IV e V, do Regimento interno e 5º, §1º, da lei nº 9.882/99. Liberdade – autonomia da vontade – dignidade da pessoa humana – saúde – gravidez – interrupção – feto anencefálico. Relator: Min. Marco Aurélio. Brasília, 31 jul. 2008. Disponível em: http://www.stf.jus.br/arquivo/cms/processoAudienciaPublicaAdpf54/ anexo/adpf54audiencia.pdf. Acesso em: 15 ago. 2019.

BRASIL. Supremo Tribunal Federal. *Arguição de Descumprimento de Preceito Fundamental nº 132 de 2011*. Perda parcial de objeto. Recebimento, na parte remanescente, como ação direta de inconstitucionalidade. União homoafetiva e seu reconhecimento como instituto jurídico. Convergência de objetos entre ações de natureza abstrata. Relator: Min. Ayres Britto. *Diário de Justiça Eletrônico*, Brasília, 14 out. 2011. Disponível em: http://redir.stf. jus.br/paginadorpub/paginador.jsp?docTP=AC&docID=628633. Acesso em: 15 ago. 2019.

BRASIL. Supremo Tribunal Federal. *Habeas Corpus nº 118.533/MS*. Habeas Corpus. Constitucional, penal e processual penal. Tráfico de entorpecentes. Aplicação da lei n. 8.072/90 ao tráfico de entorpecentes privilegiado: inviabilidade. Hediondez não caracterizada. Ordem concedida. Relatora: Min. Carmén Lúcia, 23 jun. 2016. Brasília, DF: STF, 23 jun. 2016. Disponível em: http://redir.stf.jus.br/paginadorpub/paginador. jsp?docTP=TP&docID=11677998. Acesso em: 15 ago. 2019.

BRASIL. Supremo Tribunal Federal. *Habeas Corpus nº 126.262/PE*. Habeas Corpus. Trata-se de habeas corpus, com pedido de liminar, impetrado por Plínio Leite Nunes e outros em favor de Marcos Antônio de Araújo contra decisão monocrática da lavra do Ministro Francisco Falcão, no exercício da Presidência do Superior Tribunal de Justiça, que indeferiu a liminar no HC 312.945/PE. Relatora: Min. Rosa Weber. Brasília, DF: STF, 20 mar. 2015. Disponível em: http://portal.stf.jus.br/processos/downloadPeca. asp?id=15321789415&ext=pdf. Acesso em: 15 ago. 2019.

BRASIL. Supremo Tribunal Federal. *Habeas Corpus nº 126.292/SP*. Habeas Corpus. Constitucional. Habeas Corpus. Princípio constitucional da presunção de inocência (CF, art. 5º, LVII). Sentença penal condenatória confirmada por Tribunal de Segundo Grau de Jurisdição. Execução provisória. possibilidade. Relatora: Min. Teori Zavascki, 24 ago. 2001. Brasília, DF: STF, 24 ago. 2001. Disponível em: http://redir.stf.jus.br/paginadorpub/paginador.jsp?docTP=TP&docID=10964246. Acesso em: 23 ago. 2019.

BRASIL. Supremo Tribunal Federal. Mandado de Injunção 4.733/DF. Direito Administrativo e outras matérias de Direito Público. Garantias Constitucionais. Rel.: Min. Edson Fachin. 13 jun. 2019. *Diário de Justiça Eletrônico*, Brasília, DF, n. 142, 1 jul. 2019. Disponível em: http://stf.jus.br/portal/diarioJustica/verDiarioProcesso.asp?numDj=142&dataPublicacaoDj=01/07/2019&incidente=4239576&codCapitulo=2&numMateria=22&codMateria=4. Acesso em: 15 ago. 2019.

BRASIL. Supremo Tribunal Federal. *Mandado de Segurança nº 22.503-3/DF*. Mandado de segurança impetrado contra ato do presidente da câmara dos deputados, relativo à tramitação de emenda constitucional. Alegação de violação de diversas normas do regimento interno e do art. 60, §5º, da constituição federal. Relator: Min. Marco Aurélio, 8 maio 1996. Brasília, DF: STF, 1996. Disponível em: http://portal.stf.jus.br/processos/detalhe.asp?incidente=1637624. Acesso em: 15 ago. 2019.

BRASIL. Supremo Tribunal Federal. *Mandado de Segurança nº 24.154/DF*. Relator: Min. Nelson Jobim, 4 abr. 2002. Brasília, DF: STF, 2002. Disponível em: http://stf.jus.br/portal/diarioJustica/verDiarioProcesso.asp?numDj=23&dataPublicacaoDj=04/02/2002&incidente=1989724&codCapitulo=6&numMateria=2&codMateria=2. Acesso em: 15 ago. 2019.

BRASIL. Supremo Tribunal Federal. Mandado de Segurança nº 24.356/DF. Relator: Min. Carlos Velloso, 9 out. 2003. *Diário de Justiça*, Brasília, 14 nov. 2003. Disponível em: http://www.stf.jus.br/portal/jurisprudencia/listarJurisprudencia.asp?s1=%2824356%2ENUME%2E+OU+24356%2EACMS%2E%29&base=baseAcordaos&url=http://tinyurl.com/y5hoflg3. Acesso em: 25 ago. 2019.

BRASIL. Supremo Tribunal Federal. *Mandado de Segurança nº 24.576/DF*. Relator: Min. Ellen Gracie, 27 jun. 2003. *Diário de Justiça*, Brasília, 12 set. 2003. Disponível em: http://www.stf.jus.br/portal/jurisprudencia/listarJurisprudencia.asp?s1=%28%2824576%2ENUME%2E+OU+24576%2EDMS%2E%29%29+NAO+S%2EPRES%2E&base=baseMonocraticas&url=http://tinyurl.com/y45murwd. Acesso em: 25 ago. 2019.

BRASIL. Supremo Tribunal Federal. Mandado de Segurança nº 24.593/DF. Relator: Min. Maurício Corrêa, 31 jul. 2003. *Diário de Justiça*, Brasília, 8 ago. 2003. Disponível em: http://www.stf.jus.br/portal/jurisprudencia/listarJurisprudencia.asp?s1=%28%2824593%29%29+E+S%2EPRES%2E&base=basePresidencia&url=http://tinyurl.com/yxrkqzgq. Acesso em: 21 ago. 2019.

BRASIL. Supremo Tribunal Federal. *Mandado de Segurança nº 24.645/DF*. Relator: Min. Celso de Mello, 8 set. 2003. *Diário de Justiça*, Brasília, 15 set. 2003. Disponível em: http://stf.jus.br/portal/diarioJustica/verDiarioProcesso.asp?numDj=170&dataPublicacaoDj=02/09/2004&incidente=2226989&codCapitulo=6&numMateria=125&codMateria=2. Acesso em: 26 ago. 2019.

BRASIL. Supremo Tribunal Federal. *Mandado de Segurança nº 24.667-AgR*. Relator: Min. Carlos Velloso, 4 dez. 2003. *Diário de Justiça*, Brasília, 23 abr. 2004. Disponível em: http://www.stf.jus.br/portal/jurisprudencia/listarJurisprudencia.asp?s1=%2824667%2ENUME%2E+OU+24667%2EACMS%2E%29&base=baseAcordaos&url=http://tinyurl.com/y2rc8s7h Acesso em: 26 ago. 2019.

BRASIL. Supremo Tribunal Federal. *Mandado de Segurança nº 24.949/DF*. Relator: Min. Joaquim Barbosa, 27 ago. 2004. Brasília, DF: STF, 2004. Disponível em: http://stf.jus.br/portal/diarioJustica/verDiarioProcesso.asp?numDj=170&dataPublicacaoDj=02/09/2004&incidente=2226989&codCapitulo=6&numMateria=125&codMateria=2. Acesso em: 15 ago. 2019.

BRASIL. Supremo Tribunal Federal. *Mandado de Segurança MS 32.033/DF*. Constitucional. Mandado de Segurança. Controle Preventivo de Constitucionalidade Material de Projeto de Lei. Inviabilidade. Relator: Min. Gilmar Mendes, 20 jun. 2013. Brasília, DF: STF, 2014. Disponível em: https://stf.jusbrasil.com.br/jurisprudencia/23342500/mandado-de-seguranca-ms-32033-df-stf. Acesso em: 23 ago. 2019.

BRASIL. Supremo Tribunal Federal. *Mandado de Segurança nº 34.540/DF*. Direito constitucional. Processo legislativo. Mandado de segurança. Proposta de Emenda Constitucional. Conversão em Emenda à Constituição. Perda superveniente de legitimidade ativa. 1. Conquanto autorize excepcionalmente o membro do Congresso Nacional a suscitar o controle jurisdicional do processo legislativo, a jurisprudência do Supremo Tribunal Federal reconhece a perda superveniente da sua legitimidade ativa quando a proposição normativa vem a transformar-se em lei ou a converter-se em emenda à Constituição. 2. Processo extinto sem julgamento de mérito. Relator: Min. Roberto Barroso, 3 abr. 2017. Brasília, DF: STF, 2017. Disponível em: http://stf.jus.br/portal/diarioJustica/verDiarioProcesso.asp?numDj=68&dataPublicacaoDj=05/04/2017&incidente=5108589&codCapitulo=6&numMateria=44&codMateria=2. Acesso em: 15 ago. 2019.

BRASIL. Supremo Tribunal Federal. *Mandado de Segurança nº 34.802/DF*. Trata-se de mandado de segurança, com pedido liminar, impetrado por Marcelo Henrique Teixeira Dias, Deputado Federal pelo Estado de Minas Gerais, filiado ao Partido da República – PR, contra ato do Presidente da Câmara dos Deputados, Rodrigo Maia, Democratas (DEM – RJ). Relator: Min. Ricardo Lewandowski, 19 maio 2017. Brasília, DF: STF, 2017. Disponível em: http://portal.stf.jus.br/processos/downloadPeca.asp?id=311821260&ext=.pdf. Acesso em: 15 ago. 2019.

BRASIL. Supremo Tribunal Federal. *Recurso Extraordinário 466.343/SP*. Prisão Civil. Depósito. Depositário infiel. Alienação fiduciária. Decretação da medida coercitiva. Inadmissibilidade absoluta. Insubsistência da previsão constitucional e das normas subalternas. Interpretação do art. 5º, inc. LXVII e §§1º, 2º, 3º, da CF, à luz do art. 7º, §7, da Convenção Americana de Direitos Humanos (Pacto de São José da Costa Rica). Recurso improvido. Julgamento conjunto do RE nº 349.703 e dos HCs n 87.585 e nº 92.566. Recorrente: Banco Bradesco S/A. Recorrido: Vera Lúcia B. de Albuquerque e outro(a/s); Luciano Cardoso Santos. Relator: Min. Cezar Peluso, 3 dez. 2008. Brasília: STF, 2008. Disponível em: http://redir.stf.jus.br/paginadorpub/paginador.jsp?docTP=AC&docID=595444. Acesso em 15 ago. 2019.

BRASIL. Supremo Tribunal Federal. *Recurso Extraordinário 657.718/MG*. Direito Administrativo e outras matérias de direito público. Serviços. Saúde. Fornecimento de Medicamentos. Atos Administrativos. Fiscalização. Relator: Min. Marco Aurélio, 19 set. 2011. Brasília: STF, 2019. Disponível em: https://portal.stf.jus.br/processos/detalhe. asp?incidente=4143144. Acesso em: 24 ago. 2019.

BRASIL. Supremo Tribunal Federal (STF). *Regimento interno*: atualizado até a Emenda Regimental n. 52/2019. Brasília: STF, Secretaria de Documentação, 2019. Disponível em: https://www.stf.jus.br/arquivo/cms/legislacaoRegimentoInterno/anexo/RISTF.pdf. Acesso em: 27 ago. 2019.

BRASILEIRO, Ana Maria. *O assessoramento legislativo*. Rio de Janeiro, Fundação Getúlio Vargas, 1968. Disponível em: https://bibliotecadigital.fgv.br/dspace/bitstream/ handle/10438/12413/000069602.pdf?sequence=1&isAllowed=y. Acesso em: 15 ago. 2019.

BRUSCO, Dilson Emílio. *Histórico das comissões permanentes da Câmara dos Deputados, 1823-2004*: síntese histórica. Brasília: Câmara dos Deputados, Coordenação de Publicações, 2006.

BRYCE, James. *A comunidade americana I*. Rio de Janeiro: O cruzeiro, 1959. 2 v.

BRYCE, James. *Constituiciones Flexibles y Constituciones rígidas*. 2. ed. Madrid: Instituto de Estudios Políticos, 1962.

BUSTAMANTE, Thomas da Rosa; BUSTAMANTE; Evanilda Nascimento de Godoi. As Emendas Aglutinativas na Era Cunha: o devido processo legal entre a proteção da segurança jurídica e a da Autonomia Política. *In*: BOLONHA, Carlos; BONIZZATO, Luigi; MAIA, Fabiana (org.). *Teoria institucional e constitucionalismo contemporâneo*. Curitiba: Juruá, 2016.

BUSTAMANTE, Thomas; BUSTAMANTE, Evanilda Godoi. Jurisdição constitucional na era Cunha: Entre o Passivismo Procedimental e o Ativismo Substancialista do Supremo Tribunal Federal. *Revista Direito & Praxis*, Rio de Janeiro, v. 7, n. 13, p. 346-388, 2016.

CABRAL, Bernardo. Parecer nº 692, de 1995. *In*: BRASIL. Congresso. Senado Federal. *Regimento Interno*: Resolução nº 93, de 1970. Brasília: Senado Federal. 2019. Disponível em: https://www25.senado.leg.br/documents/12427/45868/RISF+2018+Volume+2.pdf/ f830dfeb-abb7-476e-b958-a0321a2aa276. Acesso em: 20 nov. 2019.

CÂMARA DOS DEPUTADOS. *Resposta a Solicitação de Informação – LAI*. Assunto: Número de minutas de parecer à PEC elaborados pela Consultoria Legislativa e acompanhados de Informação Técnica. Destinatário: Bárbara Brum Nery. Brasília, 2019. 1 mensagem eletrônica.

CANOTILHO, José Joaquim. Gomes. *Direito constitucional e teoria da Constituição*. 7. ed. Coimbra: Almedina, 2003.

CANZIANI, Alex. *PEC 363/2009 – Proposta de Emenda à Constituição*. Dá nova redação ao art. 7º, inciso XXXIII, da Constituição Federal. Brasília, DF: Câmara, 2009. Disponível em: https://www.camara.leg.br/proposicoesWeb/fichadetramitacao?idProposicao=433439. Acesso em: 20 nov. 2019.

CANZIANI, Alex. *Proposta de Emenda à Constituição 314/2017*. Altera a redação do inciso IV do art. 206 da Constituição Federal, referente à gratuidade do ensino público em estabelecimentos oficiais. Brasília: Câmara dos Deputados, 2017. Disponível em: https://www.camara.leg.br/proposicoesWeb/fichadetramitacao?idProposicao=2130034. Acesso em: 26 ago. 2019.

CANZIANI, Alex. *Proposta de Emenda à Constituição 395/2014*. Altera a redação do inciso IV do art. 206 da Constituição Federal, referente à gratuidade do ensino público em estabelecimentos oficiais. Brasília: Câmara dos Deputados, 2014. Disponível em: https://www.camara.leg.br/proposicoesWeb/fichadetramitacao?idProposicao=611966. Acesso em: 26 ago. 2019.

CARDIAS, Milton. *PEC 152/2003 – Proposta de Emenda à Constituição*. Dá nova redação ao inciso XXXIII do art. 7 º da Constituição Federal, a fim de permitir o trabalho a partir de quatorze anos para o caso de o adolescente necessitar custear seus estudos. Brasília, DF: Câmara, 2003. Disponível em: https://www.camara.leg.br/proposicoesWeb/fichade tramitacao?idProposicao=131564. Acesso em: 20 nov. 2019.

CARDOZO, José Eduardo. *Parecer sobre Proposta de Emenda à Constituição no 191, de 2000 (Apensos: PEC nº 271, de 2000, PEC nº 152, de 2003, PEC nº 268, de 2008 e PEC nº 363, de 2009)*. Dá nova redação ao inciso XXXIII do art. 7º da Constituição Federal. Brasília, DF: Câmara, 2009. Disponível em: https://www.camara.leg.br/proposicoesWeb/prop_mostra rintegra?codteor=685682&filename=Tramitacao-PEC+191/2000. Acesso em: 20 nov. 2019.

CARIMBÃO, Givaldo. *Proposta de Emenda à Constituição no 345, de 2017*. Altera o art. 206 da Constituição da República Federativa do Brasil, para assegurar a gratuidade dos cursos oferecidos pelas Universidades Públicas. Brasília: Câmara dos Deputados, 2017. Disponível em: https://www.camara.leg.br/proposicoesWeb/prop_mostrarintegra;jsess ionid=DA02990E276A20E3AD2CAB3B0C2EF40D.proposicoesWebExterno2?codteor=1 578756&filename=PEC+345/2017. Acesso em: 28 ago. 2019.

CARVALHO, Heraldo Pereira de. *A subtração do tempo de interstício entre turnos de votação de proposta de emenda à Constituição de 1988*: uma contextualização de interesses segmentados em detrimento do direito da cidadania. 2010. (Mestrado em Direito) – Universidade de Brasília, Brasília, 2010.

CARVALHO, Kildare Gonçalves. *Direito Constitucional*: teoria do Estado e da Constituição. 20. ed. Belo Horizonte: Del Rey Editora, 2013.

CARVALHO, Kildare. *Técnica legislativa*. 3. ed. Belo Horizonte: Del Rey, 2003.

CARVALHO NETTO, Menelick de. *A sanção no procedimento legislativo*. Belo Horizonte: Del Rey, 1992.

CASSEB, Paulo Adib. Controle preventivo de constitucionalidade no Brasil. *Revista do Curso de Mestrado em Direito da UFC*, Fortaleza, v. 29, n. 2, p. 187-196, jul./dez. 2009.

CASSEB, Paulo Adib. *Processo legislativo*: atuação das comissões permanentes e temporárias. São Paulo: Revista dos Tribunais, 2008.

CAVALCANTE FILHO, João Trindade. Controle preventivo de constitucionalidade e de logística pelas comissões de constituição e justiça: importância, perspectivas e desafios. *In*: CONGRESSO INTERNACIONAL DE DIREITO CONSTITUCIONAL: "30 ANOS DE CONSTITUIÇÃO: UM BALANÇO", 21., 2018. Brasília; MENDES, Gilmar Ferreira; BRANCO, Paulo Gustavo Gonet (org.). *Anais* [...]. Brasília: IDP, 2019. Disponível em: http://www.idp.edu.br/wp-content/uploads/2019/10/e-book_XXI-Congresso-Internacional-de-Direito-Constitucional-do-IDP-final.pdf. Acesso em: 20 nov. 2019.

COELHO, Fábio Alexandre. *Processo legislativo*. São Paulo: Juarez de Oliveira, 2007.

COLLARES, Alceu. *PEC 191/2000 – Proposta de Emenda à Constituição*. Dá nova redação ao inciso XXXIII do art. 7º da Constituição Federal. Brasília, DF: Câmara, 2000. Disponível em: https://www.camara.leg.br/proposicoesWeb/fichadetramitacao? idProposicao=14525. Acesso em: 20 nov. 2019.

CONSELHO NACIONAL DE JUSTIÇA. *Supremo em ação 2017*: ano-base 2016. Brasília: CNJ, 2017. Disponível em: https://www.cnj.jus.br/files/conteudo/arquivo/2017/12/b60a659e5d5cb79337945c1dd137496c.pdf. Acesso em: 15 ago. 2019.

CPI DO EXTERMÍNIO DE CRIANÇAS. PEC 107/1992 CPIECR – Proposta de Emenda à Constituição. Da nova redação ao artigo 160 da Constituição Federal. Brasília, DF: Câmara, 1992. Disponível em: https://www.camara.leg.br/proposicoesWeb/fichadetramitacao?idProposicao=169418. Acesso em: 20 nov. 2019.

CRUZ, Álvaro Ricardo de Souza; CARAM, Ana Carolina. Regras e princípios: uma visão franciscana. In: CRUZ, Álvaro Ricardo de Souza (org.). *(O) outro (e) (o) direito*. Belo Horizonte: Arraes Editores, 2015.

CUNHA, Eduardo. *Ato da presidência*. Brasília: Câmara dos Deputados, 4 mar. 2015. Disponível em: https://www.camara.leg.br/proposicoesWeb/prop_mostrarintegra?codteor=1305485&filename=Tramitacao-PEC+182/2007. Acesso em: 28 ago. 2019.

CURVO, Elisio. *PEC 158/1993 – Proposta de Emenda à Constituição*. Dispõe sobre a revisão constitucional prevista no artigo terceiro do ato das disposições constitucionais transitórias. Brasília, DF: Câmara, 1993. Disponível em: https://www.camara.leg.br/proposicoesWeb/fichadetramitacao?idProposicao=169483. Acesso em: 20 nov. 2019.

DAVID ROCKEFELLER CENTER FOR LATIN AMERICAN STUDIES FOR HARVAD UNIVERSITY. Tradução do Banco Interamericano de Desenvolvimento. *Relatório 2006*: a política das políticas públicas: progresso econômico e social na América Latina. Rio de Janeiro, Elsevier. Washington DC: BID, 2007.

DIAS, Alvaro. *Proposta de Emenda à Constituição 559/2002*. Acrescenta o art. 149-A à Constituição Federal (instituindo contribuição para custeio do serviço de iluminação pública nos Municípios e no Distrito Federal). Brasília: Câmara dos Deputados, 2002. Disponível em: https://www.camara.leg.br/proposicoesWeb/fichadetramitacao?idProposicao=59119. Acesso em: 28 ago. 2019.

DOMINGOS, Benedito. Projeto de Emenda à Constituição n. 171, de 1993. *In*: BRASIL. Congresso Nacional. Câmara dos Deputados. *Diário*, Brasília, v. 48, n. 179, out. 1993. Disponível em: http://imagem.camara.gov.br/Imagem/d/pdf/DCD27OUT1993. pdf#page=10. Acesso em: 28 ago. 2019.

DUGUIT, Léon. *Manual de derecho constitucional*. Granada: Comares. 2005.

DWORKIN, Ronald. *A raposa e o porco-espinho*: justiça e valor. Tradução de Marcelo Brandão Cipolla. São Paulo: Martins Fontes, 2014.

DWORKIN, Ronald. *Levando os direitos a sério*. Tradução de Nelson Boeira. São Paulo: Martins Fontes, 2002.

DWORKIN, Ronald. *O direito da liberdade*: a leitura moral da Constituição norte-americana. Tradução de Marcelo Bandrão Cipolla. São Paulo: Martins Fontes, 2006.

DWORKIN, Ronald. *O império do direito*. Tradução de Jefferson Luiz Camargo. São Paulo: Martins Fontes, 1999.

DWORKIN, Ronald. *Uma questão de princípios*. Tradução de Luiz Carlos Borges. São Paulo: Martins Fontes, 2000.

ESPANHA. *Constituição Espanhola*. Madri: Tribunal Constitucional, 1978. Disponível em: https://www.tribunalconstitucional.es/es/tribunal/normativa/Normativa/ CEportugu%C3%A9s.pdf. Acesso em: 15 ago. 2019.

EURICO, Pastor. *PEC 186/2012* – Proposta de Emenda à Constituição. Dá nova redação ao inciso IV do §3º do art. 142 da Constituição Federal. Brasília, DF: Câmara, 2012. Disponível em: https://www.camara.leg.br/proposicoesWeb/fichadetramitacao?idProp osicao=547065. Acesso em: 20 nov. 2019.

FELIPE, Vanessa *et al*. *Proposta de Emenda a Constituição n. 235, de 1995*. Brasília, DF: Câmara, 1995. Disponível em: https://www.camara.leg.br/proposicoesWeb/prop_most rarintegra?codteor=1242501&filename=Dossie+-PEC+235/1995. Acesso em: 20 nov. 2019.

FABRINI, Fábio; CARAM, Bernardo. Governo decreta sigilo sobre estudos que embasam reforma da Previdência. *Folha de S. Paulo*, São Paulo, 21 abr. 2019. Disponível em: https:// www1.folha.uol.com.br/mercado/2019/04/governo-decreta-sigilo-sobre-estudos-que- embasam-reforma-da-previdencia.shtml. Acesso em: 15 ago. 2019.

FERNANDES, Bernardo Gonçalves. *Curso de direito constitucional*. 5 ed. Salvador: Juspodivm, 2013.

FERREIRA FILHO, Manoel Gonçalves. *Do processo legislativo*. São Paulo: Saraiva, 1995.

FERREIRA, Ivanir. *Pesquisa da psicologia avalia percepção do brasileiro sobre o rumo do Brasil*: divididos entre a esperança e a frustração, brasileiros vivem em estado de bipolaridade. São Paulo: Portal de divulgação Científica do IPUSP (Instituto de Psicologia da USP), 1 nov. 2018. Disponível em: https://sites.usp.br/psicousp/pesquisa-da-psicologia-avalia- percepcao-brasileiro-sobre-o-rumo-brasil/. Acesso: 15 ago. 2019.

FRANÇA. Constituição. *O Governo da República, em conformidade com a lei constitucional de 3 de junho de 1958, propôs, O povo francês adotou, O Presidente da República promulga a lei constitucional cujo teor segue*: o povo francês proclama solenemente o seu compromisso com os direitos humanos e os princípios da soberania nacional, conforme definido pela Declaração de 1789, confirmada e completada pelo Preâmbulo da Constituição de 1946, bem como com os direitos e deveres definidos na Carta Ambiental de 2004 [...]. Paris: Conseil, 1958. Disponível em: https://www.conseil-constitutionnel.fr/sites/default/files/as/root/bank_mm/portugais/constitution_portugais.pdf. Acesso: 25 ago. 2019.

FRANCO, Afonso Arinos de Melo. *Curso de direito constitucional*. Rio de Janeiro: Forense, 1960. v. 2.

FONSECA, Marcelo da. Sigilo de dados pode levar reforma da Previdência para uma batalha judicial. *Estado de Minas*, Belo Horizonte, 23 abr. 2019. Política. Disponível em: https://www.em.com.br/app/noticia/politica/2019/04/23/interna_politica,1048152/reforma-da-previdencia-pode-virar-batalha-judicial.shtml. Acesso: 15 ago. 2019.

FONTELES, Nazareno. *Proposta de Emenda à Constituição – PEC 33/2011*. Altera a quantidade mínima de votos de membros de tribunais para declaração de inconstitucionalidade de leis; [...]. Brasília: Câmara dos Deputados, 2011. Disponível em: https://www.camara.leg.br/proposicoesWeb/fichadetramitacao?idProposicao=503667. Acesso: 26 ago. 2019.

FUNDAÇÃO GETULIO VARGAS. Diretoria de Análise de Políticas Públicas. *O dilema do brasileiro*: entre a descrença no presente e a esperança no futuro. Coordenação de Marco Aurélio Ruediger. Rio de Janeiro: FGV, DAPP, 2017. Disponível em: http://dapp.fgv.br/wp-content/uploads/2017/10/FGV_DAPP_dilema_2017-10-10_BV_pag-simples_web.pdf. Acesso: 26 ago. 2019.

GALUPPO, Marcelo Campos. *Da ideia à defesa*: monografias e teses jurídicas. Belo Horizonte: Mandamentos, 2008.

GARRETT, Elizabeth; VERMEULE, Adrian. Institutional design of a Thayerian Congress. *Duke Law Journal*, v. 50, p. 1277-1333, 2001.

GUMIEIRO, Katiúcia Araújo. *Um estudo sobre as necessidades e o comportamento informacional dos consultores legislativos da Câmara dos Deputados*. 2013. Monografia (Trabalho de Conclusão de Curso em Arquitetura e Organização da Informação)- Escola de Ciência da Informação, Universidade Federal de Minas Gerais, Belo Horizonte, 2013.

HESSE, Konrad. *A força normativa da Constituição*. Porto Alegre: Sergio Antônio Fabris Editor, 1991.

HESSE, Konrad. *Elementos de direito constitucional da Alemanha*. Porto Alegre: Sergio Antonio Fabris Editor, 1998.

HIRSCHL, Ran. O novo constitucionalismo e a judicialização da política pura no mundo. *Revista de Direito Administrativo: RDA*, Belo Horizonte, n. 251, p. 139-178, maio/ago. 2009.

HIRSCHL, Ran. The political origins of the new constitutionalism. *Indiana Journal of Global Legal Studies*, v. 11, iss. 1, Article 4, p. 71-108, 2004.

HORTA, Anderson Braga. Breve memória sobre o assessoramento legislativo na Câmara dos Deputados. *In*: 40 ANOS de Consultoria Legislativa: consultores legislativos e consultores de orçamento. Brasília: Câmara dos Deputados, Edições Câmara, 2011. (Série obras comemorativas. Homenagem; n. 1). Disponível em: http://observatory-elites.org/wp-content/uploads/2011/11/40_anos_consultoria.pdf. Acesso em: 30 ago. 2019.

ITÁLIA. *Constituição da República italiana*. Roma: Senato della Repubblica, 2018. Disponível em: https://www.senato.it/application/xmanager/projects/leg18/file/repository/relazioni/libreria/novita/XVII/COST_PORTOGHESE.pdf. Acesso em: 15 ago. 2019.

JUNG, Courtney; HIRSCHL, Ran; ROSEVEAR, Evan. Economic and social rights in national Constitutions. *Ann Arbor: American Journal of Comparativ*, v. 62, n. 4, p. 1043-1098, 2014. Disponível em: http://ssrn.com/abstract=2349680. Acesso em: 15 ago. 2019.

KOZIMA, José Wanderley. Instituições, Retórica e o Bacharelismo no Brasil. *In*: WOLKMER, Antonio Carlos (org.) *Fundamentos da história do direito*. Belo Horizonte: Del Rey, 1996.

KRAMER, Larry. Democracia deliberativa e constitucionalismo popular: James Madison e o "Interesse do Homem". *In*: BIGONHA, Antônio Carlos Alpino; MOREIRA, Luiz. (org.). *Limites do controle de constitucionalidade*. Rio de Janeiro: Lumen Juris, 2009.

KRAMER, Larry. Popular Constitutionalism. Circa 2004. *California Law Review*, v. 92, n. 4, July 2004. Disponível em: http://scholarship.law.berkeley.edu/californialawreview/vol92/iss4/1. Acesso em: 15 ago. 2019.

LA PALOMBARA, Joseph G. *A política no interior das nações*. Brasília, DF: Ed. Universidade de Brasília, 1982.

LAVAGNA, Carlo. *Istituzioni di diritto pubblico*. 6. ed. Torino: Utet, 1993.

LUCCI, Atyr de Azevedo. O assessoramento Legislativo. Brasília: Senado Federal, jul. 1971. *Revista de informação legislativa*, v. 8, n. 31, p. 159-172, jul./set. Disponível em: http://www2.senado.leg.br/bdsf/bitstream/handle/id/180467/000341330.pdf?sequence=1&isAllowed=y. Acesso em: 15 ago. 2019.

MAIA, Rodrigo. *Anexo I do Ato da Mesa nº 23, de 2019*: distribuição das vagas nas Comissões Permanentes entre os partidos e Blocos Parlamentares. Brasília: Câmara, 2019. Disponível em: https://www2.camara.leg.br/atividade-legislativa/comissoes/comissoes-permanentes/arquivos-destaques/composicao-numerica. Acesso em: 27 ago. 2019.

MAIA, Rodrigo. *Substituto a proposta de Emenda a Constituição*. Reforma as instituições político-eleitorais, introduzindo alterações nos artigos 14, 17, 29, 45, 46, 56 e 78 da Constituição Federal e criando regras temporárias para vigorar no período de transição para o novo modelo. Brasília: Câmara, 2007. Disponível em: https://www.camara.leg.br/proposicoesWeb/prop_mostrarintegra?codteor=1339806&filename=SBT+1+%3D%3E+PEC+182/2007. Acesso em: 27 ago. 2019.

MARCO, Maciel. *Proposta de Emenda à Constituição PEC 182/2007*. Altera os arts. 17, 46 e 55 da Constituição Federal, para assegurar aos partidos políticos a titularidade dos mandatos parlamentares e estabelecer a perda dos mandatos dos membros do Poder Legislativo e do Poder Executivo que se desfiliarem dos partidos pelos quais forem eleitos. Brasília: Câmara, 2007. Disponível em: https://www.camara.leg.br/proposicoesWeb/fichadetram itacao?idProposicao=373327. Acesso em: 27 ago. 2019.

MARMOR, Andrei. As Constituições são legítimas? *Pensar*, Fortaleza, v. 16, n. 1, jan./ jun. 2011. Disponível: https://periodicos.unifor.br/rpen/article/view/2147/1747. Acesso em: 15 ago. 2019.

MENDES, Conrado Hubner. Abomináveis cunhadas. *O Estado de São Paulo*, São Paulo, 14 jul. 2015. Opinião. Disponível em: https://opiniao.estadao.com.br/noticias/geral,abominaveis--cunhadas,1724498. Acesso em: 15 ago. 2019.

MENDES, Conrado Hübner. *Direitos fundamentais, separação de poderes e fundamentação*. 2008. Tese (Doutorado em Direito) – Faculdade de Filosofia, Letras e Ciências Humanas, Universidade de São Paulo, São Paulo, 2008.

MOURA, Almir. *PEC 252/2004 – Proposta de Emenda à Constituição*. Cria a Suprema Corte Constitucional. Brasília, DF: Câmara, 2004. Disponível em: https://www.camara.leg. br/proposicoesWeb/fichadetramitacao?idProposicao=157948. Acesso em: 20 nov. 2019.

MUNIZ, Mariana. Deputado quer que STF suspenda discussão da reforma até fim do sigilo. *Valor Econômico*, 22 abr. 2019. Disponível em: https://www.valor.com.br/ reformadaprevidencia/6221161/deputado-quer-que-stf-suspenda-discussao-da-reforma-ate-fim-do-sigilo. Acesso em: 15 ago. 2019.

NACFUR, Renata Skaf. *Controle de constitucionalidade político*: análise de pareceres da CCJ quanto à constitucionalidade das proposições e análise de decisões do Supremo Tribunal Federal em ações diretas de inconstitucionalidade. Monografia (Especialização em Processo Legislativo) - Centro de Formação, Treinamento e Aperfeiçoamento (CEFOR), da Câmara dos Deputados, Vitória, 2007.

NARDON, Marcos. Fatia do tempo. *In*: 40 ANOS de Consultoria Legislativa: consultores legislativos e consultores de orçamento. Brasília: Câmara dos Deputados, Edições Câmara, 2011. (Série obras comemorativas. Homenagem; n. 1). Disponível em: http://observatory-elites.org/wp-content/uploads/2011/11/40_anos_consultoria.pdf. Acesso em: 30 ago. 2019.

NASCIMENTO, Bárbara. Rogério Marinho diz que não há decretação de sigilo sobre dados da reforma. *Estadão*, 22 abr. 2019. Economia. Disponível em: https://economia. estadao.com.br/noticias/geral,rogerio-marinho-diz-que-nao-ha-decretacao-de-sigilo-sobre-dados-da-reforma,70002800081. Acesso em: 15 ago. 2019.

NERY, Barbara Brum. *Rigidez constitucional no estado democrático de direito*: um debate acerca dos limites formais e materiais à reforma constitucional. 2015. 201 f. Dissertação (Mestrado em Direito)- Programa de Pós-Graduação em Direito, Pontifícia Universidade Católica de Minas Gerais, Belo Horizonte, 2015.

OLIVEIRA, Marcelo Andrade Cattoni de; BAHIA, Alexandre; NUNES, Dierle. Manobra Regimental: Câmara violou Constituição ao votar novamente financiamento de campanhas. *Consultor Jurídico (CONJUR)*, 4 jun. 2015. Disponível em: http://www.conjur.com.br/2015-jun-04/camara-violou-constituicao-votar- financiamento-campanhas. Acesso em: 15 ago. 2019.

PAIM, Paulo. *Proposta de Emenda à Constituição nº 22, de 2008*. Acrescenta o art. 152-A à Constituição Federal, para determinar a vedação da cobrança de taxa para emissão de segunda via de documentos pessoais que tenham sido objeto de roubo ou furto. Brasília: Senado Federal, 2008. Disponível em: https://www25.senado.leg.br/web/atividade/materias/-/materia/85791. Acesso em: 2 set. 2019.

PARECER nº 1.004, de 2004. Relator: Senador Sérgio Zambiasi. *In*: BRASIL. Congresso Nacional. Senado Federal. *Anais do Senado Federal Atas da 3ª Reunião à 100ª Sessão da 2ª Sessão Legislativa Ordinária da 52ª Legislatura*: volume 28 nº 31 9 jul. a 12 jul. Brasília, DF: Senado Federal, Secretaria Especial de Editoração e Publicações, 2004. Disponível em: http://www.senado.leg.br/publicacoes/anais/pdf-digitalizado/Anais_Republica/2004/2004%20Livro%2031.pdf. Acesso em: 27 ago. 2019.

PARECER nº 185, de 2000. Relator: Jefferson Péres. *In*: BRASIL. República Federativa do Brasil. *Diário do Senado Federal*, Brasília, v. 55, n. 39, 2000. Disponível em: https://legis.senado.leg.br/diarios/BuscaDiario?codDiario=6691&paginaDireta=04435#diario. Acesso em: 27 ago. 2019.

PIMENTEL FILHO, José. Emendas aglutinativas e procedimentos de aprovação de PEC na Câmara Federal: o desconcertante precedente. *Revista Thesis Juris – RTJ*, São Paulo, v. 5, n. 3, p. 682-702, set./dez. 2016. Disponível em: http://www.revistartj.org.br/ojs/index.php/rtj/article/view/453/pdf. Acesso em: 15 ago. 2019.

PINHEIRO, Roseni; ASENSI, Felipe Dutra. *Judicialização da saúde no Brasil*: dados e experiência. Brasília: Conselho Nacional de Justiça, 2015. Disponível em: http://www.cnj.jus.br/files/conteudo/destaques/arquivo/2015/06/6781486daef02bc6ec8c1e491a565006.pdf. Acesso em: 15 ago. 2019.

PINTO, José Guilherme Berman C. O writ de Certiorari. *Revista Jurídica da Presidência*, Brasília, v. 9, n. 86, p. 87-103, ago./set., 2007. Disponível em: https://revistajuridica.presidencia.gov.br/index.php/saj/article/view/291/280. Acesso em: 15 ago. 2019.

POGREBINSCHI, Thamy. *Judicialização ou representação política, direito e democracia no Brasil*. Rio de Janeiro: Elsevier, 2011.

PORTUGAL. *Constituição da República Portuguesa*. VII Revisão Constitucional [2005]. A 25 de Abril de 1974, o Movimento das Forças Armadas, coroando a longa resistência do povo português e interpretando os seus sentimentos profundos, derrubou o regime fascista [...]. Lisboa: Parlamento, 2005. Disponível em: https://www.parlamento.pt/Legislacao/Paginas/ConstituicaoRepublicaPortuguesa.aspx. Acesso em: 15 ago. 2019.

QUEIROZ, Romeu. *PEC 437/2005 – Proposta de Emenda à Constituição*. Acrescenta inciso ao artigo 60 da Constituição da República. Brasília, DF: Câmara, 2005. Disponível em: https://www.camara.leg.br/proposicoesWeb/fichadetramitacao?idProposicao=292781. Acesso em: 20 nov. 2019.

REAL, Fabíola Geoffroy Veiga Corte. *Representações sociais de parlamentares sobre a redução da maioridade penal*. 2011. Tese (Doutorado em Psicologia) - Departamento de Psicologia Clínica, Universidade de Brasília, Brasília, 2011.

REQUERIMENTO nº 711, 2004. *In*: BRASIL. Senado Federal. *Diário do Senado Federal*, v. 59, nº 94, Brasília, 2004. Disponível em: https://legis.senado.leg.br/diarios/BuscaDiario?codDiario=947&paginaDireta=17750#diario. Acesso em: 27 ago. 2019.

REQUERIMENTO nº 673, de 1996. *In*: BRASIL. República Federativa do Brasil. *Diário do Senado Federal*, v. 51, nº 126, Brasília, 1996. Disponível em: https://legis.senado.leg.br/diarios/BuscaDiario?codDiario=19631#diario. Acesso em: 2 set. 2019.

REQUERIMENTO nº. 768, de 2001. *In*: BRASIL. *Diário do Senado Federal*, Brasília, dez. 2001. Disponível em: https://legis.senado.leg.br/diarios/BuscaPaginasDiario?codDiario=3668&seqPaginaInicial=101&seqPaginaFinal=110. Acesso em: 2 set. 2019.

RODRIGUES, Ricardo José Pereira. A Consultoria Legislativa e a difusão de seu modelo institucional do Poder Legislativo. *In*: 40 ANOS de Consultoria Legislativa: consultores legislativos e consultores de orçamento. Brasília: Câmara dos Deputados, Edições Câmara, 2011. (Série obras comemorativas. Homenagem; n. 1). Disponível em: http://observatory-elites.org/wp-content/uploads/2011/11/40_anos_consultoria.pdf. Acesso em: 30 ago. 2019.

ROSSO, Rogerio. *Emenda Aglutinativa n. 16 – EMA 16/2015 => PEC 171/1993*. Brasília: Câmara dos Deputados, 2015. Disponível em: https://www.camara.leg.br/proposicoesWeb/prop_mostrarintegra?codteor=1356032&filename=EMA+16/2015+%3D%3E+PEC+171/1993. Acesso em: 30 ago. 2019.

RUEDIGER, Marco Aurélio. *O dilema do brasileiro*: entre a descrença no presente e a esperança no futuro. Rio de Janeiro: FGV, DAPP, 2017. Disponível em: http://dapp.fgv.br/wp-content/uploads/2017/10/FGV_DAPP_dilema_2017-10-10_BV_pag-simplesweb.pdf. Acesso em: 15 ago. 2019.

RUSSOMANNO, Celso Ubirajara. *Emenda Aglutinativa de Plenário*. EMA 28/2015 => PEC 182/2007. Brasília: Câmara dos Deputados, 2015. Disponível em: https://www.camara.leg.br/proposicoesWeb/fichadetramitacao?idProposicao=1301050. Acesso em: 30 ago. 2019.

RUSSOMANNO, Celso. *PEC 268/2008 – Proposta de Emenda à Constituição*. Dá nova redação ao art. 7º, inciso XXXIII, da Constituição Federal. Brasília, DF: Câmara, 2008. Disponível em: https://www.camara.leg.br/proposicoesWeb/fichadetramitacao?idProposicao=400700. Acesso em: 20 nov. 2019.

SAMPAIO, José Adércio Leite. Práticas parlamentares e convenções constitucionais. *In*: BARACHO JÚNIOR, José Alfredo de Oliveira; PEREIRA, Bruno Cláudio Penna Amorim (org.) *Direito parlamentar*: discussões contemporâneas. Belo Horizonte: Vorto, 2018.

SAMPAIO, Nelson de Souza. *O processo legislativo*. 2. ed. rev. e atual. por Uadi Lamengo Bulos. Belo Horizonte: Del Rey, 1996.

SAMPAIO, José Adércio Leite. *Teoria da Constituição e dos direitos fundamentais*. Belo Horizonte: Del Rey, 2013.

SARNEY, José. *Proposta de Emenda Constitucional nº 91 de 2019*. Altera o procedimento de apreciação das medidas provisórias pelo Congresso Nacional. Brasília, DF: Senado Federal, 2019. Disponível em: https://www25.senado.leg.br/web/atividade/materias/-/materia/137178. Acesso em: 15 ago. 2019.

SALDANHA, Nelson Nogueira. *História das ideias políticas no Brasil*. Recife: Imprensa Universitária, 2001. Disponível em: https://www2.senado.leg.br/bdsf/bitstream/handle/id/1052/ideias_politicas.pdf?sequence=9. Acesso em: 23 ago. 2019.

SALUSTIANO, Wagner. *PEC 271/2000 Inteiro teor – Proposta de Emenda à Constituição*. Dá nova redação ao inciso XXXIII do art. 7º da Constituição Federal. Brasília, DF: Câmara, 2000. Disponível em: https://www.camara.leg.br/proposicoesWeb/fichadetramitacao?id Proposicao=14639. Acesso em: 20 nov. 2019.

SERRA, Jose. *PEC 134/1992 – Proposta de Emenda à Constituição*. Altera o prazo da revisão constitucional de que trata o artigo terceiro do ato das disposições constitucionais transitórias da constituição federal. Brasília, DF: Câmara, 1992. Disponível em: https://www.camara.leg.br/proposicoesWeb/fichadetramitacao?idProposicao=169450. Acesso em: 20 nov. 2019.

SIEYÈS, Emmanuel Joseph. *A Constituição Burguesa*: Qu'est-ce que le Tiers État? Tradução de Norma Azevedo. Rio de Janeiro: Lumen Juris, 2001.

SILVA, José Afonso da. *Processo constitucional de formação de leis*. 3. ed. São Paulo: Malheiros, 2017.

SISTEMA DE INFORMAÇÃO AO CIDADÃO. Conect nº 19792. Destinatário: Bárbara Brum Nery. Brasília, 5 ago. 2019. 1 mensagem eletrônica.

SOUZA, Célio de. A Resolução nº 48, de 1993, e a consolidação do assessoramento legislativo institucional da Câmara dos Deputados. *In*: 40 ANOS de Consultoria Legislativa: consultores legislativos e consultores de orçamento. Brasília: Câmara dos Deputados, Edições Câmara, 2011. (Série obras comemorativas. Homenagem; n. 1). Disponível em: http://observatory-elites.org/wp-content/uploads/2011/11/40_anos_consultoria.pdf. Acesso em: 30 ago. 2019.

SOUZA NETO, Cláudio Pereira de; SARMENTO, Daniel. *Direito constitucional*: teoria, história e métodos de trabalho. Belo Horizonte: Fórum, 2014.

SOUZA, Sergio. *Emenda Aglutinativa n. 22/2015*. Proposta de Emenda à Constituição n. 182/2007. Brasília: Câmara dos Deputados, Edições Câmara, 2015. Disponível em: https://www.camara.leg.br/proposicoesWeb/prop_mostrarintegra?codteor=1346937. Acesso em: 30 ago. 2019.

SUASSUNA, Ney. *Proposta de Emenda Constitucional nº 22 de 2003*. Altera o inciso XLVII do artigo 5º da Constituição Federal, para suprimir a letra "b" instituindo a pena de caráter perpétuo. Brasília, DF: Senado Federal, 2003. Disponível em: https://www25.senado.leg. br/web/atividade/materias/-/materia/56749. Acesso em: 15 ago. 2019.

SUSTEIN, Cass R. *A Constituição parcial*. Belo Horizonte: Del Rey, 2008.

TEIXEIRA, Magalhães. *Proposta de Emenda a Constituição n. 119, de 1992*. Brasília, DF: Câmara, 1992. Disponível em: https://www.camara.leg.br/proposicoesWeb/prop_most rarintegra?codteor=1242904&filename=Dossie+-PEC+119/1992. Acesso em: 20 nov. 2019.

TEIXEIRA, Miro; JOBIM, Nelson. *Projeto de Resolução nº 59 de 1991*. Modifica o processo de tramitação de proposições na Câmara dos Deputados, alterando dispositivos do Regimento Interno. Brasília, DF: Câmara dos Deputados, 10 set. 1991. Disponível em: https://www.camara.leg.br/proposicoesWeb/prop_mostrarintegra?codteor=1243658&fi lename=Dossie+-PRC+59/1991. Acesso em: 15 ago. 2019.

TUSHNET, Mark. Against judicial review. *Harvard Public Law Working Paper*, n. 9-20, 2006. Disponível em: http://ssrn.com/abstract=1368857. Acesso em: 15 ago. 2019.

TUSHNET, Mark. Ceticismo sobre o judicial review: uma perspectiva dos Estados Unidos. *In*: BIGONHA, Antônio Carlos Alpino; MOREIRA, Luiz (org.). *Limites do controle de constitucionalidade*. Rio de Janeiro: Lumen Juris, 2009.

TUSHNET, Mark. Diálogo e dever constitucional. Tradução de Gustavo Salles Costa. *In*: BOLONHA, Carlos; BONIZZATO, Luigi; MAIA, Fabiana (org.). *Teoria institucional e constitucionalismo contemporâneo*. Curitiba: Juruá, 2016.

VALADARES, André Garcia Leão Reis. *O julgamento nos tribunais*: colegialidade e deliberação. Rio de Janeiro, RJ: Lumen Juris, 2018. (Série Estudos do PPGD – UFMG).

VALADÃO, Roberto. *Proposta de Emenda a Constituição n. 122, de 1992*. Brasília, DF: Câmara, 1992. Disponível em: https://www.camara.leg.br/proposicoesWeb/prop_ most rarintegra?codteor=1242910&filename=Dossie+-PEC+122/1992. Acesso em: 20 nov. 2019.

VENÂNCIO FILHO, Alberto. *Das arcadas ao bacharelismo*. São Paulo: Perspectiva S.A., 1982.

VIEIRA, Oscar Vilhena. Constituição como reserva de justiça. *Revista Lua Nova*, São Paulo, n. 42, p. 53-97, 1997.

VIEIRA, Oscar Vilhena. *A Constituição e sua reserva de justiça*: um ensaio sobre os limites materiais ao poder de reforma. São Paulo: Malheiros Editores, 1999.

VIEIRA, Oscar Vilhena. Supremocracia: um ensaio sobre os limites materiais ao poder de reforma. *Revista Direito GV*, São Paulo, jul./dez. 2008. Disponível em: http://www.scielo. br/pdf/rdgv/v4n2/a05v4n2.pdf. Acesso em: 16 ago. 2019.

WALDRON, Jeremy. *A dignidade da legislação*. São Paulo: Martins Fontes, 2003.

WALDRON, Jeremy. Disagreement and precommitment. *In*: ALEXANDER, Larry (org.). *Philosophical foundations*. New York: Cambridge University Press, cap. 7, p. 271-299, 2001.

WALDRON, Jeremy. O judicial review e as condições de democracia. *In*: BIGONHA, Antônio Carlos Alpino; MOREIRA, Luiz (org.). *Limites do controle de constitucionalidade*. Rio de Janeiro: Lúmen Juris, 2009.

WETERMAN, Daniel; TURTELLI, Camila. Oposição quer barrar votação da Previdência na CCJ exigindo divulgação de dados. *Estadão*, 22 abr. 2019. Economia & Negócio. Disponível em: https://economia.estadao.com.br/noticias/geral,oposicao-quer-barrar-votacao-da-previdencia-na-ccj-exigindo-divulgacao-de-dados,70002799840. Acesso em: 29 ago. 2019.

WOLKMER, Antônio Carlos. *História do direito no Brasil*. 3. ed. Rio de Janeiro: Forense, 2006.

ZAGREBELSKY, Gustavo; MARCENÒ, Valeria. *Justicia constitucional*: história, princípios e interpretaciones. 2. ed. Boloña: Zela, 2018. v. 1. Disponível em: https://azpdf.tips/queue/justicia-constitucional-v1-historia-principios-e-interpretaciones-pdf-free.html. Acesso em: 15 ago. 2019.

ANEXO A – Panorama geral de tramitação das PECS – 1988-2018

Total de PECs - CN	Tramitação por Casa Legislativa		Origem das PECS		RESULTADO		DESTINO			CONVERTIDAS EM EC	TOTAL
5.210	CD	3.516	PE	71	TRAMITANDO	17	NA				99
					APROVADAS NO PLENÁRIO	25	À PROMULGAÇÃO	2		2	
							REMETIDAS AO SF	23		23	
					PREJUDICADAS	22	NA				
					INADMITIDAS NA CCJ	3					
					RETIRADAS PELO AUTOR	4					
			CD	3.326	TRAMITANDO	767	NA				
					ARQUIVADAS AO FINAL DA LEGISLATURA	1.612					
					RETIRADAS PELO AUTOR	15					
					PREJUDICADAS	573					
					INADMITIDAS NA CCJ	98					
					APROVADAS NO PLENÁRIO	47	À PROMULGAÇÃO	1		1	
							REMETIDAS AO SF	46		33	
					REJEITADAS NO PLENÁRIO	7	NA				
					DEVOLVIDAS AO AUTOR	207					
			SF	119	INADMITIDAS NA CCJ	2	NA				
					REJEITADAS NO PLENÁRIO	1					
					PREJUDICADAS	10					
					TRAMITANDO	64					
					APROVADAS NO PLENÁRIO	42	REMETIDAS AO SF	15		13	
							À PROMULGAÇÃO	27		27	
	SF	1.694	SF	1.616	TRAMITANDO	178					99
					ARQUIVADAS AO FINAL DA LEGISLATURA	1.045					
					RETIRADAS PELO AUTOR	65					
					PREJUDICADAS	119					
					INADMITIDAS NA CCJ	57					
					APROVADAS NO PLENÁRIO	129	REMETIDAS À CD	116		27	
							À PROMULGAÇÃO	13		13	
					REJEITADAS NO PLENÁRIO	21					
					CONVERTIDA EM PROJETO DE LEI DO SENADO	1					
					IMPUGNADA PELA PRESIDÊNCIA	1					
			CD	77	TRAMITANDO	8					
					ARQUIVADAS AO FINAL DA LEGISLATURA	2					
					REJEITADAS NO PLENÁRIO	2					
					PREJUDICADAS	2					
					APROVADAS NO PLENÁRIO	63	REMETIDAS À CD	6		2	
							À PROMULGAÇÃO	57		57	
			AL	1	TRAMITANDO	1					

ANEXO B1 – Relação de Propostas de Emenda à Constituição que tramitaram no Senado Federal entre 1988 e 2018

https://www.editoraforum.com.br/anexos/ANEXO+B1.pdf

ANEXO B2 – Relação de Propostas de Emenda à Constituição que tramitaram na Câmara dos Deputados entre 1988 e 2018

https://0editorial.s3.sa-east-1.amazonaws.com/anexos/ANEXO+B2.pdf

ANEXO C – Emendas Constitucionais objeto de alguma ADI ou de apreciação em sede de Repercussão Geral

(continua)

EC	ANO	ADIs/RE
1	1992	na
2	1992	829
3	1993	939-7/DF
4	1993	950
5	1995	na
6	1995	na
7	1995	na
8	1995	na
9	1995	na
10	1996	1420
11	1996	na
12	1996	na
13	1996	na
14	1996	na
15	1996	2395
16	1997	1805
17	1997	na
18	1998	na
19	1998	2135
20	1998	2096
21	1999	2031
22	1999	na
23	1999	na
24	1999	na
25	2000	na
26	2000 / Moradia	na
27	2000	2199
28	2000	3653
29	2000	2732
30	2000	2356
31	2000	na

(continua)

EC	ANO	ADIs/RE
32	2001	na
33	2001	3800
34	2001	na
35	2001	na
36	2002	na
37	2002	2666
38	2002	na
39	2002	na
40	2003	na
41	2003/ Reforma da Previdências	4889
42	2003	RE 566032
43	2004	na
44	2004 / Reforma Tributária	na
45	2004 / Reforma do Judiciário	3367
46	2005	na
47	2005 / Previdência	3854
48	2005	na
49	2006	na
50	2006	na
51	2006	na
52	2006	3686
53	2006	na
54	2007	na
55	2007	na
56	2007	na
57	2008	na
58	2009 / Vereadores	4307
59	2009	na
60	2009	na
61	2009	na
62	2009 / Precatórios	4425
63	2010	4801
64	2010	na
65	2010	na

(conclusão)

EC	ANO	ADIs/RE
66	2010 / Divórcio	RE 1.167.478
67	2010	na
68	2011 / Desvinculação de Receitas da União – DRU	na
69	2012 / Defensoria Pública do Distrito Federal	na
70	2012 / Aposentadoria por invalidez	RE 924456
71	2012	na
72	2013 / Empregados Domésticos	na
73	2013	5017
74	2013	5296
75	2013	5058
76	2013	na
77	2014	na
78	2014 / Seringueiros	na
79	2014 / Servidores dos ex-territórios (AP e RR)	na
80	2014 / Defensorias Públicas	na
81	2014 / Trabalho Escravo	na
82	2014	na
83	2014	na
84	2014	na
85	2015	na
86	2015	5595
87	2015	na
88	2015 / Bengala	6061
89	2015	na
90	2015	na
91	2016 / Janela	5497
92	2016	na
93	2016 / DRU	5342
94	2016 / Precatórios	5679
95	2016 / Teto dos Gastos Públicos	5715
96	2017	5710
97	2017	6063
98	2017	5935
99	2017	na

Solicitações de Trabalhos às Consultorias

As solicitações de trabalhos às Consultorias são registradas por meio do Sistema de Acompanhamento de Solicitação às Consultorias (SAC Gab) de cada Consultoria, acessado no menu Central Legislativa e Parlamentar da Intranet do Senado. Os gabinetes deverão indicar os servidores responsáveis por esse registro às Consultorias para habilitação no sistema.

1️⃣ Para iniciar o registro, escolha a opção 'Criar solicitação', selecione a Consultoria (Legislativa – STC ou de Orçamento – STO) e o Tipo de Solicitação. Note que os tipos de solicitações são diferentes entre as Consultorias.

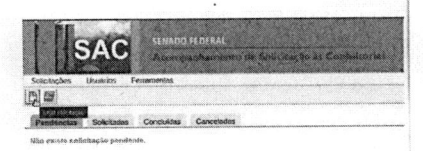

2️⃣ Associe matérias, informe um processado ou anexe arquivos relacionados à solicitação de trabalho. Preencha os campos de resumo e detalhamento com a maior riqueza de detalhes possível para direcionar precisamente o trabalho do consultor para o objetivo do parlamentar.

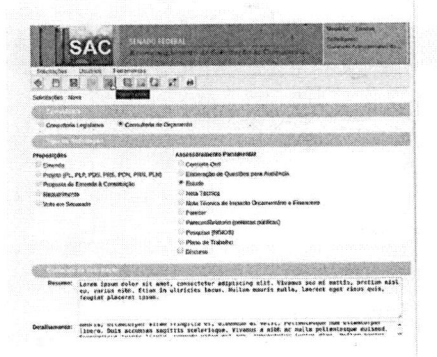

3️⃣ Para efetivar a solicitação, clique em 'Salvar e Enviar':

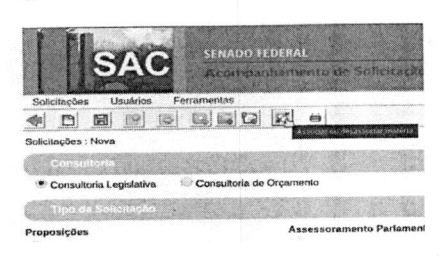

4️⃣ Após conclusão do trabalho pela Consultoria, o servidor será notificado por email sobre a disponibilização do arquivo no sistema na aba 'Concluídas'.

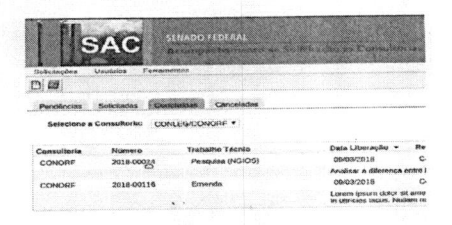

5️⃣ O arquivo principal e seus anexos estarão disponíveis para download.

ESCLARECIMENTOS DÚVIDAS

Com o intuito de atender ao pedido de informação encaminhado ao Senado Federal, que versa sobre questões do processo legislativo, apresentamos os seguintes esclarecimentos:

a) Em relação ao item 1 dos questionamentos, permanece válido o entendimento consignado no Parecer nº 292/1991 a respeito da impossibilidade da tramitação de Proposta de Emenda Constituição (PEC) em regime de urgência. De toda sorte, não é possível a votação de PEC sem parecer de admissibilidade, ainda que esse parecer seja dado em Plenário;

b) Em relação ao item 2 dos questionamentos, o Calendário Especial para a tramitação de PECs é um Calendário aprovado em Plenário por unanimidade a partir de um Requerimento das Lideranças e permite a dispensa dos interstícios regimentais e a elaboração do Parecer de Admissibilidade em Plenário;

c) Sob esse aspecto, tal prática encontra respaldo no entendimento reiterado da aplicabilidade do art. 412, III do RISF no caso de aprovação de Calendário Especial para Tramitação de PECs. Ressalte-se que o dispositivo regimental citado não menciona explicitamente a hipótese do Calendário Especial, entretanto, tem sido considerado aplicável pelo Senado Federal para balizar a aprovação do Calendário Especial para Tramitação de Proposta de Emenda à Constituição a partir de Requerimento das Lideranças;

d) O entendimento a que nos referimos na letra "c" se iniciou a partir da decisão de uma Questão de Ordem de 2004, cujo "link" franqueamos abaixo:

e) https://www25.senado.leg.br/web/atividade/questoes-de--ordem/-/q/detalhe/2655

f) Em relação ao item 3, o Parecer n° 227/2017, aprovado em Plenário, referente à PEC n° 45/2017, trata da admissibilidade da PEC e do mérito também. Senão, vejamos nos trechos da "Análise" e do "Voto" constantes do citado Parecer, in verbis:

[...]

Regimentalmente, a CCJ é a única comissão com competência para opinar sobre proposta de emenda à Constituição, sendo essa competência transferível ao Plenário. Constitucionalmente, cabe reiterar, como já apresentado pelo Senador Aloysio Nunes Ferreira, Relator da PEC n° 152, de 2015, na CCJ, que a matéria em exame cumpre as imposições constitucionais de autoria e tramitação, além de inexistirem limitações circunstanciais à alteração da Lei Maior e terem sido observadas as limitações materiais ao poder constituinte derivado reformador.

Em relação à juridicidade, deve-se destacar que a matéria inova a ordem jurídica. Quanto à técnica legislativa, a redação da PEC n° 45, de 2017, está de acordo com a Lei Complementar n° 95, de 26 de fevereiro de 1998, que trata da elaboração, redação, alteração e consolidação das leis.

No que diz respeito ao mérito, a grave crise fiscal pela qual passam os estados, Distrito Federal e municípios exige do Congresso Nacional a criação de inovações legislativas que busquem assegurar a sustentabilidade das contas desses entes. No caso em tela, a Câmara dos Deputados aprovou regras que almejam esse fim, sem prejudicar os direitos dos credores estaduais, distritais e municipais. (Negritos nosso).

[...]
[...]

Diante do exposto, votamos pela regimentalidade, constitucionalidade, juridicidade, boa técnica legislativa e, no mérito, pela aprovação da Proposta de Emenda à Constituição no 45, de 2017.

Dessa forma, houve a análise da admissibilidade e do mérito em uma única votação em Plenário por meio da aprovação do Parecer do Relator.

Por fim, em relação ao item 3.1, não há diferença na tramitação de uma PEC por ser oriunda do Senado Federal e ter sido alterada pela Câmara dos Deputados, nos termos do art. 367 do RISF.

Atenciosamente,
Serviço de Pesquisas Legislativas
(SEPEL)/COER/SGM/SENADO FEDERAL

https://0editorial.s3.sa-east-1.amazonaws.com/anexos/ANEXO+F.pdf

CÂMARA DOS DEPUTADOS
CONSULTORIA LEGISLATIVA
Coordenação de Apoio Técnico-Legislativo

Formulário

RESPOSTA A SOLICITAÇÃO DE INFORMAÇÃO - LAI

IDENTIFICAÇÃO DA SOLICITAÇÃO

Protocolo Fale Conosco nº: (190722-000328)

Assunto: Número de consultores ativos e esclarecimentos sobre procedimentos internos

Atualmente a consultoria legislativa conta com quantos consultores ativos no total e por área? Há critérios pré-fixados para encaminhamento interno das demandas? Agradeço, desde já, a colaboração. Atenciosamente, Bárbara Brum Nery

Em atenção ao demandado pela senhora Bárbara Brum Nery, informamos que a Consultoria Legislativa possuía, em julho de 2019, 177 consultores ativos, distribuídos nas seguintes áreas:

Área I: 16	Área IX: 7	Área XVII: 6
Área II: 6	Área X: 4	Área XVIII:
Área III: 13	Área XI: 9	6
Área IV: 6	Área XII: 4	Área XIX: 5
Área V: 8	Área XIII: 7	Área XX: 12
Área VI: 3	Área XIV: 8	Área XXI: 7
Área VII: 10	Área XV: 13	Área XXII: 9
Área VIII: 9	Área XVI: 8	Diretor: 1

Esclarecemos que este número corresponde a consultores que realizaram ao menos um trabalho no mês de julho de 2019, até o dia 26. Desse modo, não fazem parte do computo consultores cedidos para outros órgãos ou em licença. Com relação à distribuição interna das solicitações, esclarecemos que são feitas em duas etapas. A primeira é a distribuição para as áreas, realizada pela equipe do apoio técnico, e que leva em consideração a pertinência temática da solicitação aos assuntos elencadas no edital do último concurso para a Consultoria Legislativa, em 2014. A segunda etapa é a distribuição dentro da área para os(as) consultores(as). O procedimento para essa etapa fica a critério de cada área.
A descrição das áreas e outras informações podem ser obtidas em:
https://www2.camara.leg.br/a-camara/estruturaadm/diretorias/diretoria-legislativa/estrutura-1/conle

Atenciosamente,
Câmara dos Deputados

De: **Sistema de Informação ao Cidadão** SIC@senado.leg.br
Assunto: Serviço de Informação ao Cidadão – Atendimento Conecte nº 19792
Data: 5 de agosto de 2019 10:52 AM
Para: barbarabrum@ma.com

Prezada Senhora BÁRBARA BRUM NERY,

Em atenção ao pedido Conecte nº 19792, informamos que o Guia Parlamentar 2019 está disponível para download na página do Senado Federal, menu "Publicações", opção "Publicações", link do lado esquerdo da página "Guias e Manuais", opção "Guia do Parlamentar", ou acessível diretamente pelo endereço https://www12.senado.leg.br/publicacoes/guias/senadores/guia-do-parlamentar-2019. A apresentação da Consultoria Legislativa consta das páginas 59 a 61 do documento. Além disso, encaminhamos em anexo *folder explicativo* do funcionamento do Sistema de Acompanhamento de Solicitação às Consultorias (SAC).

Em relação ao item 2, cabe informar que o atendimento do pedido demandaria a leitura de todas as Notas Técnicas elaboradas em conjunto com as minutas de pareceres em questão para verificar quais delas contêm "alguma ressalva de entendimento ou de inconstitucionalidade." Por essa razão, o pedido se enquadra no inciso III do art. 13 do Decreto nº 7.724, de 16 de maio de 2012:

"Art. 13. Não serão atendidos pedidos de acesso à informação:

....

III - que exijam trabalhos adicionais de análise, interpretação ou consolidação de dados e informações, ou serviço de produção ou tratamento de dados que não seja de competência do órgão ou entidade.

Ademais, os trabalhos produzidos no âmbito da Consultoria Legislativa com objetivo de consultoria e assessoramento parlamentar são considerados, nos termos do art. 258 do Regulamento Administrativo do Senado Federal, consolidado pela Resolução nº 13, de 2018, como "informação prestada em razão do exercício do mandato, mantendo-se a salvaguarda do §6º do art. 53 da Constituição Federal."

Atenciosamente,

Serviço de Informação ao Cidadão
Senado Federal I Secretaria de Gestão de Informação e Documentação
Alô Senado – 0800 612211

Solicitações de Trabalhos às Consultorias

As solicitações de trabalhos às Consultorias são registradas por meio do Sistema de Acompanhamento de Solicitação às Consultorias (SAC Gab) de cada Consultoria, acessível no menu Central Legislativa e Parlamentar da Intranet do Senado. Os gabinetes deverão indicar os servidores

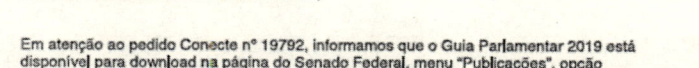

responsáveis por esse registro às Consultorias para tramitação no sistema.

Para iniciar o registro, escolha a opção 'Criar Solicitação', selecione a Consultoria (Legislativa – STC ou de Orçamento – SFO) e o Tipo de Solicitação. Note que os tipos de solicitações são diferentes entre as Consultorias.

Associe matérias, informe um processado ou anexe arquivos relacionados à solicitação de trabalho. Preencha os campos de resumo e detalhamento com a maior riqueza de detalhes possível para direcionar precisamente o trabalho do consultor para o objetivo do parlamentar.

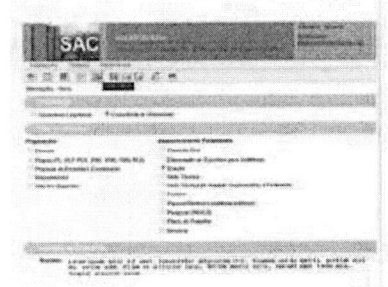

Consultoria Legislativa   Consultoria de Orçamento

Proposições   Assessoramento Parlamentar

Após conclusão do trabalho pela Consultoria, o serviço será notificado por email sobre a disponibilização do arquivo no sistema no status 'Concluído'.

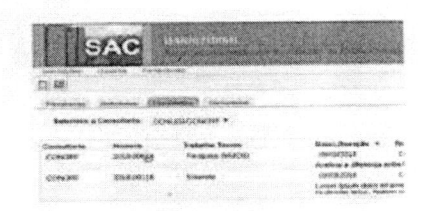

O arquivo principal e seus anexos estarão disponíveis para download.

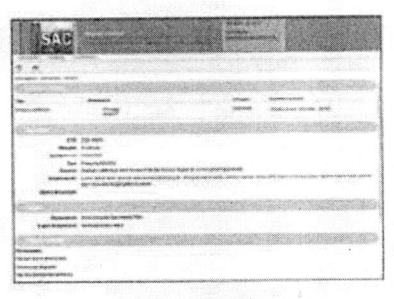

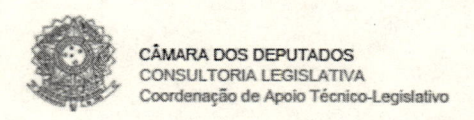

CÂMARA DOS DEPUTADOS
CONSULTORIA LEGISLATIVA
Coordenação de Apoio Técnico-Legislativo

Formulário

RESPOSTA A SOLICITAÇÃO DE INFORMAÇÃO - LAI

IDENTIFICAÇÃO DA SOLICITAÇÃO

Protocolo Fale Conosco nº: (190718-000347)

Assunto: Número de minutas de parecer à PEC elaborados pela Consultoria Legislativa e acompanhados de Informação Técnica

Em complementação à solicitação n. 190323-000020, gostaria de confirmar qual é a peça adicional que o consultor deve enviar ao parlamentar para atender o disposto no artigo 6º, IV da Resolução n. 48, de 1993 (informar, preliminarmente, o solicitante, quando for ocaso, da inviabilidade constitucional, jurídica, legal ou regimental, técnica, financeira ou orçamentária de proposição que lhes tenha sido distribuída para relatar ou elaborar)? Quantos pareceres sobre emenda constitucional direcionados à CCJ, produzidos pela Consultoria Legislativa foram acompanhados dessa peça adicional? Desde já agradeço à colaboração. Atenciosamente, Bárbara Brum Nery

Em atenção ao demandado pela senhora Bárbara Brum Nery, informamos que a Consultoria Legislativa tem a Informação Técnica como instrumento precípuo para a função de informar, preliminarmente, o solicitante, quando for ocaso, da inviabilidade constitucional, jurídica, legal ou regimental, técnica, financeira ou orçamentária de proposição que lhes tenha sido distribuída para relatar ou elaborar.
Nesse sentido, informamos que desde 15/5/2005 até o dia 4 de abril de 2019 foram 1.393 minutas de parecer à Proposta de Emenda à Constituição no âmbito da Comissão de Constituição e Justiça e de Cidadania, das quais 102 foram acompanhadas de Informação Técnica.

Atenciosamente,
Câmara dos Deputados

ATENDIMENTO CONECTE Nº 19610

A primeira referência sobre o órgão aparece na Resolução nº 4, de 1955, que prevê a existência da Seção da Assessoria Legislativa, subordinada à Diretoria das Comissões da Divisão dos Serviços Legislativos, com a seguinte atribuição:

a) prestar assistência técnica à Mesa, às Comissões, aos órgãos da Casa;
b) acompanhar, de modo geral, a atividade legislativa do Congresso Nacional, com o fim de esclarecer os órgãos do Senado Federal, quando o solicitarem, sobre as matérias em curso e a repercussão que possa ter na vida do País, se transformadas em leis;
c) acompanhar, de modo especial, os projetos em estudo nas Comissões, a fim de, sobre eles, prestar aos respectivos relatores e demais componentes desses órgãos a colaboração de que necessitem;
d) proceder, por iniciativa própria, ou mediante solicitação dos Senadores ou das Comissões, a estudos sobre determinados assuntos para a eventual elaboração de projetos de lei a serem apresentados ao Senado Federal;
e) examinar as sugestões enviadas ao Senado, à Mesa ou aos Senadores e por estes encaminhados ao seu estudo, e informar sobre a conveniência, ou não, de serem propostas ou adotadas as medidas nelas alvitradas;
f) coordenar as atividades e trabalhos dos Assessores, para efeito de estabelecer, entre estes, uma eficiente colaboração.

Na Resolução nº 6, de 1960, esta aparece como uma das unidades da Vice-Diretoria dos Serviços Legislativos: a Diretoria da Assessoria Legislativa.

A Resolução nº 58, de 1972, vai prever a existência da Assessoria como um dos órgãos de Assessoramento Superior, a quem *compete assessorar a Mesa, as Comissões Permanentes e Temporárias, os Senadores e as Lideranças nas suas funções legislativa, parlamentar e fiscalizadora.* Subordinada à Assessoria estava a Subsecretaria de Apoio Técnico a Orçamentos Públicos.

Essa estrutura vai ser alterada pela Resolução nº 73, de 1994, que altera o nome da Assessoria para Consultoria Legislativa e transforma a Subsecretaria de Apoio Técnico a Orçamentos Públicos em Consultoria de Orçamentos.

A Consultoria de Orçamentos terá o seu nome alterado para Consultoria de Orçamentos, Fiscalização e Controle pela Resolução nº 55, de 1998.

Nesse quadro é a seguinte a estrutura da Conleg prevista no Regulamento Administrativo do Senado Federal (Resolução nº 58, de 1972, com as alterações introduzidas até o dia 27 de abril de 2018, pelo Ato da Comissão Diretoria nº 2):

> *Art. 228.* À Consultoria Legislativa, compete a prestação de consultoria e assessoramento especializado à Mesa, às Comissões e aos Senadores, no âmbito do Senado Federal e do Congresso
> Nacional, para o desempenho de suas funções legislativa, parlamentar e fiscalizadora, bem como consultoria e assessoramento eventual à Secretaria-Geral da Mesa e à Diretoria-Geral.
> §1º A prestação de consultoria e assessoramento de que trata o caput consiste na elaboração e divulgação de estudos técnicos opinativos sobre matérias de interesse institucional e administrativo do Senado Federal e do Congresso Nacional; no preparo, por solicitação dos Senadores, de minutas de proposições, de pronunciamentos e de relatórios, e na prestação de esclarecimentos técnicos atinentes ao exercício das funções constitucionais do Senado Federal.
> §2º A Consultoria Legislativa poderá desenvolver atividades voltadas à produção, à disseminação e à aplicação de conhecimentos e tecnologias para a melhoria do processo legislativo, observada a política de capacitação e desenvolvimento de recursos humanos, podendo relacionar-se oficialmente com órgãos e entidades para o intercâmbio de conhecimentos, a obtenção e a integração de informações relativas às matérias de sua competência.
> §3º A Consultoria Legislativa tem a seguinte estrutura:
> I – Gabinete Administrativo;
> II – Escritório Setorial de Gestão
> III – Conselho Técnico;
> IV – Núcleos Temáticos, que são os seguintes:
> a) Núcleo de Direito;
> b) Núcleo de Discursos;
> c) Núcleo de Economia;
> d) Núcleo Social;
> V – Núcleo de Acompanhamento Legislativo;
> VI – Núcleo de Estudos e Pesquisas da Consultoria Legislativa;

VII – Núcleo de Suporte Técnico-Legislativo, com as seguintes unidades subordinadas:
a) Serviço de Apoio Técnico; e
b) Serviço de Apoio Gerencial.
§4º As unidades integrantes da Consultoria Legislativa têm as seguintes atribuições e competências:
I – ao Gabinete Administrativo compete providenciar o expediente, as audiências e a representação do Consultor-Geral Legislativo; auxiliar o titular no desempenho de suas atividades; credenciar servidores dos Gabinetes Parlamentares para o envio de Solicitação de Trabalho à Consultoria Legislativa (STC); registrar e distribuir, com a documentação necessária, as solicitações de trabalho formuladas pelo Consultor-Geral, acompanhar a elaboração e encaminhar o trabalho final ao solicitante; providenciar a publicação e distribuição de trabalhos elaborados pela Consultoria por solicitação do Consultor-Geral Legislativo; providenciar a redação da correspondência oficial da Consultoria; e realizar outras atividades correlatas;
II – ao Escritório Setorial de Gestão, sob a orientação técnica do Escritório Corporativo de Governança e Gestão Estratégica e observado o disposto no parágrafo único do art. 217 deste Regulamento, compete colaborar na formulação e assessorar na implementação local de estratégias, políticas, diretrizes e ações corporativas; assessorar a Secretaria, no seu âmbito de atuação, no planejamento setorial, na gerência de programas e projetos, no planejamento e acompanhamento da execução orçamentária, na elaboração e acompanhamento de planos de treinamento, na gestão de riscos e da segurança da informação, na melhoria de processos de trabalho, na consolidação de informações gerenciais e no monitoramento e análise do desempenho da Secretaria no que se refere a metas organizacionais, custos operacionais, qualidade de serviços prestados e satisfação de seus clientes;
III – ao Conselho Técnico compete deliberar sobre o Programa Anual de Trabalho da Consultoria Legislativa; avaliar, em qualquer fase, a execução do Programa Anual de Trabalho com vistas ao seu aperfeiçoamento; propor alterações na estrutura e no funcionamento do órgão e das unidades de apoio, mediante sugestão de qualquer de seus membros; deliberar sobre a proposta de criação, expansão ou extinção de núcleos e áreas; decidir sobre os pedidos de realocação dos Consultores Legislativos em áreas de especialização, respeitados os critérios definidos, garantida a prévia publicidade e observadas as normas administrativas pertinentes; proceder à avaliação periódica da qualidade dos serviços prestados pela Consultoria Legislativa, conforme metodologia adotada com seu aval; aprovar o Programa Anual de Capacitação da Consultoria Legislativa, observada a política de capacitação e desenvolvimento do Senado; apreciar as questões formuladas por qualquer de seus membros, dos

Consultores Legislativos e demais servidores do órgão e propor as soluções cabíveis;

IV – aos Núcleos Temáticos compete prestar assessoria técnica especializada nas diversas áreas do conhecimento, mediante a elaboração de estudos, notas informativas, notas técnicas, minutas de proposições legislativas, pronunciamentos e relatórios, bem como outras atividades de consultoria e assessoramento; elaboração de relatórios e estatísticas; e desempenhar outras atividades estabelecidas no Regimento Interno da Consultoria Legislativa;

V – ao Núcleo de Acompanhamento Legislativo compete prestar consultoria e assessoramento técnico especializado às reuniões das Comissões Permanentes e respectivas Subcomissões, e das Comissões Temporárias, no âmbito do Senado e do Congresso Nacional, bem como às sessões plenárias; elaborar e divulgar relatórios, análises e estudos técnicos sobre matérias de interesse institucional e legislativo do Senado Federal e do Congresso Nacional, tendo por objetivo, entre outros, acompanhar e avaliar as políticas públicas; e desempenhar outras atividades estabelecidas no Regimento Interno da Consultoria Legislativa;

VI – ao Núcleo de Estudos e Pesquisas da Consultoria Legislativa compete elaborar análises e estudos técnicos, promover a publicação de textos para discussão contendo o resultado dos trabalhos, sem prejuízo de outras formas de divulgação, bem como executar e coordenar debates, seminários e eventos técnico-acadêmicos, de forma que todas essas competências, no âmbito do assessoramento legislativo, contribuam para a formulação, implementação e avaliação da legislação e das políticas públicas discutidas no Congresso Nacional; e desempenhar outras atividades estabelecidas no Regimento Interno da Consultoria Legislativa;

VII – ao Núcleo de Suporte Técnico-Legislativo compete gerenciar, supervisionar, coordenar e dirigir as atividades relativas à pesquisa de informações, ao processamento dos trabalhos requisitados à Consultoria e aos textos elaborados para atendê-los, bem como as atividades afetas ao controle administrativo e patrimonial do órgão; elaboração de relatórios e estatísticas; e executar outras atividades correlatas; com as seguintes unidades subordinadas:

a) Serviço de Apoio Técnico, ao qual compete coletar, organizar, preparar e divulgar dados e informações necessários à elaboração de trabalhos pelos Consultores Legislativos; realizar pesquisas no sistema de controle de trabalhos; fornecer ao Consultor-Geral os dados estatísticos necessários à composição do Programa Anual de Trabalho e dos demais relatórios gerenciais; exercer outras atividades correlatas; apoiar as atividades de assessoramento técnico prestados pelos Consultores durante as sessões plenárias e reuniões de comissões;

b) Serviço de Apoio Gerencial, ao qual compete receber e registrar as demandas de trabalho de consultoria e assessoramento, informar

sobre sua distribuição e devolução; receber e registrar as solicitações de trabalho nos sistemas de controle; zelar pela atualização e pela integridade das informações constantes dos sistemas de controle de trabalho da Consultoria; digitar e formatar os textos institucionais do órgão; proceder à revisão editorial dos trabalhos, fazendo a adequação aos padrões e normas vigentes; auxiliar o acompanhamento do trâmite dos trabalhos gerados em resposta às Solicitações de Trabalho; receber, controlar e distribuir correspondências e material de expediente; proceder às rotinas administrativas do órgão; efetuar a guarda e a conservação dos documentos de interesse do órgão; e exercer outras atividades correlatas
....

Art. 256. O funcionamento da Consultoria Legislativa será regido pelo seu Regimento Interno, aprovado pelo Conselho Técnico, obedecido o disposto neste regulamento.

§1º A organização dos trabalhos de assessoramento far-se-á por áreas de especialidade agrupadas por afinidade de conteúdo em Núcleos Temáticos.

§2º Os Consultores Legislativos em exercício na Consultoria Legislativa terão vinculação técnica direta ao Consultor-Geral Legislativo e administrativa aos Núcleos aos quais estejam lotados.

§3º O Conselho Técnico será composto pelo Consultor-Geral Legislativo, que o presidirá, pelo Coordenador-Geral, pelos Coordenadores de Núcleos e por um representante de cada Núcleo Temático.

§4º As decisões do Conselho Técnico serão tomadas por maioria de votos, presente a maioria de seus membros, votando o Consultor-Geral Legislativo apenas em caso de empate.

§5º A prestação de assessoramento relacionado com o planejamento e a organização dos órgãos administrativos, pela Consultoria Legislativa, poderá ser autorizada pela Comissão Diretora.

Art. 257. As funções de Consultor-Geral Legislativo, Coordenador-Geral e as de Coordenador de Núcleo das unidades referidas nos incisos IV, V e VI do §3º do art. 228 serão preenchidas por ocupantes do cargo efetivo de Consultor Legislativo.

Art. 258. O trabalho produzido no âmbito da Consultoria Legislativa, com objetivo de consultoria e assessoramento parlamentar, é considerado informação prestada em razão do exercício do mandato, mantendo-se sob a salvaguarda do §6º do art. 53 da Constituição Federal.

O mesmo Ato da Comissão Diretora nº 2, de 2018, também aprovou a *política de capacitação e desenvolvimento dos servidores do Senado Federal e dá outras providências*, a qual destaca o Núcleo de Estudos e Pesquisas do Senado Federal (NEPSF), da seguinte forma, *verbis*:

Art. 50. Ao Núcleo de Estudos e Pesquisas da Consultoria Legislativa (NEPLEG) compete organizar, apoiar e coordenar projetos de estudos e pesquisas que visem à produção e à sistematização de conhecimentos relevantes para o aprimoramento da atuação do Senado Federal, sem prejuízo do disposto no inciso VI do §4º do art. 268 do Regulamento Administrativo do Senado Federal.

§1º Para o cumprimento do disposto no caput, o NEPLEG tem por objetivos:

I – estimular os parlamentares, seus assessores e o corpo técnico da Casa à reflexão sobre o trabalho desenvolvido no Senado Federal;

II – estimular a pesquisa de novos modelos de análise das práticas adotadas pelo Poder Legislativo;

III – incentivar a realização de trabalhos em parceria com entidades de ensino e pesquisa e com segmentos da sociedade, visando à avaliação e ao aperfeiçoamento das práticas adotadas pelo Poder Legislativo;

IV – promover o aprendizado organizacional e a disseminação de conhecimentos e melhores práticas na atuação legislativa;

V – melhorar a compreensão do Senado Federal em sua interação com a sociedade.

§2º Para o cumprimento de suas atribuições, o NEPLEG poderá trabalhar em parceria com o Instituto Legislativo Brasileiro, desenvolvendo projetos conjuntos de estudos e pesquisas e viabilizando a publicação dos trabalhos em meio escrito e ambiente virtual, nos termos dos §§6º e 7º deste artigo.

§3º Os projetos de estudos e pesquisas poderão ser realizados pelos servidores da Casa e por pesquisador externo, mediante parcerias a serem estabelecidas com pessoas físicas ou jurídicas, devendo o pesquisador responsável pelo projeto ser servidor do Senado.

§4º O ILB e a Secretaria de Gestão da Informação e Documentação prestarão o suporte necessário à realização de projeto de estudo e pesquisa no que diz respeito à cessão de espaço físico para a realização de reuniões e atividades, à oferta de capacitação específica aos pesquisadores e à obtenção de material bibliográfico ou arquivístico.

§5º Ao servidor do Senado será facultado executar, durante a sua jornada de trabalho e em horário acordado com o titular do órgão de sua lotação, as atividades atinentes ao projeto, no limite de oito horas semanais, em se tratando de pesquisador-colaborador, e dezesseis horas semanais, em se tratando de pesquisador-responsável.

§6º O Diretor-Geral designará anualmente, após indicação do Consultor-Geral Legislativo, comissão de avaliadores, presidida pelo coordenador do NEPLEG e composta por servidores com titulação acadêmica de mestrado ou doutorado, encarregada de aprovar previamente os projetos de estudo e pesquisa e decidir sobre sua conclusão.

§7º Atestada a conclusão do projeto pela comissão de que trata o §6º deste artigo, o servidor que dele participou fará jus a certificado de participação em projeto de estudo e pesquisa emitido pelo NEPLEG e o resultado da pesquisa poderá, a critério da comissão, ser divulgado em publicação específica.

§8º Aplica-se, no que couber, relativamente ao Núcleo de Estudos e Pesquisas da Consultoria Legislativa, o Ato da Comissão Diretora nº 9 de 2007.

Com esses Atos e com a reclassificação das funções comissionadas do Senado Federal e a extinção da função comissionada inerente à investidura dos Consultores Legislativos, por força, respectivamente dos arts. 10 e 16 e do da Lei nº 12.300, de 28 de julho de 2010, é o seguinte o quadro de funções comissionadas da Conleg:

QUANTIDADE	DENOMINAÇÃO	SÍMBOLO	
1	Consultor-Geral Legislativo	FC-4	
1	Coordenador-Geral	FC-3	
6	Coordenador de Núcleo	FC-3	
1	Diretor do NEPSF	FC-3	
1	Chefe de Gabinete Administrativo	FC-2	
3	Chefe de Serviço	FC-2	
5	Assistente Técnico	FC-1	

ANEXO K – Reuniões Ordinárias das CCJs – Maio/2019

(continua)

Mês:	Maio de 2019	
Data	**Horário**	**Reuniões simultâneas**
terça-feira, 7 de maio de 2019	14h30	"07/05/2019 FISCALIZAÇÃO FINANCEIRA E CONTROLE Encerrada (Final) 14h00 Audiência Pública Ordinária Discutir ações e projetos de informatização e integração de sistemas dos serviços de saúde no Brasil, conforme Requerimento nº 17/2019, de autoria do Deputado Ricardo Barros. Anexo II, Plenário 09 "
		"07/05/2019 MEIO AMBIENTE E DES. SUSTENTÁVEL Encerrada (Final) 14h00 Audiência Pública Ordinária DISCUSSÃO DOS RESULTADOS DA REAVALIAÇÃO TOXICOLÓGICA DO GLIFOSATO REALIZADA PELA ANVISA Anexo II, Plenário 12 "
		"07/05/2019 DEFESA DO CONSUMIDOR Encerrada (Final) 14h00 Audiência Pública Ordinária Reajuste dos Planos de Saúde Anexo II, Plenário 08 "
		"07/05/2019 LEGISLAÇÃO PARTICIPATIVA Encerrada (Final) 14h00 Audiência Pública Ordinária Ouvir as demandas da sociedade civil organizada com o objetivo de elaborar plano de trabalho da CLP para o ano de 2019. Anexo II, Plenário 05 "
		"07/05/2019 INTEGRAÇÃO NACIONAL, DESENV. REGIONAL E AMAZÔNIA Encerrada (Final) 14h00 Audiência Pública Ordinária Defesa da água no Brasil e o marco de um ano da realização do Fórum Alternativo Mundial da Água (FAMA). Anexo II, Plenário 15"
		"07/05/2019 TURISMO Encerrada (Final) 14h00 Reunião Deliberativa Ordinária Anexo II, Plenário 16 "
		"07/05/2019 COMISSÃO EXTERNA DESASTRE DE BRUMADINHO Encerrada (Final) 14h00 Reunião Deliberativa Ordinária Anexo II, Plenário 13 "
		"07/05/2019 CSSF – SUBCOMISSÃO PERMANENTE ASSISTÊNCIA SOCIAL Encerrada (Final) 14h30 Subcomissão Permanente da Assistência Social Reunião Deliberativa Ordinária Sala de Reuniões da Ouvidoria, Anexo II, Ala C, Sala T-40"
		"07/05/2019 CPI – PRÁTICAS ILÍCITAS NO AMBITO DO BNDES Encerrada (Final) 14h30 Audiência Pública Ordinária Anexo II, Plenário 07 "
		"07/05/2019 ESPORTE Encerrada (Final) 14h30 Audiência Pública Ordinária Debate sobre a preparação das delegações para os Jogos Olímpicos e Paralímpicos de 2020. Anexo II, Plenário 06"
		"07/05/2019 PEC 006/19 – PREVIDÊNCIA SOCIAL Encerrada (Final) 14h30 Reunião Deliberativa Ordinária Anexo II, Plenário 02 "
		"07/05/2019 CONSTITUIÇÃO E JUSTIÇA E DE CIDADANIA Encerrada (Final) 14h30 Reunião Deliberativa Ordinária Anexo II, Plenário 01 "

(continua)

terça-feira, 7 de maio de 2019	14h30	"07/05/2019 COMISSÃO MISTA DE ORÇAMENTO Encerrada (Final) 14h30 Reunião Deliberativa Ordinária Anexo II, Plenário 04"
		"07/05/2019 PL 4881/12 – POLÍTICA DE MOBILIDADE URBANA Encerrada (Final) 14h30 Reunião Deliberativa Ordinária Anexo II, Plenário 10"
		"07/05/2019 PEC 034/19 – ORÇAMENTO IMPOSITIVO Encerrada (Termo) 15h00 Reunião de Instalação e Eleição Anexo II, Plenário 03"
		"07/05/2019 CPI – ROMPIMENTO DA BARRAGEM DE BRUMADINHO Encerrada (Final) 15h00 Reunião Deliberativa Ordinária Anexo II, Plenário 11"
quarta-feira, 8 de maio de 2019	10h00	"08/05/2019 CE – SUBCOMISSÃO PERMANENTE DE EDUCAÇÃO SUPERIOR Encerrada (Termo) 09h00 Subcomissão Permanente de "Educação Superior" Reunião Técnica Anexo II, Sala 170 C"
		"08/05/2019 SEGURIDADE SOCIAL E FAMÍLIA Encerrada (Final) 09h00 Reunião Deliberativa Ordinária Anexo II, Plenário 07"
		"08/05/2019 VIAÇÃO E TRANSPORTES Encerrada 09h30 Audiência Pública Ordinária Discutir as ações do Governo Federal na política de preços do óleo diesel, o Programa Caminhoneiro e a criação do Cartão Caminhoneiro (Requerimentos nºs 27/2019, do Deputado Bosco... Anexo II, Plenário 11"
		"08/05/2019 TRABALHO, ADMINISTRAÇÃO E SERVIÇO PÚBLICO Encerrada (Final) 09h30 Reunião Deliberativa Extraordinária Anexo II, Plenário 12"
		"08/05/2019 CE – SUBESPECIAL ENSINO MÉDIO, EDUC.PROF. E BNCC Encerrada (Termo) 10h00 Subcomissão Especial de "Ensino Médio, Educação Profissional e BNCC" Reunião Técnica Anexo II, Pav. Superior, Ala C, sala 170"
		"08/05/2019 DES. ECONÔMICO, INDÚSTRIA, COMÉRCIO E SERVIÇOS Encerrada (Final) 10h00 Reunião Deliberativa Ordinária Anexo II, Plenário 05"
		"08/05/2019 FISCALIZAÇÃO FINANCEIRA E CONTROLE Encerrada (Final) 10h00 Reunião Deliberativa Ordinária Anexo II, Plenário 09"
		" Anexo II, Plenário 01 08/05/2019 INTEGRAÇÃO NACIONAL, DESENV. REGIONAL E AMAZÔNIA Encerrada (Final) 10h00 Reunião Deliberativa Ordinária Anexo II, Plenário 15"
		"08/05/2019 DEFESA DO CONSUMIDOR Encerrada (Final) 10h00 Reunião Deliberativa Ordinária Anexo II, Plenário 08"
		"08/05/2019 MEIO AMBIENTE E DES. SUSTENTÁVEL Encerrada (Final) 10h00 Reunião Deliberativa Ordinária Anexo II, Plenário 10"
		"08/05/2019 MINAS E ENERGIA Encerrada (Final) 10h00 Reunião Deliberativa Ordinária Anexo II, Plenário 14"
		"08/05/2019 AGRICULTURA, PECUÁRIA, ABASTECIMENTO DES. RURAL Encerrada (Final) 10h00 Reunião Deliberativa Ordinária Anexo II, Plenário 06"
		"08/05/2019 DESENVOLVIMENTO URBANO Encerrada (Final) 10h00 Reunião Deliberativa Ordinária Anexo II, Plenário 16"
		"08/05/2019 RELAÇÕES EXTERIORES E DE DEFESA NACIONAL Encerrada (Final) 10h00 Reunião Deliberativa Ordinária Anexo II, Plenário 03"

(continua)

quarta-feira, 8 de maio de 2019	10h00	"08/05/2019 CIÊNCIA E TECNOLOGIA, COMUNICAÇÃO E INFORMÁTICA Encerrada (Final) 10h00 Reunião Ordinária de Comparecimento de Ministro de Estado – Art. 219 RICD ""Exposição sobre os principais programas e projetos do Ministério da Ciência, Tecnologia, Inovações e Comunicações (Requerimentos nºs 1, 2 e 4, de 2019	CCTCI) e sobre a situação... Anexo II, Plenário 13"
		"08/05/2019 EDUCAÇÃO Encerrada (Final) 10h00 Reunião Ordinária de Comparecimento de Ministro de Estado – Art. 219 RICD ""Exposição sobre os principais programas e projetos do Ministério da Ciência, Tecnologia, Inovações e Comunicações (Requerimentos nºs 1, 2 e 4, de 2019	CCTCI) e sobre a situação... Anexo II, Plenário 13"
		"08/05/2019 FINANÇAS E TRIBUTAÇÃO Encerrada (Final) 10h00 Audiência Pública Ordinária Discussão da Reforma da Previdência Anexo II, Plenário 04"
		"08/05/2019 TRABALHO, ADMINISTRAÇÃO E SERVIÇO PÚBLICO Encerrada (Final) 10h00 Reunião Deliberativa Ordinária Anexo II, Plenário 12"
		"08/05/2019 SEGURANÇA PÚBLICA E COMBATE AO CRIME ORGANIZADO Encerrada (Final) 10h30 Audiência Pública Extraordinária Convite ao Ministro de Estado da Justiça e Segurança Pública, Senhor Sérgio Moro, para comparecer à Comissão de Segurança Pública e Combate ao Crime Organizado a fim de prestar... Anexo II, Plenário 02"
		"08/05/2019 VIAÇÃO E TRANSPORTES Encerrada (Final) 11h00 Reunião Deliberativa Extraordinária Anexo II, Plenário 11"
quinta-feira, 9 de maio de 2019	Não houve reuniões ordinárias.	
sexta-feira, 10 de maio de 2019		
segunda-feira, 13 de maio de 2019		
terça-feira, 14 de maio de 2019	14h30	"14/05/2019 CSSF – SUBCOMISSÃO PERMANENTE DA SAÚDE Encerrada (Final) 13h00 Subcomissão Permanente da Saúde Reunião Deliberativa Ordinária Anexo II, Sala 145A Piso Superior"
		"14/05/2019 COMISSÃO MISTA DE ORÇAMENTO Encerrada (Final) 14h00 Audiência Pública Extraordinária Discussão do Projeto de Lei nº 5/2019-CN que ""Dispõe sobre as diretrizes para a elaboração e execução da Lei Orçamentária de 2020 e dá outras providências."" CONVIDADO:... Anexo II, Plenário 02"
		"14/05/2019 INTEGRAÇÃO NACIONAL, DESENV. REGIONAL E AMAZÔNIA Encerrada (Final) 14h00 Audiência Pública Ordinária Preços das passagens aéreas em voos domésticos, com ênfase nas tarifas cobradas para os Estados do Acre e Rondônia e, também, a política de desenvolvimento e subsídio aéreo na... Anexo II, Plenário 08"
		"14/05/2019 VIAÇÃO E TRANSPORTES Encerrada 14h00 Seminário Medidas de segurança para os agentes mais vulneráveis no trânsito Anexo II, Plenário 11"

(continua)

terça-feira, 14 de maio de 2019	14h30	"14/05/2019 AGRICULTURA, PECUÁRIA, ABASTECIMENTO DES. RURAL Encerrada (Final) 14h00 Audiência Pública Ordinária A política de preços mínimos de café. Anexo II, Plenário 06 "
		"14/05/2019 FINANÇAS E TRIBUTAÇÃO Encerrada 14h00 Audiência Pública Ordinária Discutir a cobrança de altas taxas de juros e tarifas pelos bancos. Anexo II, Plenário 04 "
		"14/05/2019 TURISMO Encerrada (Final) 14h00 Reunião Deliberativa Ordinária Anexo II, Plenário 15 "
		"14/05/2019 LEGISLAÇÃO PARTICIPATIVA Encerrada (Final) 14h00 Audiência Pública Ordinária Debate sobre Benefícios Previdenciários (MP 871/19) e Contribuição Sindical (MP 873/2019) Anexo II, Plenário 03"
		"14/05/2019 CE-SUBPER EDUCAÇÃO INFANTIL E PRIMEIRA INFANCIA Cancelada 14h30 Subcomissão Permanente de "Educação Infantil e Primeira Infância" Reunião Técnica Subcomissão Permanente sobre Educação Infantil e Primeira Infância Anexo II, Pav. Superior, Ala C, sala 170"
		"14/05/2019 PEC 015/15 – FUNDEB Encerrada (Final) 14h30 Reunião Deliberativa Ordinária Anexo II, Plenário 13"
		"14/05/2019 CPI – PRÁTICAS ILÍCITAS NO AMBITO DO BNDES Encerrada (Final) 14h30 Reunião Deliberativa Ordinária Anexo II, Plenário 12"
		"14/05/2019 VIOLÊNCIA DOMÉSTICA CONTRA A MULHER Encerrada (Final) 14h30 Reunião Deliberativa Ordinária Anexo II, Plenário 05"
		"14/05/2019 PEC 006/19 – PREVIDÊNCIA SOCIAL Encerrada (Final) 14h30 Reunião Deliberativa Ordinária Anexo II, Plenário 10 "
		"14/05/2019 CPI – ROMPIMENTO DA BARRAGEM DE BRUMADINHO Encerrada (Final) 14h30 Reunião Deliberativa Ordinária Anexo II, Plenário 14"
		"14/05/2019 PEC 034/19 – ORÇAMENTO IMPOSITIVO Encerrada (Final) 14h30 Reunião Deliberativa Ordinária Anexo II, Plenário 09"
		"14/05/2019 DEFESA DOS DIREITOS DA PESSOA IDOSA Encerrada (Final) 15h00 Audiência Pública Conjunta das Comissões CIDOSO e CSSF Decreto 9.759/2019 e a Continuidade do CNDI – Conselho Nacional dos Direitos da Pessoa Idosa. Anexo II, Plenário 07"
		"14/05/2019 SEGURIDADE SOCIAL E FAMÍLIA Encerrada (Final) 15h00 Audiência Pública Conjunta das Comissões CIDOSO e CSSF Decreto 9.759/2019 e a Continuidade do CNDI – Conselho Nacional dos Direitos da Pessoa Idosa. Anexo II, Plenário 07 "
		"14/05/2019 RELAÇÕES EXTERIORES E DE DEFESA NACIONAL Encerrada (Final) 15h00 Palestra A Comissão de Relações Exteriores e de Defesa Nacional e seu funcionamento. Auditório Nereu Ramos"
		"14/05/2019 COMISSÃO EXTERNA MINISTÉRIO DA EDUCAÇÃO Encerrada (Final) 15h30 Reunião Ordinária Anexo II, Plenário 16"
quarta-feira, 15 de maio de 2019	10h00	"15/05/2019 CDU-SUBCOMISSÃO ESPECIAL CIDADES INTELIGENTES 2019 Encerrada (Final) 09h00 Subcomissão Especial Cidades Inteligentes 2019 Reunião de Instalação e Eleição Anexo II, Plenário 16"
		"15/05/2019 MINAS E ENERGIA Cancelada 09h30 Audiência Pública Ordinária Audiência Pública para discutir a prestação de serviços de distribuição, transmissão e comercialização de energia elétrica relizada pela CELPA no Pará, entre outros assuntos, em... Anexo II, Plenário 14 "

(continua)

quarta-feira, 15 de maio de 2019	10h00	"15/05/2019 SEGURIDADE SOCIAL E FAMÍLIA Encerrada (Final) 09h30 Reunião Deliberativa Ordinária Anexo II, Plenário 07"
		"15/05/2019 VIAÇÃO E TRANSPORTES Encerrada 09h30 Audiência Pública Ordinária Debater o preço desproporcional das passagens aéreas e medidas para garantir o aumento da concorrência no setor aéreo Anexo II, Plenário 11 "
		"15/05/2019 MEIO AMBIENTE E DES. SUSTENTÁVEL Encerrada (Final) 09h30 Seminário Segurança das Barragens Anexo II, Plenário 02"
		"15/05/2019 INTEGRAÇÃO NACIONAL, DESENV. REGIONAL E AMAZÔNIA Encerrada (Final) 10h00 Audiência Pública Ordinária Efetividade da Zona Franca de Manaus em estudo da Fundação Getúlio Vargas Anexo II, Plenário 15 "
		"15/05/2019 DEFESA DO CONSUMIDOR Encerrada (Final) 10h00 Reunião Deliberativa Ordinária Anexo II, Plenário 08 "
		"15/05/2019 RELAÇÕES EXTERIORES E DE DEFESA NACIONAL Encerrada (Final) 10h00 Reunião Deliberativa Ordinária Anexo II, Plenário 03"
		"15/05/2019 MINAS E ENERGIA Encerrada (Final) 10h00 Reunião Deliberativa Ordinária Anexo II, Plenário 14 "
		"15/05/2019 DESENVOLVIMENTO URBANO Encerrada (Final) 10h00 Audiência Pública Conjunta das Comissões CCTCI e CDU ""A tecnologia 5G"" Anexo II, Plenário 13"
		"15/05/2019 CIÊNCIA E TECNOLOGIA, COMUNICAÇÃO E INFORMÁTICA Encerrada (Final) 10h00 Audiência Pública Conjunta das Comissões CCTCI e CDU ""A tecnologia 5G"" Anexo II, Plenário 13"
		"15/05/2019 AGRICULTURA, PECUÁRIA, ABASTECIMENTO DES. RURAL Encerrada (Final) 10h00 Reunião Deliberativa Ordinária Anexo II, Plenário 06 "
		"15/05/2019 FINANÇAS E TRIBUTAÇÃO Encerrada (Final) 10h00 Reunião Deliberativa Ordinária Anexo II, Plenário 04"
		"15/05/2019 DES. ECONÔMICO, INDÚSTRIA, COMÉRCIO E SERVIÇOS Encerrada (Final) 10h00 Audiência Pública Extraordinária As perspectivas das reformas da área econômica e as propostas para retomada do crescimento Anexo II, Plenário 05"
		"15/05/2019 FISCALIZAÇÃO FINANCEIRA E CONTROLE Encerrada (Final) 10h00 Reunião Deliberativa Ordinária Anexo II, Plenário 09 "
		"15/05/2019 TRABALHO, ADMINISTRAÇÃO E SERVIÇO PÚBLICO Encerrada (Final) 10h00 Reunião Deliberativa Ordinária Anexo II, Plenário 12"
		"15/05/2019 VIAÇÃO E TRANSPORTES Encerrada (Final) 11h00 Reunião Deliberativa Extraordinária Anexo II, Plenário 11"
quinta-feira, 16 de maio de 2019	Não houve reuniões ordiná-rias.	
sexta-feira, 17 de maio de 2019		

(continua)

segunda-feira, 20 de maio de 2019		
terça-feira, 21 de maio de 2019	14h30	"21/05/2019 CSSF – SUBCOMISSÃO PERMANENTE DA SAÚDE Encerrada (Final) 13h30 Subcomissão Permanente da Saúde Reunião Deliberativa Ordinária Anexo II, Sala 145A Piso Superior"
		"21/05/2019 Câmara dos Deputados – Evento Convocada 14h00 Seminário Cruzada da Adoção: Adoção 9 meses: Família para todos A Comissão de Seguridade Social e Família – CSSF promove o ""Seminário Cruzada da Adoção-Adoção 9 meses. O evento objetiva buscar uma melhor compreensão de todo cenário no processo... Auditório Nereu Ramos"
		"21/05/2019 DEFESA DO CONSUMIDOR Cancelada 14h00 Audiência Pública Ordinária Qualidade e eficácia dos medicamentos genéricos em face dos medicamentos de referência. Anexo II, Plenário 05"
		"21/05/2019 MEIO AMBIENTE E DES. SUSTENTÁVEL Encerrada (Final) 14h00 Audiência Pública Extraordinária DEBATE DO PL 3264/2015, QUE PROÍBE A CRIAÇÃO DE PASSERIFORMES EM CATIVEIRO Anexo II, Plenário 08"
		"21/05/2019 SEGURIDADE SOCIAL E FAMÍLIA Encerrada (Final) 14h00 Seminário Debate sobre o Instituto da Adoção no Brasil Auditório Nereu Ramos"
		"21/05/2019 LEGISLAÇÃO PARTICIPATIVA Encerrada (Final) 14h00 Audiência Pública Extraordinária Instituição do dia 03 de dezembro como o Dia Nacional das Torcidas Organizadas. Anexo II, Plenário 03"
		"21/05/2019 TRABALHO, ADMINISTRAÇÃO E SERVIÇO PÚBLICO Encerrada (Final) 14h00 Audiência Pública Ordinária Orçamento do Instituto Brasileiro de Geografia e Estatística (IBGE), e a realização do Censo 2020. Anexo II, Plenário 10"
		"21/05/2019 PEC 006/19 – PREVIDÊNCIA SOCIAL Encerrada (Final) 14h30 Reunião Deliberativa Ordinária Anexo II, Plenário 04"
		"21/05/2019 CPI – PRÁTICAS ILÍCITAS NO AMBITO DO BNDES Encerrada (Final) 14h30 Reunião Deliberativa Ordinária Anexo II, Plenário 07"
		"21/05/2019 DIREITOS HUMANOS E MINORIAS Encerrada 14h30 Audiência Pública Ordinária Política Nacional sobre Drogas – Decreto nº 9.761/19 Anexo II, Plenário 09"
		"21/05/2019 COMISSÃO MISTA DE ORÇAMENTO Encerrada (Final) 14h30 Reunião Deliberativa Ordinária Anexo II, Plenário 02"
		"21/05/2019 PEC 015/15 – FUNDEB Encerrada (Final) 14h30 Reunião Deliberativa Ordinária Anexo II, Plenário 13"
		"21/05/2019 CONSTITUIÇÃO E JUSTIÇA E DE CIDADANIA Encerrada (Final) 14h30 Audiência Pública Ordinária Anexo II, Plenário 01"
		"21/05/2019 ESPORTE Encerrada (Final) 14h30 Audiência Pública Ordinária Debater o planejamento e a situação atual da organização da Copa América de Futebol de 2019, que acontecerá no Brasil. Anexo II, Plenário 06"
		"21/05/2019 CPI – ROMPIMENTO DA BARRAGEM DE BRUMADINHO Encerrada (Final) 14h30 Reunião Deliberativa Ordinária Anexo II, Plenário 11"

(continua)

terça-feira, 21 de maio de 2019	14h30	"21/05/2019 DEFESA DOS DIREITOS DA PESSOA IDOSA Encerrada 14h30 Audiência Pública Conjunta das Comissões CDHM e CIDOSO Reforma da Previdência e seu Impacto sobre a População Idosa. Anexo II, Plenário 12"
		"21/05/2019 DIREITOS HUMANOS E MINORIAS Encerrada 14h30 Audiência Pública Conjunta das Comissões CDHM e CIDOSO Reforma da Previdência e seu Impacto sobre a População Idosa. Anexo II, Plenário 12"
		"21/05/2019 COMISSÃO EXTERNA MINISTÉRIO DA EDUCAÇÃO Encerrada (Final) 14h30 Reunião Deliberativa Ordinária Anexo II, Plenário 14"
		"21/05/2019 CESP – SUBSÍDIOS TRIBUTÁRIOS E CREDITÍCIOS Cancelada 15h00 Reunião Deliberativa Ordinária Anexo II, Plenário 15"
		"21/05/2019 CME-SUB ESP COBRANÇA ABUSIVA DE ENERGIA ELÉTICA Encerrada (Final) 15h00 Subcomissão Especial Cobrança Abusiva de Energia Elétrica Reunião Deliberativa Ordinária Sala da Presidência da CME"
quarta-feira, 22 de maio de 2019	10h00	"22/05/2019 AGRICULTURA, PECUÁRIA, ABASTECIMENTO DES. RURAL Encerrada (Final) 09h00 Comissão Representativa na 8ª Rondônia Rural Show Comissão Representativa durante a 8ª Rondônia Rural Show. Pavilhão das Instituições e Entidades no Centro Tecnológico Valdeci Rack, Ji-Paraná-RO"
		"22/05/2019 Câmara dos Deputados – Evento Convocada 09h00 XIX Seminário Brasileiro do Transporte Rodoviário de Cargas A Comissão de Viação e Transporte-CVT realiza o ""XIX Seminário Brasileiro do Transporte Rodoviário de Cargas"", no dia 22 de maio, das 9h às 17h, no auditório Nereu Ramos. O evento... Auditório Nereu Ramos "
		"22/05/2019 Câmara dos Deputados – Evento Encerrada 09h00 Direto das Comissões – Estágio Visita Debate entre parlamentares e estudantes universitários do Estágio Visita. Atividade promovida pela Segunda Secretaria. Anexo II, Plenário 03"
		"22/05/2019 CIÊNCIA E TECNOLOGIA, COMUNICAÇÃO E INFORMÁTICA Encerrada (Final) 09h00 Apresentação A radiodifusão brasileira: desafios e soluções. Anexo II, Plenário 13"
		"22/05/2019 VIAÇÃO E TRANSPORTES Encerrada 09h00 Seminário XIX SEMINÁRIO BRASILEIRO DO TRANSPORTE RODOVIÁRIO DE CARGAS Auditório Nereu Ramos"
		"22/05/2019 MINAS E ENERGIA Encerrada (Final) 09h00 Audiência Pública Ordinária Debate sobre o Projeto de Lei nº 6.407/2013 – Lei do Gás, em atendimento ao Requerimento nº 20/2019 de autoria dos Deputados Silas Câmara, Joaquim Passarinho, Coronel Armando e... Anexo II, Plenário 12"
		"22/05/2019 MEIO AMBIENTE E DES. SUSTENTÁVEL Encerrada (Final) 09h00 Reunião Deliberativa Extraordinária Anexo II, Plenário 10 "
		"22/05/2019 VIAÇÃO E TRANSPORTES Encerrada 09h00 Seminário XIX SEMINÁRIO BRASILEIRO DO TRANSPORTE RODOVIÁRIO DE CARGAS Auditório Nereu Ramos"
		"22/05/2019 CDU-SUBCOMISSÃO ESPECIAL CIDADES INTELIGENTES 2019 Encerrada (Final) 09h30 Subcomissão Especial Cidades Inteligentes 2019 Reunião Deliberativa Extraordinária Anexo II, Pav. Superior, Ala C, sala 182"

(continua)

quarta-feira, 22 de maio de 2019	10h00	"22/05/2019 TRABALHO, ADMINISTRAÇÃO E SERVIÇO PÚBLICO Cancelada 09h30 Reunião Deliberativa Extraordinária Anexo II, Plenário 12"
		"22/05/2019 SEGURIDADE SOCIAL E FAMÍLIA Encerrada (Final) 09h30 Reunião Deliberativa Ordinária Anexo II, Plenário 07"
		"22/05/2019 EDUCAÇÃO Encerrada (Final) 09h30 Reunião Ordinária de Comparecimento de Ministro de Estado – Art. 219 RICD Comparecimento do MInistro da Educação Anexo II, Plenário 02"
		"22/05/2019 TRABALHO, ADMINISTRAÇÃO E SERVIÇO PÚBLICO Encerrada (Final) 09h30 Reunião Ordinária de Comparecimento de Ministro de Estado – Art. 219 RICD Comparecimento do MInistro da Educação Anexo II, Plenário 02"
		"22/05/2019 MEIO AMBIENTE E DES. SUSTENTÁVEL Encerrada (Final) 09h30 Audiência Pública Extraordinária Requer a Realização de Audiência Pública com Especialistas, Juristase Magistrados para Debater o Princípio Constitucional do Não Retrocesso em Direito Ambiental. Anexo II, Plenário 10"
		"22/05/2019 RELAÇÕES EXTERIORES E DE DEFESA NACIONAL Encerrada (Final) 09h30 Reunião Deliberativa Ordinária Anexo II, Plenário 03"
		"22/05/2019 TRABALHO, ADMINISTRAÇÃO E SERVIÇO PÚBLICO Cancelada 10h00 Reunião Deliberativa Ordinária Anexo II, Plenário 12"
		"22/05/2019 INTEGRAÇÃO NACIONAL, DESENV. REGIONAL E AMAZÔNIA Encerrada (Final) 10h00 Audiência Pública Ordinária Reforma da Previdência – PEC 006/2019: Os impactos da redistribuição dos recursos da Previdência nos municípios da Região Norte e nos municípios de até cinquenta mil habitantes de... Anexo II, Plenário 15"
		"22/05/2019 DESENVOLVIMENTO URBANO Encerrada (Final) 10h00 Reunião Deliberativa Ordinária Anexo II, Plenário 16"
		"22/05/2019 FISCALIZAÇÃO FINANCEIRA E CONTROLE Encerrada (Final) 10h00 Audiência Pública Ordinária Exposição das principais ações da Pasta e explicação sobre a compra de um HD externo no valor de 7 milhões de reais para a comissão de anistia. Anexo II, Plenário 09"
		"22/05/2019 FINANÇAS E TRIBUTAÇÃO Encerrada (Final) 10h00 Reunião Deliberativa Ordinária Anexo II, Plenário 04"
		"22/05/2019 DES. ECONÔMICO, INDÚSTRIA, COMÉRCIO E SERVIÇOS Encerrada (Final) 10h00 Reunião Deliberativa Ordinária Anexo II, Plenário 05"
		"22/05/2019 CONSTITUIÇÃO E JUSTIÇA E DE CIDADANIA Encerrada (Final) 10h00 Audiência Pública Ordinária Debater a PEC nº 45/2019, que altera o Sistema Tributário Nacional e dá outras providências. Anexo II, Plenário 01"
		"22/05/2019 DEFESA DO CONSUMIDOR Encerrada (Final) 10h00 Reunião Deliberativa Ordinária Anexo II, Plenário 08"
		"22/05/2019 CIÊNCIA E TECNOLOGIA, COMUNICAÇÃO E INFORMÁTICA Encerrada (Final) 10h00 Reunião Deliberativa Ordinária Anexo II, Plenário 13"
		"22/05/2019 AGRICULTURA, PECUÁRIA, ABASTECIMENTO DES. RURAL Encerrada (Final) 10h00 Reunião Ordinária de Comparecimento de Ministro de Estado – Art. 219 RICD ""Prioridades da pasta para o ano de 2019 e aspectos sobre a excução das políticas de responsabilidade do MAPA"". Anexo II, Plenário 06"

(continua)

quinta-feira, 23 de maio de 2019	09h00	"23/05/2019 Câmara dos Deputados – Evento Convocada 08h30 I Encontro da Hotelaria Nacional com a Comissão de Turismo Trata-se de evento que reunirá o trade turístico brasileiro, em especial a hotelaria, onde serão debatidos temas de interesse do setor, com o objetivo de obter melhores propostas... Auditório Nereu Ramos"
		"23/05/2019 TURISMO Encerrada 08h30 Seminário I Encontro da Hotelaria Nacional Auditório Nereu Ramos"
		"23/05/2019 AGRICULTURA, PECUÁRIA, ABASTECIMENTO DES. RURAL Encerrada (Final) 09h00 Reunião Técnica Reunião da Frente Parlamentar do Café Sala Moacir Micheletto da Comissão de Agricultura"
		"23/05/2019 CONSTITUIÇÃO E JUSTIÇA E DE CIDADANIA Encerrada (Final) 09h00 Audiência Pública Ordinária Anexo II, Plenário 01"
		"23/05/2019 INTEGRAÇÃO NACIONAL, DESENV. REGIONAL E AMAZÔNIA Cancelada 09h30 Audiência Pública Ordinária Permanência da Secretaria Especial de Saúde Indígena – SESAI Anexo II, Plenário 15"
		"23/05/2019 LEGISLAÇÃO PENAL E PROCESSUAL PENAL Encerrada (Final) 09h30 Audiência Pública Ordinária Anexo II, Plenário 09"
		"23/05/2019 EDUCAÇÃO Encerrada 09h30 Audiência Pública Ordinária Jogos eletrônicos violentos Anexo II, Plenário 10"
		"23/05/2019 MEIO AMBIENTE E DES. SUSTENTÁVEL Encerrada (Final) 09h30 Audiência Pública Ordinária Debater Georreferenciamento da Cobertura Floretal Brasileira e Informações Estratégicas Anexo II, Plenário 08"
		"23/05/2019 PEC 006/19 – PREVIDÊNCIA SOCIAL Encerrada (Final) 09h30 Reunião Deliberativa Ordinária Anexo II, Plenário 02"
		"23/05/2019 CPI – ROMPIMENTO DA BARRAGEM DE BRUMADINHO Encerrada (Final) 09h30 Reunião Deliberativa Ordinária Anexo II, Plenário 11"
		"23/05/2019 DES. ECONÔMICO, INDÚSTRIA, COMÉRCIO E SERVIÇOS Encerrada (Final) 09h30 Audiência Pública Ordinária A transparência e os parâmetros da aplicação da multa, do art. 57 do Código de Defesa do Consumidor, ao supermercadista Anexo II, Plenário 05"
		"23/05/2019 AGRICULTURA, PECUÁRIA, ABASTECIMENTO DES. RURAL Encerrada (Final) 10h00 Mesa Redonda Mesa Redonda da Comissão de Agricultura durante a 8ª Rondônia Rural Show Pavilhão das Instituições e Entidades do Centro Tecnológico Valdeci Rack, Ji-Paraná/RO"
		"23/05/2019 CULTURA Encerrada (Final) 10h00 Audiência Pública Ordinária A disseminação de fake news e a interferência na democracia brasileira. Anexo II, Plenário 12"
		"23/05/2019 SEGURIDADE SOCIAL E FAMÍLIA Encerrada (Final) 10h00 Audiência Pública Ordinária Política Nacional de Prevenção e Controle do Câncer Anexo II, Plenário 07"
		"23/05/2019 PL 4881/12 – POLÍTICA DE MOBILIDADE URBANA Encerrada (Final) 10h00 Reunião Deliberativa Ordinária Anexo II, Plenário 04"
sexta-feira, 24 de maio de 2019	Não houve reuniões ordiná-rias.	

(continua)

segunda-feira, 27 de maio de 2019		
terça-feira, 28 de maio de 2019	14h30	"28/05/2019 VIAÇÃO E TRANSPORTES Encerrada 14h00 Audiência Pública Extraordinária Nova placa dos veículos (padrão Mercosul) Anexo II, Plenário 12"
		"28/05/2019 MEIO AMBIENTE E DES. SUSTENTÁVEL Encerrada (Final) 14h00 Seminário para debater os Objetivos de Desenvolvimentos Sustentável avanços e desafios na implementação da Agenda 2030 no Brasil. Anexo II, Plenário 08"
		"28/05/2019 FINANÇAS E TRIBUTAÇÃO Encerrada 14h00 Audiência Pública Ordinária Atualização da Tabela do Imposto de Renda Anexo II, Plenário 04"
		"28/05/2019 DEFESA DO CONSUMIDOR Encerrada (Final) 14h00 Audiência Pública Ordinária Problemas do Fundo de Financiamento Estudantil Anexo II, Plenário 09"
		"28/05/2019 PEC 391/17 – FUNDO DE PARTICIPAÇÃO DOS MUNICÍPIOS Encerrada (Final) 14h00 Reunião Deliberativa Ordinária Anexo II, Plenário 06"
		"28/05/2019 DIREITOS HUMANOS E MINORIAS Encerrada 14h30 Audiência Pública Extraordinária Aspectos econômicos e institucionais do desastre da Vale em Brumadinho Anexo II, Plenário 10"
		"28/05/2019 PEC 015/15 – FUNDEB Encerrada (Final) 14h30 Reunião Deliberativa Ordinária Anexo II, Plenário 13"
		"28/05/2019 CPI – PRÁTICAS ILÍCITAS NO AMBITO DO BNDES Encerrada (Final) 14h30 Reunião Deliberativa Ordinária Anexo II, Plenário 03"
		"28/05/2019 MINAS E ENERGIA Encerrada (Final) 14h30 Audiência Pública Ordinária Audiência Pública para debater a atuação da Agência Nacional de Mineração – ANM, em atendimento ao Requerimento nº 33/2019 de autoria dos Deputados Benes Leocádio, Joaquim... Anexo II, Plenário 14"
		"28/05/2019 PEC 006/19 – PREVIDÊNCIA SOCIAL Encerrada (Final) 14h30 Reunião Deliberativa Ordinária Anexo II, Plenário 02"
		"28/05/2019 CPI – ROMPIMENTO DA BARRAGEM DE BRUMADINHO Encerrada (Final) 14h30 Reunião Deliberativa Ordinária Anexo II, Plenário 11"
		"28/05/2019 SEGURIDADE SOCIAL E FAMÍLIA Encerrada (Final) 15h00 Audiência Pública Ordinária Debate sobre a Situação da Tuberculose em Crianças no Brasil Anexo II, Plenário 07"
		"28/05/2019 PL 4881/12 – POLÍTICA DE MOBILIDADE URBANA Encerrada (Final) 15h00 Reunião Deliberativa Ordinária Anexo II, Plenário 16"
		"28/05/2019 CESP – SUBSÍDIOS TRIBUTÁRIOS E CREDITÍCIOS Encerrada 15h00 Reunião Deliberativa Ordinária Anexo II, Plenário 15"
		"28/05/2019 DES. ECONÔMICO, INDÚSTRIA, COMÉRCIO E SERVIÇOS Encerrada (Final) 15h30 Audiência Pública Ordinária Garantia dos direitos dos trabalhadores nas contratações de serviços terceirizados (PL nº 6.456/2016) Anexo II, Plenário 05"

(conclusão)

quarta-feira, 29 de maio de 2019	Não houve reuniões ordiná-rias.	
quinta-feira, 30 de maio de 2019	09h00	"30/05/2019 DES. ECONÔMICO, INDÚSTRIA, COMÉRCIO E SERVIÇOS Encerrada (Final) 09h30 Audiência Pública Ordinária A relevância do sistema ""S"" e os novos desafios para 2019 Anexo II, Plenário 05"
		"30/05/2019 EDUCAÇÃO Encerrada (Final) 09h30 Seminário Educação Domiciliar (Homeschooling). Anexo II, Plenário 10"
		"30/05/2019 CULTURA Encerrada (Final) 09h30 Audiência Pública Ordinária O Papel e a Reativação do Conselho Nacional de Política Cultural – CNPC Anexo II, Plenário 12"
		"30/05/2019 PEC 015/15 – FUNDEB Encerrada (Final) 09h30 Audiência Pública Ordinária Anexo II, Plenário 14"
		"30/05/2019 PEC 006/19 – PREVIDÊNCIA SOCIAL Encerrada (Final) 09h30 Reunião Deliberativa Ordinária Anexo II, Plenário 02"
		"30/05/2019 CPI – PRÁTICAS ILÍCITAS NO AMBITO DO BNDES Encerrada (Final) 09h30 Reunião Deliberativa Ordinária Anexo II, Plenário 03"
		"30/05/2019 AGRICULTURA, PECUÁRIA, ABASTECIMENTO DES. RURAL Encerrada 10h00 Visita Oficial da Delegação do Parlamento Chinês. Visita Oficial da Delegação do Parlamento Chinês. Anexo II, Plenário 06"
		"30/05/2019 BANCADA FEMININA Encerrada (Termo) 10h00 Debate O papel da ressocialização do agressor no combate à violência contra a mulher. Anexo II, Plenário 16"
		"30/05/2019 CIÊNCIA E TECNOLOGIA, COMUNICAÇÃO E INFORMÁTICA Encerrada (Final) 10h00 Audiência Pública Ordinária ""A burocracia na pesquisa de ciência e inovação no país"" Anexo II, Plenário 13 "
sexta-feira, 31 de maio de 2019	Não houve reuniões ordiná-rias.	

Esta obra foi composta em fonte Palatino Linotype, corpo 10
e impressa em papel Pólen Bold 70g (miolo) e Supremo 250g (capa)
pela Gráfica Paulinelli.